高等职业教育财经商贸类规划教材

U0881262

创业策划及路演实训

王 静 主 编
张 超 刘子睿 副主编

電子工業出版社
Publishing House of Electronics Industry
北京 · BEIJING

内 容 简 介

本书由长期工作在创新创业教育一线、有丰富的各类创新创业大赛指导经验的专家和教师同心协力、共同编写完成，凝聚了众人的心血。与以往创新创业类教材不同，本教材构建了 3 大项目 12 个任务：项目一创业前的准备，包括认知创业、创新思维与方法、筛选创业项目、评估创业市场、组建创业团队、熟悉创业法律法规、商业模式与资金筹集 7 个任务；项目二创业计划书的撰写，包括创业计划书的撰写技巧、创业计划书案例分析 2 个任务；项目三创业项目的路演，包括路演 PPT 的制作、路演讲稿的撰写、路演技巧介绍 3 个任务。本教材每个任务都包括学习目标、任务布置、知识导图、相关知识、任务实施及企业家精神 6 个模块，形式新颖，语言生动，案例真实可信，结构合理。

本书既可作为普通高等职业院校、应用型本科院校的创新创业课程教材，也可作为创新创业实践者的参考用书。

图书在版编目（CIP）数据

创业策划及路演实训/王静主编. —北京：电子工业出版社，2020.3
ISBN 978-7-121-36530-0

Ⅰ. ①创…　Ⅱ. ①王…　Ⅲ. ①创业－高等学校－教材　Ⅳ. ①F241.4

中国版本图书馆 CIP 数据核字（2019）第 092621 号

责任编辑：朱干支
印　　刷：北京七彩京通数码快印有限公司
装　　订：北京七彩京通数码快印有限公司
出版发行：电子工业出版社
　　　　　北京市海淀区万寿路 173 信箱　邮编 100036
开　　本：787×1 092　1/16　印张：12.5　字数：320 千字
版　　次：2020 年 3 月第 1 版
印　　次：2021 年 7 月第 6 次印刷
定　　价：39.00 元

凡所购买电子工业出版社图书有缺损问题，请向购买书店调换。若书店售缺，请与本社发行部联系，联系及邮购电话：（010）88254888，88258888。

质量投诉请发邮件至 zlts@phei.com.cn，盗版侵权举报请发邮件至 dbqq@phei.com.cn。

本书咨询联系方式：（010）88254573，zgz@phei.com.cn。

前　言

创新助力创业，创业带动就业。21 世纪是知识经济的世纪，而创新必然是知识经济的灵魂。面对经济转型和全球化激烈竞争的迫切需要，各国的竞争都聚焦在科技的创新上。创新创业已经成为一个国家经济持续发展的原动力和国家竞争力的源泉。大学生是社会发展的储备军，是人才的中坚力量。在推进“大众创业、万众创新”（简称“双创”）的号召下，大学毕业生不仅仅是求职者，而且首先应该是工作岗位的创造者。

2002 年，教育部高等教育司在中国人民大学等九所高校开展了创业教育试点工作，各级政府也在近几年陆续出台鼓励大学毕业生创业的优惠政策。应该说，近 20 年来，我国创业教育取得了明显成效。但总体来讲，尚处于初级阶段。近年来，高校毕业生人数不断创下新高，高校就业面临的不仅仅是数据的新高，还有经济下行压力加大和结构性改革。改革必然带来结构调整，随之而来的是行业变化，是新经济、新业态的诞生，特别是互联网的发展，由此也给大学生创业提供了机遇，同时也带来了新的挑战。那么，在这种机遇与挑战并存的新形势下，如何促进大学生创业、激发创业热情，如何引导大学生理性创业、科学创新，如何为大学生“双创”排忧解难、创造宽松的创新创业氛围，是当前推进大学生“双创”工作的重点和难点所在。基于此，我们编写了这本《创业策划及路演实训》立体化教材。

本教材以高等教育教学人才培养目标为依托，课程结构和教学内容的制定以突出职业能力培养为标准，规范课程教学的基本要求。

本教材包含配套教学课件和讲解视频（有需要者，可以通过扫描附录中的二维码进行在线学习），体现了工学结合并具有示范作用的实践特色。通过本教材学习，学生可以掌握以下内容：①了解创业必备的知识；②掌握创业计划书的撰写技巧；③能分析一份创业计划书的优缺点；④能完成一份创业计划书的撰写；⑤掌握创业项目路演的技巧；⑥能完成一项创业项目的路演。

本书由陕西职业技术学院创新创业教研室主任王静教授整体设计章节内容，并拟定具体写作提纲。各项目的撰写具体分工如下：陕西职业技术学院刘子睿老师负责项目一中任务二至任务六的撰写；陕西职业技术学院张超老师负责项目二的撰写；王静老师负责项目一中任务一、任务七，以及项目三的撰写，并负责全书“企业家精神”模块的统稿工作。另外，陕西职业技术学院创新创业教研室王珊君、赵彦、靳甜甜、李芙蓉、李倩文和高会燕等老师也为本书的编写提供了大量的帮助。

在本书编写过程中参考了大量有关大学生创新创业方面的著作，也引用了许多专家和学者的研究成果，在此一并表示衷心的感谢！

总体来说，本书紧紧围绕当前大学生创新创业的实际问题展开论述，在内容编排上注重系统性、全面性、针对性和可操作性，结构清晰明确，论述科学严谨。相信本书的出版能够为大学生创新创业提供一定的帮助，也希望能够为高校创业教育教学提供有益的参考。同时，本书为陕西省高等教育教学改革研究项目（课题编号：17GG003）的阶段性研究成果。

由于时间仓促，加上作者水平有限，书中难免存在疏漏和不妥之处，敬请各位专家、读者批评指正，以便后续的修订和完善。

编者

目　　录

项目一　创业前的准备

项目二　创业计划书的撰写

项目三　创业项目的路演

项目一　创业前的准备

任务一　认知创业

学习目标

1. 了解创业相关基本概念
2. 熟悉创业具备的条件
3. 了解创业的五大方向
4. 掌握大学生创业的相关政策

任务布置

任务	认知创业
目的	掌握创业基本知识，尝试设计自己的创业目标
内容	分组讨论，初步确定自己的创业方向及目标
时间	2 课时
成果	撰写创业认知分析

知识导图

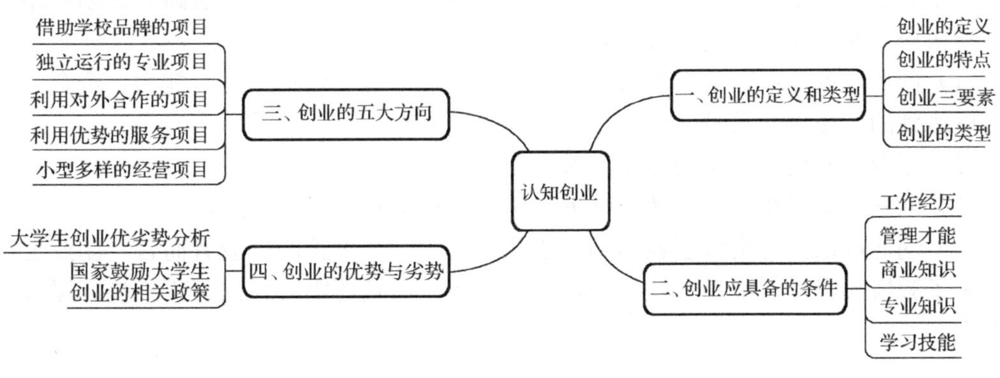

相关知识

一、创业的定义和类型

（一）创业的定义

关于“创业”，我国最早出现于《孟子·梁惠王下》：“君子创业垂统，为可继也。”诸葛亮也曾在《出师表》中写道：“先帝创业未半而中道崩殂……”。以上两处提到的“创业”均为创立功业和基业。《辞海》对创业的解释是“创立基业”。“业”字内涵丰富，《现代汉语词典》的解释为：行业、学业、职业、产业、财产等。“创”字主要强调开端和开创的艰辛和困难，突出过程的开创和创新意义，侧重于在前人的基础上有新的成就和贡献。因此，可以这样理解，创业是指开创基业或创办事业，是自主地开拓和创造业绩与成就的行为组合。

目前，国内外学界对于创业的定义和理解给出了不同的界定，统计各种定义中出现的关键词，出现最多的是“启动、创建、创造”“开发新事业、创建新企业”“创新、新产品、新市场”“追逐机会”“风险承担、风险管理”等，如表1-1所示。

表1-1　创业定义的关键词统计

序　号	对创业定义的不同解释	出现频率（次）	序　号	对创业定义的不同解释	出现频率（次）
1	启动、创建、创造	41	6	追逐利润、个人获利	25
2	开发新事业、创建新企业	40	7	资源的新组合	22
3	创新、新产品、新市场	39	8	管理	22
4	追逐机会	31	9	统帅资源	18
5	风险承担、风险管理	25	10	价值创造	13

（二）创业的特点

在创业的过程中，创业者会发现创业是一条机遇与挑战并存的道路。在创业路上，痛苦与快乐共同存在着。创业具有以下几项特点。

（1）创业是创造具有更多价值的新事物的过程。这个过程不是有能力、资金、头脑就可以达到的，还需要天时、地利、人和等诸多要素。

（2）创业需要贡献必要的时间，付出更大的努力。

（3）创业必然存在风险，涉及财务、精神、社交及家庭等方面。

（4）创业可以分为实体创业和网络创业。对于一个真正的创业者而言，创业过程不但充满了激情和艰辛、成功与挫折、痛苦和喜悦，而且还需要付出百折不挠、坚持不懈的努力。

（三）创业三要素

迄今为止，人们对创业要素的认知和分析中，最为典型和公认的创业要数“Timmons（蒂蒙斯）”模型。该模型由美国教育家 Jeffry A. Timmons 总结出创业的三大要素，即商机、创业团队和资源，如图 1-1 所示。

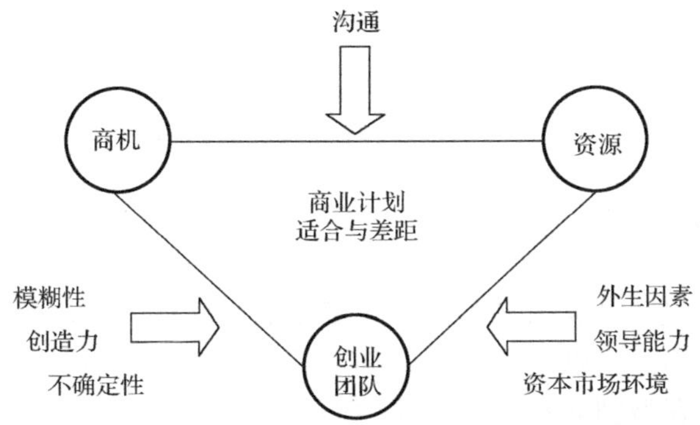

图 1-1　创业三大要素

由该模型可以看出，在创业活动中，这三个要素都是不可或缺的。没有商机，创业活动就成了盲目的行动，很难创造实际价值；商机虽然普遍存在，但如果没有创业团队去识别和发现机会，创业活动也不可能发生；创业团队不仅要把握合适的商机，还需要掌握资源，否则机会将无法被开发和利用。创业三大要素的关系如下。

1．商机是创业过程的重要驱动力，创业团队是创业过程的主导者，资源是创业成功的必要保证。创业过程是始于商机的，而不是始于资金、战略、网络、团队或商业计划的。开始创业时，商机比资金、团队的才干和能力及合适的资源更重要。在创业过程中，资源与商机之间经历着一个“适应—差距—适应”的动态过程。商业计划是沟通创业团队、商机和资源三大要素间匹配平衡的语言和规则。

2．创业过程是商机、创业团队和资源三大要素匹配和平衡的结果。创业团队要善于配置和平衡，借此推进创业过程，包括对商机的理性分析和把握，对风险的认识和规避，对资源的合理利用和配置，对工作团队适应性的认识和分析。

3．创业是一个连续不断地寻求平衡的行为组合。创业过程要保持发展，必须追求一种动态的平衡。

总之，创业者必须在推进业务的过程中，在模糊和不确定的动态创业环境中，提高捕捉商机、整合资源、构建战略和解决问题的能力。

（四）创业的类型

对创业的基本分类可以围绕谁在创业、在哪里创业、创业效果这三个基本问题展开，进而可以识别基本的创业活动，还可以组合出许多创业类型。创业的类型如图 1-2 所示。

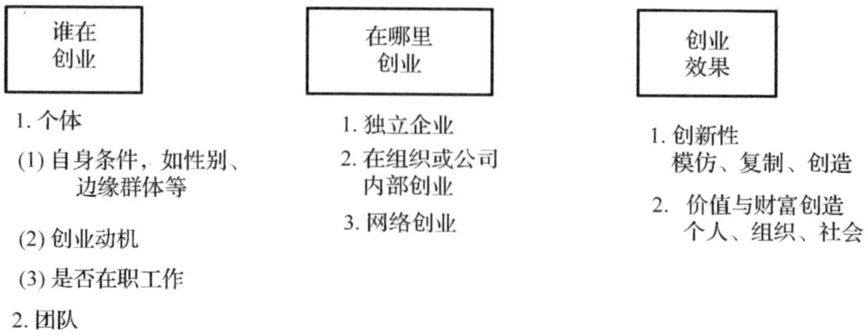

图 1-2　创业的类型

1．机会型与生存型

这是依据创业者的动机提出来的。机会型创业是创业者的出发点，并不是谋生。为了抓住、利用市场机遇，它以市场机会、创造新的需要或满足潜在需求为目标，因而会带动新产业发展。生存型创业是指为了谋生而自觉或被迫地创业，大多数属于尾随和模仿，因而往往会加剧市场竞争。

世界各国的创业活动以机会型创业为主，但在中国相对较少。因此，通过强化教育和培训，提高创业能力，对增强机会型创业、减少低水平竞争具有重要作用。

2．创建新企业与企业内创业

这是依据创业起点的不同进行的分类。创建新企业是指创业者个人或团体从无到有地创建新的企业组织。这个过程充满挑战和刺激，但风险和难度也大，创业者往往缺乏足够的资源、经验和支持。企业内创业是指现有公司由于产品、营销及组织管理体系等方面的原因，在企业内进行重新创建的过程。企业流程再造本质上就是一种创业行为，正是通过二次、三次乃至连续不断地创业，企业的生命周期才能不断地在循环中延伸。

3．个体创业与公司创业

这是根据创业活动的发生场所和创业者的个体差异进行的分类。个体创业主要指不依托某一特定组织而开展的创业活动。而公司创业主要指由已有组织发起的创造、更新与创新活动，创业活动是由在组织中工作的个体或团队推动的。虽然在创业本质上，个体创业和公司创业有许多共同点，但是由于起初的资源禀赋不同、组织形态不同、战略目标不同等，在创业的风险承担、成果收获、创业环境、创业成长等方面也有很大的差异。

4．传统技能型、高新技术型与知识服务型创业

这是依据创业项目性质不同进行的分类。传统技能型创业是指使用传统技术、工艺的创业项目，如生产饮料、中药、工艺美术品、服装与食品加工等，这些独特的传统技能项目在市场上表现出经久不衰的竞争力。高新技术型创业是指知识密集度高，或者是

具有前沿性、研究开发性质的新技术、新产品的创业项目。知识服务型创业是指为人们提供知识、信息的创业项目。当今社会，各类知识性咨询服务机构不断细化和增加，这类项目中有不少项目投资少、见效快、市场前景广阔。

5. 依附型、尾随型与独创型创业

这是依据创业方向或风险不同进行的分类。依附型创业可以分为两种情况：①依附大企业或产业链而生存，在产业链中确定自己的角色，为大企业提供配套服务；②特许经营权的使用，如利用麦当劳、肯德基的品牌效应和成熟的经营管理模式进行创业。尾随型创业，即模仿他人创业，所开办的企业和经营项目没有新意，行业内已经有许多同类企业，企业尾随他人之后，学着别人做。独创型创业是指提供的产品和服务能够填补市场空白，大到商品独创性，小到商品某种技术的独创性。

6. 基于产品创新的创业、营销模式创新的创业与组织管理体系创新的创业

这是依据创新内容不同进行的分类。基于产品创新的创业是指基于产品创新或工艺创新的成果，产生了新的消费者群体，从而导致创业行为的发生。基于营销模式创新的创业是指采取了一种有别于其他厂商的市场营销模式，因而可能给消费者带来更大的满足感。基于组织管理体系创新的创业是指采取一种有别于其他厂商的企业组织管理体系，因而能更有效地实现产品的商业化和产业化。

二、创业应具备的条件

（一）工作经历

马云曾经说："如果缺少 5 年或 5 年以上的工作经历，最好不要创业。"工作经历对于创业者来说是非常重要的。虽然有不少的例子证明大学没毕业就开始创业并且大获成功的创业者确实存在，可是基本的工作经验和受雇的经历对于创业成功来说是必不可少的。创业者只有在工作中学到专业的知识并发现商业机会，才能增加创业成功的概率。

（二）管理才能

创业并不是单打独斗，而是需要团结一帮人为了同一个目标而奋斗，所以必要的管理才能也是必不可少的。特别是在创业初期，创业者要担当最重要的管理角色。如果创业者拥有管理才能，就能够为其创业成功加分。

（三）商业知识

既然是创业经商，就必须了解基本的商业知识。基本的商业知识包括经营企业不可或缺的法律、会计、财务、税收、销售、人力资源、宏观经济、企业组织结构、企业战略等。对于这些知识，创业者可以自学。当然，对于需要具备商业知识的岗位，也可以招聘专业人士负责。

（四）专业知识

作为企业的所有者和经营者，在某些领域，创业者必须成为专家。比如，如果你的公司是一家金融服务公司，那么创业者必须是金融方面的专家；如果你的公司是一家快速消费品公司，那么创业者就必须是市场营销方面的专家。

（五）学习技能

不管你具备多么完善的知识结构，面对日新月异的社会来说都是不够的，因为社会是时刻变化的。要成为成功的创业者，需要不断地学习。活到老，学到老。

三、创业的五大方向

■案例欣赏

2018 年春节，“西安年・最中国”系列活动被游客拍成短视频并通过抖音 App 上传至网络，从而传至四面八方，西安名声大振，成为当之无愧的“网红”城市。随之爆红网络的还有一首方言歌曲《西安人的歌》。这首风光一时的歌曲是一个叫作“范炜与程渤智”的乐队原创并演唱的，其组合成员、曲作者范炜既是一位知名的音乐制作人，也是西安科技大学 2002 级的学生。

如果说从小爱好音乐是梦的起点，那么通信专业的学习给范炜的梦插上了翅膀。电子音乐制作会用到许许多多电路等专业知识。“模拟电子技术”课后，范炜拦住老师：“老师，做一个这样的东西需要怎样的电容？滤波器怎么做？”范炜凭借兴趣经常向老师请教。范炜对电子信息模拟技术非常感兴趣，有关的课程他都尽全力学好。其中，有一门专业课要进行双语教学，这在当时的陕西高校并不多见，低频振荡器、高通滤波器等专业名词和电子音乐很多名词都是交叉的，而这些应该是专业外语课程教学的内容。电子音乐起源西方，一开始的专业音乐制作软件、书籍都是英文原版的，也正是基于对电子音乐的痴迷，范炜把相对枯燥的专业外语课程成功拿下。

毕业后，他没有跟其他同学一样选择与专业相关的工作，出于对电子音乐的爱好，他选择了音乐的道路。在当时，笔记本电脑不普及，消息较为闭塞，少有电子音乐的视频教程，范炜就通过各种途径搜集资料学习。音乐制作人如果只学习音乐，对电子电路就会比较陌生，范炜乐于与同行分享新鲜的理念与经验，而今的他俨然已成为音乐先进理念的传播者。

《西安人的歌》2016 年发表后，在由节目主持人汪涵参与策划的爱奇艺年度首推综艺《十三亿分贝》中首唱后，收看次数在 24 小时内超过 3 000 万次，歌曲点击量 24 小时内突破千万次，说明该音乐本身就是一首广受欢迎的佳作。此番再度爆红，除了作品本身彰显的大情怀以外，两个重要的载体也起了关键的作用：一个是 2018 年春节，西安市举办的“西安年・最中国”系列活动，活动在“一带一路”大背景下，把大西安的形象向全世界推送，引起了巨大的反响；另一个载体就是新媒体时代的抖音 App，网友们被大西安系列宣传活动吸引，纷纷在抖音 App 上上传西安旅游、美食、文化等小视频，《西安人的歌》这首歌风光无限，成为当时的“网红”歌。

成功总是留给那些有准备的人。范炜在正式创业之前，对自己的能力有清醒的认识，对电子音乐行业有详细的学习、调查、分析，这正是他创业初步成功的基础。因此，大学生在选择创业时切记不能盲目，一定要对即将进入的行业做充分的了解。

大学生创业的五大方向如下。

（一）借助学校品牌的项目

对于创业者来说，如果你所在的学校有医学、心理学、教育学专业，就可借助学校这块牌子，学习发达国家开展婴儿早期教育等创业项目；对于理、工、农、医类的院校，都有一些技术课题和成熟的技术项目，如果老师忙于研究，没有时间，同学们可以把这件事做起来，为技术寻找市场，实现经济转化。

（二）独立运行的专业项目

对于创业者来说，只有选择的创业机会与自己的能力相符合，才能真正把握并利用好商机。因此，创业者在选择创业机会时，首先需要对自己的能力进行科学、准确的衡量与分析。例如，各种专项代理业务、各类平面设计工作、图书制作前期工作和可以拆分开的业务等。

（三）利用对外合作的项目

如果所选创业机会具有良好的市场前景，再利用对外合作的机会，创业才会具有较大的价值。所谓有市场前景的创业机会，是指市场上存在尚未被满足的需求，有市场空白处，某领域竞争相对比较薄弱，存在创业的可能性，但自身力量单薄，可以利用对外合作的项目。例如，婚丧化妆司仪、各类信息服务、服装鞋帽设计和主题假日酒店等项目。

（四）利用优势的服务项目

一般来说，创业者应在自己熟悉的行业里寻找创业机会，这样才能提高创业成功的概率。在自己熟悉的领域，创业者既有前期的积累，也有较多可用的资源，倘若资源整合得当，则更易敲开财富之门。例如，家教服务中心、成人考试补习、会议礼仪服务、收出版社退书和出租旅游用品等服务项目。

总之，大学生创业既有优势，也有局限性。大学生思维活跃，充满活力，喜欢接受新鲜事物，学校的学习使大学生具备了一定的专业知识。但由于没有进入社会，商业意识、社会经验、企业管理知识、财务及营销知识等方面都比较欠缺。因此，大学生在创业方向的选择上应扬长避短，寻找适合自己的发展道路。

（五）小型多样的经营项目

小型多样的经营项目，虽然为市场创造了新的价值，但对创业者而言，本身并没有太大的改变，做的也是比较熟悉的工作。这种创业类型强调的是创业精神的实现，也就是创新的活动，而不是新组织的创造，企业内部创业即属于这一类型。例如，特色专柜、手工制造、网络维护和体育用品等经营项目。

四、创业的优势与劣势

调查报告显示，创业者这一群体主要由在校大学生和大学毕业生组成。现今大学生创业问题越来越受到社会各界的密切关注，因为大学生经过多年的教育，往往背负着社会和家庭的期望。而在现今就业形势并不乐观的情况下，创业也自然成为一种新型的大学生就业方式。

在创业人群中，大学生创业还具备自身的特点，如知识水平高、思维模式新等。下面详细介绍大学生创业存在的优势和劣势，希望能够给创业者们提供一些帮助，为他们找到自身的准确定位。

（一）大学生创业优劣势分析

1. 大学生创业的优势

① 具有专科或专科以上程度的文化水平，对事物较有领悟力；

② 自主学习知识的能力强；

③ 接受新鲜事物快，甚至是潮流的引领者；

④ 思维活跃，敢想敢干；

⑤ 运用 IT 技术能力强，能够利用互联网了解对创业有价值的信息；

⑥ 有自信，对认准的事情充满热情；

⑦ 年纪轻，精力旺盛；

⑧ 暂无家庭负担，创业也可能获得家庭或家族的支持。

2. 大学生创业的劣势

① 缺乏社会经验和职业经历，尤其缺乏人际关系和商业网络；

② 缺乏真正有商业前景的创业项目，许多创业点子经不起市场的考验；

③ 缺乏商业信用，在校大学生信用档案与社会没有接轨，导致融资借贷困难重重；

④ 喜欢纸上谈兵，创业设想不能很好地与市场结合，市场预测普遍过于乐观；

⑤ 眼高手低，好高骛远，看不起蝇头小利，往往大谈“第一桶金”，不谈赚“第一分钱”；

⑥ 独立人格没有完全形成，缺乏对社会和个人的责任感；

⑦ 心理承受能力差，遇到挫折容易放弃；

⑧ 在社会文化和商业交往中，青年人往往不容易得到信任。

综合分析大学生创业的优劣势得出：大学生创业相对来说是比较可行的。大学生应充分发挥自身优势，不断完善自己，逐渐提高自己的创业水平，选择适合自己的创业方向并持之以恒。同时，应做好吃苦耐劳的准备，毕竟创业不是一蹴而就的，必然要经历艰难险阻才能取得辉煌成就。

（二）国家鼓励大学生创业的相关政策

2015 年，国务院印发《关于大力发展电子商务加快培育经济新动力的意见》，提出一系列利好措施鼓励电子商务领域的创业；同年，国务院办公厅印发《关于深化高等学校创新创业教育改革的实施意见》，全面部署深化高校创新创业教育改革工作。国家多个部门共同出台创业新规，鼓励劳动者自主创业，通过创业带动整体就业。从就业政策上来讲，国家对大学生自主创业还是非常支持的，目前主要以减免一些行政费用为主。

提示：政府鼓励大学生创业政策的具体内容，可以在当地政府部门及相关网站咨询获取。

任务实施

以小组为单位，查找大学生创业案例并进行分析和总结。

第一步：分析成功创业者具备的优势有哪些；

第二步：对照自己的情况进行分析；

第三步：依据小组情况，确定小组创业项目；

第四步：熟知大学生创业优惠政策。

企业家精神

信念与梦想成就大健康产业的未来

——记陕西森弗集团董事长金新康

金新康，男，汉族，中共党员，出生于 1971 年，陕西商州人，现任陕西省人大代表，陕西省工商联（总商会）副会长、陕西省电子商务行业协会会长、秦商总会副会长、陕西职业技术学院校友会会长、陕西森弗集团董事长。

怀揣着一个梦想，第一次走出了大山

金新康出生在秦岭腹地商洛市商州区一个偏僻的小山村，和大多数农村一样，这里远离集镇和街道，人们整天过着日出而作、日落而息的生活。

20 世纪 80 年代，改革开放刚开始，农村人改变命运的途径无非就是上学和当兵。身为教师的父母，对金新康的期望自然比寻常人家要高一些，要求也更严厉，将他视为家里的希望。在父母的精心教育下，金新康不负所望，几年的辛苦换来了甜美的果实。

1988 年，他以优异的成绩考入了位于西安市的陕西省对外贸易学校，也成为当时“翻秦岭”的少数人之一。

十三朝古都的西安，自古便是繁华之地，充满了各种机遇和挑战，也给第一次走出家门的金新康带来心灵的巨大触动。农村的孩子不比城里人，要想在大城市立足，就要比别人多付出数倍的努力。

定下了目标，就要为之不懈奋斗。从此，金新康整日与书为伴，自由地畅游在知识的海洋里。4 年的学习生涯，金新康早已褪去了刚出来时的青涩，日渐成熟起来，为当初的梦想努力奋斗着。中专毕业之前，金新康参加自学考试拿到了英语本科毕业证书。这 4 年虽然很辛苦，但是在他的心里播下了希望的种子，积聚了梦想的力量。

毕业后，金新康被分配到老家商洛的行政事业单位，端上了人人都羡慕的“铁饭碗”。但金新康却不以为然，心中有梦的他，总觉得这不是他想要的生活。哪个年轻人不渴望去寻找属于自己的“蓝天大海，诗与远方”呢？于是，金新康辞去了事业单位的工作，先后在山东烟台、蓬莱等地工作，很快发现自己的知识储备远远不够。

1994 年，金新康成功考入中国对外经济贸易大学继续学习，毕业后回到陕西，金新康在西安一家中外合资企业工作，以求积蓄力量，寻求更多的机会。2003 年，他又通过自己的努力，考入西安交通大学管理学院，加入硕士研究生全日制学习的队伍。当时，这个决定遭到家里人的强烈反对，但这就是改革开放的好处，它让一些喜欢尝试新事物的人敢于打破常规。

从学习到工作，再学习，再工作，放弃事业单位的“铁饭碗”，许多人不解。多年后，金新康觉得信念与梦想是成就事业的力量。有人认为，小鸟飞不过沧海，是因为小鸟没有飞过沧海的勇气。其实并非如此，小鸟不是飞不过沧海，而是沧海的那一头，早已没有了等待。金新康说，对于人的一生来说，至关重要的并不是能力和实力，而是信念与梦想！如果说能力是一支箭，那么信念就是一座山！一个没有信念与梦想的人，必然扛不住岁月中的残酷，也熬不过人生中的冰天雪地。信念与梦想的力量是无穷的！

一台电脑，一根网线，开启了创业之路

金新康从西安交通大学一毕业，就创办了森弗公司。创立了一个中药提取原料的行业平台，开始创业，利用搜索引擎和行业 B2B 引流，开展中药提取原料的电子商务业务，把自己过去所学、所思、所想付诸实践。回想起当时创业的经历，金新康说，最开始公司就他一个人，一台电脑，一根网线，跟现在开网店差不多。之所以成功，只不过比大多数人更早地接触互联网。

金新康说，最开始创业那一年，虽然很忙碌，但并不觉得辛苦，因为他很喜欢和享受那种创业的生活方式。得益于他的创新精神和挑战精神，经过一年的奋斗，便拿下了 900 多万元的销售额，但这只是个开始。一个人的力量始终是有限的，随后金新康开始组建团队，复制模式，迅速扩大到更大范围的大健康产业领域，整合资源，采用“借鸡生蛋”的方式，快速扩张市场。截至 2012 年，仅仅过了六年，原始资金积累就达到 6 亿元，成为当时陕西产业互联网营销的翘楚。

“很多人都说，创业是一个非常艰辛的过程。回过头来看，我应该算是比较幸运的一个。我也时常在想，在学校我不是最优秀的，目前为什么取得比别人相对大的一点成就呢？”金新康说，“我之所以能够创业成功，最主要的就是跟上了这个时代，再就是不断地创新，善于学习和倾听。”

2012 年，为了寻求企业更大的发展，金新康进行“五环相生，闭环营销”的创新模式，打造全网营销策略。打造个性化、敏捷化、柔性化的制造工厂，满足消费升级。

中国人对家乡总会有种特别的情感。树高千尺不忘根，水流万里总思源。金新康说，以前对于家乡的养育之情，自己没有力量报答，现在有能力了，当然要把自己的家乡变得更加美好。于是在 2012 年，陕西森弗公司正式落户商洛市商州区。以乡亲们种植的中药材和农特产品为原料，进行生物医药、功能性食品、保健食品等大健康产品的研发、生产和销售业务。

几年来，金新康在家乡累计投资 16 亿元，建成了绿色工业区面积达 375 亩、电商物流养生服务业区域面积达 100 亩、数字化农业区域面积达 5 万亩的第一、第二、第三产业融合发展的大健康产业生态圈。

不断创优，满足用户对美好生活的向往

站在一个新的起点，挑战就是机遇，从当初高速发展到现在高质量发展，从同质化到差异化，从价格战到价值战，未来十年消费升级，品牌聚集度会越来越高。

在金新康的带领下，森弗公司形成了“开放、融合、创新、共赢”的经营理念和“诚信、创新、拥抱变化、客户满意”的核心价值观。通过扎实推进供应链和产业链结构性创新，打造了“互联网+数字农业+大健康产业”的闭环创新发展模式。以企业大数据为依托，以客户需求为中心，以用户友好、用户满意为目标，创新驱动，共享生态，实施供给侧结构性改革，不断迭代产品，优化产业结构，建立柔性敏捷化“多品种、小批量、多批次、去库存、订单生产”的生产关系。

为了加快高质量发展，让森弗公司产业数字化，数字驱动产业升级，森弗公司开发了企业 CRM、ERP 管理系统，建立了 MES 制造管理系统、LIMS 检验管理系统，打造了 S2B 的发展模式。在大健康产业的供应链条上，森弗公司已有 9 大类 500 多个品种的产品通过国家药品 GMP、食品 SC 认证，获得国家应用发明专利 158 项。

近年来，森弗公司积极融入“一带一路”国际产业链，在韩国建立了子公司 SCIPHAR Korea，在澳大利亚投资了 Star Comb 公司并建立“海外仓”，与全球 65 个国家和地区的 96 000 多家客户建立了密切的合作关系。2018 年实现产值 10 亿元人民币，出口创汇 3 200 万美元。

森弗公司先后被评为国家级高新技术企业、国家级电子商务示范企业、国家级星创天地、全国“万企帮万村”精准扶贫行动先进民营企业、陕西省名牌企业。金新康个人先后荣获“科技部创新创业人才”“中国特色社会主义事业建设者”“全球秦商十大领军人物”“陕西省优秀民营企业家”等荣誉称号。

红色党建引领，发展绿色经济，助力脱贫攻坚

“没有永远的企业，只有时代的企业。是时代成就了森弗，是党和国家的好政策成就了森弗。”金新康说，“党建是企业文化建设的最高形式，党建做实了就是生产力，做强了就是竞争力，做细了就是凝聚力。”他是这样说的，也是这样做的。

在森弗公司，党建元素随处可见，真正做到了把党的工作贯穿企业发展的各个环节，有力地推动了企业高质量发展。通过设立党员示范岗、党员责任区、党员先锋岗等，推动党员亮身份、强党性、争先锋，发挥党员模范带头作用，提高员工的凝聚力和战斗力。

森弗公司创新了“三推三创三不变”党建活动载体，实行党的建设与生产经营任务同抓共管，管理层实行“双向进入、交叉任职”，开展优秀管理人员、优秀共产党员、优秀“工匠”等创先争优评选活动，推荐优秀骨干人才向党组织靠拢，每年至少拿出 100 万元用于党群活动，保证党的建设工作常态化开展。截至 2019 年 8 月，先后有来自全国各地近 300 个党组织前来学习、考察，森弗党支部的党建工作成为引领全省非公党建的一面旗帜。2019 年，森弗党支部被评为“陕西省五星级党组织”。

拥抱新时代，开启新征程

精准扶贫，是全面建成小康社会、实现中华民族伟大复兴“中国梦”的重要保障，关系到数千万人的福祉。金新康说：“作为一家具有强烈社会责任感的企业，森弗公司一定要做出应有的贡献。”

近年来，森弗公司以“红色党建引领，发展绿色经济，助力脱贫攻坚”为主题，设立 1 亿元扶贫专项资金，成立了“陕西森弗精准扶贫开发中心”，通过开展产业扶贫、教育扶贫、就业扶贫、电商扶贫，提升贫困户致富技能，拓宽致富渠道，带动贫困户增收致富。

2016 年以来，森弗公司在商洛积极布局菊芋等特色农业，免费为贫困户发放菊芋种子，收获后上门保底收购。三年来，累计与 117 个贫困村、2 万多贫困户签订菊芋等产业种植协议，为贫困户创收 6 000 多万元，贫困户户均增收 3 000 元以上。

森弗公司以互联网大数据为依托，结合示范园、贫困户，在产业链上游布局特色农业，农产品在森弗产业园加工成大健康产品，通过互联网销售到全球各地。森弗公司通过在商洛的扶贫实践，探索走出了一条“互联网+特色农业+示范园+贫困户+大健康产业”的精准扶贫闭环发展模式，将贫困户绑定在企业发展的产业链上，让 3 万余贫困户取得实实在在的收益，实现了企业与贫困户的双赢。

新时代，新机遇，新发展，新作为。企业奋斗开始的小目标是创造营收和利润，让企业健康成长；中期目标是帮助客户，与客户一起发展；新时代企业奋斗的大目标是实现中国梦和中华民族伟大复兴，给下一代创造更好的未来。一个人可以走得更快，一群人可以走得更远，一个企业有多大，取决于能帮客户做多大，企业的市值取决于对社会创造的价值。

森弗公司将不忘初心、牢记使命，更加坚定信仰、信念、信心，以科技为支撑创新驱动，加大物联网、大数据、云计算等数字经济的投资，以造福人类健康为使命，不断满足人们对美好生活的向往，以更强的责任感和使命感去感恩社会、回报国家，共同书写新时代中国特色社会主义伟大事业的精彩华章。

任务二　创新思维与方法

学习目标

1. 了解创新相关基本概念
2. 熟悉创新的原则和特点
3. 掌握培养创新思维的技巧
4. 学习激发创新意识的方法

任务布置

任务	创新思维与方法
目的	掌握创新的基本知识，激发学生从多角度、多方面思考创业活动
内容	了解创新的概念，培养创新思维，提升创新能力
时间	2 课时
成果	树立创新思维，开展创新活动

知识导图

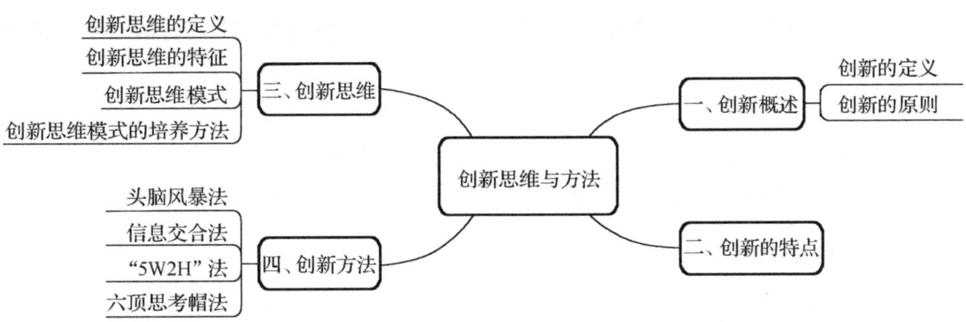

相关知识

任何国家要改变其经济、科技落后的状态，从根本上讲，必须提高全民族科学文化素质和创新意识，培养和造就大批具备创新精神和创造能力的人才。当前，创新已经从技术层面逐步扩展到整个经济、社会领域乃至国民经济的方方面面，从个人行为上升到国家战略。习近平总书记在全国科技创新大会上强调：“纵观人类发展历史，创新始终是一个国家、一个民族发展的重要力量，也始终是推动人类社会进步的重要力量。”大学生的创新意识直接影响国家经济的可持续发展。培养大学生创新素养与创新能力也是当今社会发展的迫切需求。而要培养大学生的创新素养与创新能力，必须首先对创新的基本知识进行了解。

一、创新概述

（一）创新的定义

创新是指在批判或改变旧事物的过程中找到新的发现、提出新的见解、开拓新的领域、解决新的问题、创造新的事物，或者能够对前人、他人已有的成果提出创造性的解决方案。简单地说，创新就是创造新事物。这里的“新事物”，包括新产品、新技术、新思想、新方法、新的教育方法、新的管理模式、新的用人机制、新的经济体制等，涵盖了有形事物、无形事物、物质文明成果和精神文明成果等。

（二）创新的原则

1．构思独特原则

兵法中一直强调“出奇制胜”，所谓“出奇”，就是“思维超常”和“构思独特”。创新贵在独特，在创新活动中，往往要从构思的新颖性、开创性和特色性几个角度进行系统的检查和思考。

2．相对较优原则

创新不可盲目追求最优、最佳、最美、最先进，而是找到最合适的方法。许多创新设想各有千秋，这时，就需要按相对较优的原则，对设想进行判断选择，同时需要注意以下几点：

第一，从创新技术先进性上比较，看哪种设想领先和超前。

第二，从创新经济合理性上比较，看哪种设想合理和节省。

第三，从创新整体效果性上比较，看哪种设想全面和优秀。

3．遵循科学规律原则

创新不得违反科学规律。在进行创新构思时，需要注意以下几点：

（1）应进行科学原理相容性检查。与科学原理是否相容是检验创新设想有无生命力的根本标准。

（2）必须进行技术方法可行性检查。如果设想所需要的条件超过现有技术方法的可行性范围，则该设想只能是一种空想。

（3）新设想的功能体系是否合理。这关系到该设想是否具有推广应用的价值。因此，必须对其合理性进行检查。

4. 机理简单原则

在现有科学水平和技术条件下，如不限制实现创新方式和手段的复杂性，所付出的代价可能远远超出合理程度，使得创新的设想或结果毫无实用价值。因此，在创新的过程中，需要注意以下几点：

（1）新事物所依据的原理是否重叠，是否超出应有范围。

（2）所拥有的结构是否复杂，是否超出应有程度。

（3）所具备的功能是否冗余，是否超出应有数量。

5. 不轻易否定原则

在分析评判各种创新方案时，应注意避免轻易否定的倾向。创新的广泛性和普遍性都源于创新具有的相融性。我们应尽量避免盲目地、过高地估计自己的设想。

二、创新的特点

1. 普遍性

创新存在于一切领域，没有哪个学科、哪个行业、哪个领域永远是一成不变的。

2. 目的性

创新是有目的的，其目的就是不断地满足人类自身生存发展的需要。具体来讲，创新总是为了解决某一问题，围绕着解决一定的问题而进行的，它总是与完成某个任务相联系的。所以，创新是一种有目的地认识世界和改造世界的实践活动。

3. 超前性

由于创新是相对他人的首创行为，因此，社会认识必然滞后于创新，创新总是超前的。

4. 新颖性

创新是把新的或重新组合和再次发现的知识引入研究对象系统的过程，是引入新概念、新东西和革新的过程，因而其成果必然是新颖的，与过去相比具有新的因素或成分。唯其“新”，才能具有优势，才能战胜旧事物。原有事物的内容和形式正是由于增加了新的因素而得以更新、发展和突破。

5. 时效性

创新作为一种活动，在思想、理论、技术形成或产品投放市场后，经过一定时间又会被更新的东西所替代，这种替代使得创新具有时效性。由于这种时效性，我们在开展探究式教学或科学研究时，就必须探索项目所处的时期，并需要对发展的前景进行预测。

6. 发展性

创新是一个不断发展的过程。创新发展是创造新知识、应用新知识并不断发展知识的过程。知识是创新之源，通过知识创新推动科技创新、文化创新、管理创新及其他各方面的创新。创新使知识生生不息，没有知识的不断更新，创新的源泉就会干涸。对知识的创造、应用、再创造、再应用，这种形式循环往复，以至无穷，而每一循环创造和应用的内容，都进入了高一级的程度。这是人类创新永无止境、无限发展的客观规律。

7. 价值性

创新是各种社会事物进步与发展的共同因素。它能够满足人们的某种需要，促使企业获得成功、国家经济活力得到增强、社会取得进步。若没有价值，创新也就失去了意义。创新成果的价值可以分为社会价值、经济价值和学术价值。

8. 再创造性

再创造就是对原有事物、现有知识和已有创新成果的再次发现和重新组合，既包括使知识达到新的深度和广度，又包括修正错误和更新知识；既包括从研究新情况、新问题中获得新知识和新成果，又包括从研究老情况、老问题中获得新知识和新成果。

9. 成果性

成果性是指创新必须以新的成果来体现，不管是物质的还是精神的。当然，创新过程中会有失败，但失败不是创新，只是创新的一个阶段、一个环节，是不可避免的阶段。

10. 艰巨性

创新具有艰巨性的特点，具体表现在以下两个方面：

（1）创新的超前性。因为超前，所以可能得不到他人的理解和支持，甚至受到反对，给创新者造成很大的压力，并制造了艰难的创新环境。

（2）创新的不确定性。创新是做前人或他人没有做过的事情，实现创新的过程和方法都需要探索，因此带有不确定性和技术上的难度。

11. 综合性

从创新活动过程来看，创新是许多人共同努力的结果，即多人投入的产出活动。它既需要科技人员的理论知识和技术，也需要生产者和管理者的共同联合、协作，只有这样才能使创新达到预期的目的。因此，创新是一项综合性的活动。

三、创新思维

（一）创新思维的定义

创新思维是人们在创新活动过程中所具有的思维方式。它是相对以固定、惰性的思维为特征的常规性思维而提出的，是一种高度灵活、新颖独特的思维方式。它通常在创新动机和外在启示的激发下，充分利用人脑意识和潜意识活动能力，借助各种具体的思维方式（包括直觉和灵感），以渐进式或突发式的形式，对已有的知识和经验进行不同方向、不同程序的再组合、再创造，从而获得新颖、独特、有价值的新观念、新知识、新方法、新产品等创造性成果。

（二）创新思维的特征

传统思维与创新思维的区别如表 2-1 所示。

表 2-1　传统思维与创新思维的区别

传统思维	创新思维
分析（从部分到整体）	展开与整合（从整体到部分）
为什么（从问为什么开始）	目的是什么（从询问目的开始）
关注过去和现在的问题	关注未来解决问题的方案
从过去的延长线上推测未来	从未来学习
怀疑	相信
正确地处理问题	处理正确的问题
发现“问题的范围”	扩展解决问题方案的范围
问题的专家	解决问题的专家
搜集数据	搜集所需的信息
解决问题方案的质量	执行解决问题才能变为力量
追求真理	追求“应有状态”
机械论	有机体论

1．灵活性特征

创新思维不局限于某种固定的思维模式、程序和方法，它既独立于别人的思维框架，又独立于自己以往的思维框架，是一种开创性、灵活多变的思维活动，它能做到因时、因事而异。

■**案例欣赏**

美国的一个南极探险队首次准备在南极过冬时，遇到了这样一个难题：队员们打算把船上的汽油输送到基地，但由于输油管的长度不够，又没有备用的管子，因此无法输送。正当大家不知所措时，队长帕瑞格突发奇想：南极到处都是冰，能不能用冰做成冰管子呢？南极气温极低，屋外能“遇水成冰”，这个想法并非不切实际的空想。可以用冰做管子，但怎样才能使冰成为管状又不至于破裂呢？帕瑞格又想到了医疗上使用的绷带，在出发时他们带了不少这样的绷带，他们试着把绷带缠在铁管子上，然后在上面浇水，让水结成冰后，再拔出铁管子，这样果然就做成了冰管。他们再把冰管一截一截地连接起来，需要多长就连接多长。就是依靠这些冰制的管子，他们解决了输油管长度不够的难题。在解决这个难题中运用的是异同因果思考法。

创新思维灵活性主要表现在以下两个方面：

（1）变通力。变通力是指能适应变化了的各种情况。变通的类型有性质变通、方向变通、时间变通、空间变通、形状变通、功能变通、蕴含变通等。变通的类型与思维的角度、维度、系统性有关。

（2）摆脱惯性。摆脱惯性表现在思维方向的变化上，也意味着不要以僵化的方式去看问题。创新思维者应该能以不同的方式去应用信息。

2．敏感性特征

敏感性是指具有创新思维者能吸收常规思维的人常常忽略的信息的能力。它能在空间和时间里捕捉有价值、新颖的信息。这种特性意味着，具有创新思维的人一般很快就会注意到某一件事情中存在的问题。

■案例欣赏

荷兰退休老人阿布鲁特在看电视时发现，主持人在讲解有关月球探险的内容时，用的是月球的地图。阿布鲁特老人心想："看这种月球平面图效果不好。月球和地球都是圆的，既然有地球仪，同样也可以有月球仪。地球仪有人买，月球仪肯定也会有人买。"于是，老人开始倾注全部精力制造月球仪。当第一批月球仪做好以后，老人就在电视和报纸上刊登广告。不出他所料，世界各地的订单源源不断地飞来。从此，他每年靠制造月球仪就可赚 1 400 多万英镑。老人运用的就是联想思考法，从地球仪联想到月球仪，创造了大量的财富。

3．独创性特征

创新思维在思路的探索上、思维的方式方法上和思维的结论上都能独具卓识，提出新的见解，做出新的发现，实现新的突破，具有独创性。

■案例欣赏

北京大钟寺的一座大钟，有 43 500 千克重，号称"钟王"。这是明朝皇帝朱棣为了防止民众造反，派军师姚广孝收集老百姓的各种兵器后铸造的。不知什么原因，这口大钟沉到了西直门外万寿寺前面长河的河底。一百多年后的一天，一个打渔的老汉发现了河底的这口大钟。清朝皇帝得知此事后，下令将这口钟打捞上来，并挪到北京觉生寺（即现在的大钟寺），然后再修建一个大楼来悬挂这口大钟。从河底把大钟打捞上岸虽非易事，但经过一番努力，总算克服了困难。但要把这 43 500 千克重的大钟运到五六里以外的北京觉生寺，却谁也想不出一个可行的办法。钟是夏天捞出来的，到秋天还没有人想出主意。有一天，参与此事的一个工头和几个工匠在工棚里喝闷酒。工棚内只有一块被当桌子用的长长的石条，大伙就围坐在石桌旁。这时天正下着雨，从棚顶上顺着漏下来的雨水滴在石桌上。坐在石桌一头的工匠让坐在另一头的工匠再给他倒一盅酒。酒倒好后，由于手上有水，在传递时没留神把酒盅给弄翻了，引起大伙连声抱怨："太可惜了！太可惜了！"这时，一个工匠很不耐烦地说："何必用手传呢！石桌子上有水，是滑的，轻轻一推不就过去了。"坐在旁边的一个平时很少说话的工匠沉思了片刻，然后将石桌子一拍，大叫起来："有啦！有啦！挪动大钟有办法啦！"这个平时很少说话的工匠联想到的办法是：从北京万寿寺到北京觉生寺，挖一条浅河，放一二尺深的水，待河里的水结冰后，不用费多大力气便能将大钟从冰上推走。后来，他们采用这个方法将大钟从万寿寺挪到了觉生寺。

4. 风险性特征

创新思维的核心是创新突破。它既没有成功的经验可借鉴，也没有有效的方法可套用。因此，创新思维的结果不能保证每次都取得成功，有时可能毫无成效，有时可能得出错误的结论。但是，无论什么样的结果，都具有重要的认识论和方法论的意义，都能为人们提供新的启示。例如，美国杜邦公司在开发人造革时，曾错误地认为人造材料（人造革）肯定好于自然材料（牛皮），因而在进行市场定位时错误地选择高档定型皮鞋作为其目标市场，造成了 1.5 亿美元的损失。后来有人将人造革专利卖给波兰，波兰人将人造革定位于生产廉价的工作鞋，结果产品十分畅销，甚至返销美国。

5. 流畅性特征

创新思维是多向、多维的，往往没有固定的思维方向。它总是先从各个角度去思考事物的功能及其产生的后果，然后预测所有可能导致的结果。这样我们就能在做出最终决策前，有更多的选择机会，以便我们每个人都能做出理智的选择。因此，在进行创新思维时，并不是必须在时间的压力下工作且必须迅速产生结果，而是在其他条件相等的情况下，人们在每一单位时间内能够形成大量观念，更能产生有重要意义的观念。我们常用"思潮如涌"来形容思路的敏捷性，用"一气呵成"来描述在短时间内迅速做出众多反应的能力，这实际上就是指创新思维的流畅性。流畅性能产生大量的观念，从而为创新准备了条件。

■案例欣赏

美国实业界大名鼎鼎的爱克尔先生创办著名的山毛榉食品公司就是出于他的"灵机一动"。一天，他正在纽约街上散步，看见一家小店将咸肉切成薄片，装在 1 千克装的纸盒还是太多了些，如果把它改成 0.5 千克装出售，生意一定会更好。他依计行事，把肉片切得更薄更均匀，以 0.5 千克装送到市场，购买者果然踊跃。山毛榉食品公司加工的食品不久就闻名全美，甚至全世界。实际上，爱克尔先生的"灵机一动"，来自他对小事情的观察与思考。

6. 超越性特征

创新思维不仅可以超越时间、空间、物质、现象和一些传统的东西，而且可以超越过去和现在，创造美好的未来。

■案例欣赏

1900 年，著名教授普朗克发现了量子力学假设及普朗克公式，但让他沮丧的是，这一发现破坏了他一直崇拜并虔诚地信奉为权威的牛顿的完美理论。他因此推翻自己的假设。人类本应因权威而受益，却不料竟因权威而受害，由此使物理学理论停滞了几十年。

25岁的爱因斯坦敢于冲破权威，大胆突进，赞赏普朗克的假设并向纵深引申，提出了光量子理论，从而奠定了量子力学的基础。随后又锐意破坏了牛顿的绝对时间和空间的理论，创立了震惊世界的相对论，一举成名，从而形成了一个更伟大的权威理论。

7．综合性特征

创新思维是许多因素结合在一起的综合性思维活动。创新思维者在思考问题时，常常须记住一系列变量、条件或关系。只有综合这些因素，弄清它们之间的关系，才不会混淆，同时要综合运用多种思维方法和逻辑模式。创新思维过程包含直觉的洞察与灵感的迸发、想象的发挥与模型的构想、类比的跨接与思路的外推、归纳的概括与假设的试探、演绎的展示与成因的沟通、分析的还原与综合的归纳、反馈的利用与控制的运筹，以及不断地顿悟和重组，形成新的概念框架和理论体系。所以说，创新思维具有综合性特征。例如，国内知名的体育运动品牌李宁联手小米生态链企业华米科技，共同发布了两款智能跑鞋。李宁智能跑鞋内置了华米智芯，通过蓝牙4.0，李宁智能跑鞋中的华米智芯就可以和手机中的小米运动客户端连接，让用户能够以更科学的姿势跑步。

（三）创新思维模式

任何创新思维过程总是指向某一具体问题的，问题是思维的起点。创新思维与问题解决有密不可分的联系，所有的创新思维无疑都包含解决问题。

1．分析问题

问题情境是创新思维的起始因素，它唤起人的认识需求。问题情境意味着人在活动中遇到了某种不理解的、未知的、令人烦忧和诧异的东西。它是在这样的情况下产生的，即当人处在解决问题（任务）的情境中时，无法用已有的知识解释新的事物，或者无法用以前熟悉的方法完成已知的行动，而应找到新的行动方法。

创新思维过程从对问题情境的分析开始，情境的各种结构因素从思维的不同方面进行探究。从问题情境的分析结果中可划分为已知因素、未知因素和应求因素。

2．提出问题

提出问题是创新思维的主要一步。在问题情境的分析中，应确定情境中引起困难的因素是什么。被看作困难因素的就是问题。通过一系列不同层次的“为什么”的提问，从浅显到深入，再到反映其实质的提问，看出问题所在，即识破问题的实质，然后用语言概述出来。在这个阶段不仅要确定问题的存在，还要定义这个问题到底是什么。

3．发散思维

发散思维是指利用多角度、不同的思维方向，不受限于现有的知识范围，不遵循传统的固定方法，从已知信息中产生大量变化的、独特的新信息的思维方式。发散思维表现出思维视野开阔、呈现多维发散状的特征。不少心理学家认为，发散思维是创造性思维最主要的特点，是评定创造力的主要标志之一。

（四）创新思维模式的培养方法

1．心智图法

心智图法是一种刺激思维及帮助整合思想与信息的思考方法，也可以说是一种观念图像化的思考策略。这种方法主要采用图志式的概念，以线条、图形、符号、颜色、文字、数字等各种方式，将意念和信息快速地摘录下来，构成一幅心智图。结构上，心智图具备开放性及系统性的特点，既能让使用者自由地激发扩散性思维，发挥联想力，又能有层次地将各类想法组织起来，以刺激大脑做出各方面的反应，从而得以发挥全脑思考的多元化功能。

2．脑力激荡法

脑力激荡法是最为人们所熟悉的创意思维策略。这种方法强调集体思考，着重互相激发思考，鼓励参加者于指定时间内构想出大量的想法，并从中引发新颖的构思。脑力激荡法虽然主要以团体方式进行，但也可用于个人思考问题和探索解决方法。

3．逆向思考法

逆向思考法是可获得创造性构想的一种思考方法，如果能充分运用这种方法，就可以加倍提高创造性。

4．三两讨论法

这种方法可归纳为 2 人或 3 人自由成组，在 3 分钟的限时内，就讨论的主题互相交流及分享。3 分钟后，再回到团体中做汇报。

5．六六讨论法

六六讨论法是以脑力激荡法作为基础的团体讨论法。这种方法是将大团体分为 6 人一组，只进行 6 分钟的小组讨论，每人 1 分钟。然后再回到大团体中分享最终的讨论结果。

6．曼陀罗法

曼陀罗法是一种有助扩散性思维的思考策略。利用一幅九宫格图，将主题写在中央，然后把由主题所引发的各种想法或联想写在其余的八个空格里，从多方面进行思考。

7．分合法

分合法主要是将原来既不相同也无关联的元素加以整合，产生新的意念或面貌。分合法利用模拟与隐喻的作用，协助思考者分析问题，以产生各种不同的观点。

8. 希望点列举法

这是一种不断地提出"希望""怎样才能更好"等的理想和愿望，进而探求解决问题和改善对策的技法。

9. 缺点列举法

缺点列举法是一种不断地针对一项事物，检讨此事物的各种缺点及缺漏，并进而探求解决问题和改善对策的技法。

10. 属性列举法

属性列举法强调使用者在创造的过程中观察和分析事物，或者分析问题的特性或属性，然后针对每项事物的特性或属性提出改良或改变的构想。

四、创新方法

创新方法是创新性思维的外显形式，是从具体操作中表现出来的。按照创新思维方式来对应划分，创新方法主要有头脑风暴法、信息交合法、"5W2H"法和六顶思考帽法。

（一）头脑风暴法

头脑风暴法是由美国创造学家奥斯本于1939年首次提出的一种激发性思维的方法，它以小组的形式，通过无限制地自由联想和讨论，从而产生新观念或激发创新设想。其具体的运用流程如图2-1所示。

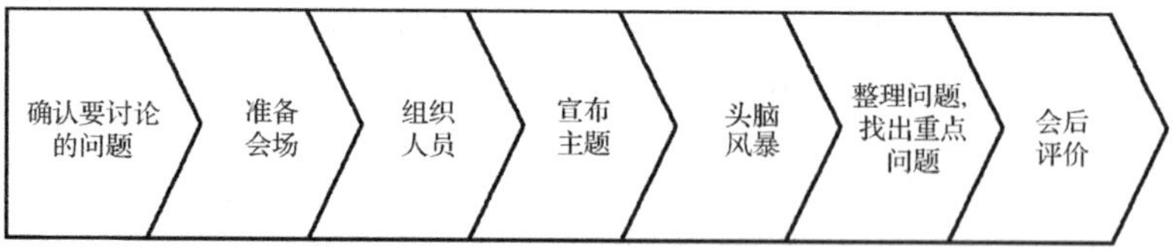

图2-1 头脑风暴法的运用流程

头脑风暴法通常采用专家小组会议的形式进行，其流程分为会前准备和会议执行两个阶段。在会前准备阶段，会议召集者要明确会议的主题，创建引导问题目录，并选定与会人员。在会议执行阶段，首先，会议开始时，如果与会人员没有头脑风暴的经验，召集者可以带领大家先做一些适应性练习，以敞开思路；其次，阐明该次会议的目标议题，鼓励大家进行头脑风暴；再次，由各与会人员提出自己的设想并详细阐述，如果与会者没有提出相关的设想，召集者需做相应的引导，鼓励大家积极思考，最大限度地发挥个人的创造力；最后，参会人员的设想都发表完毕后，将获得的设想进行分类整理。在整个发表、阐述、整理设想的过程中，都要做好相关的记录工作。如果时间有剩余，还可再次鼓励大家进行头脑风暴，以获得尽可能多的设想。

为了使参会者畅所欲言，互相启发和激励，达到较高效率，头脑风暴法必须严格遵守下列原则：

（1）提倡自由发言、畅所欲言、任意思考、任意想象、尽量发挥的举措，主意越新越好、越怪越好，因为它能启发人们产生新的想法。

（2）推迟判断，禁止批评。对别人提出的任何想法都不能批判、不得阻拦。只有这样，与会者才可能在充分放松的心情下，在别人设想的激励下，集中全部精力开阔思路。力求做到大家都提设想，越多越好。

（3）综合改善。鼓励巧妙地利用和改善他人的设想，这是激励的关键所在。每个与会者都要从他人的设想中激励自己，从中得到启示，或者补充他人的设想，或者将他人的若干设想综合起来提出新的设想等。

（二）信息交合法

信息交合法亦称“魔球法”，由我国学者许国泰于 1983 年提出。信息交合法实质上就是利用物体的信息来构造其信息场，通过信息场寻求创新性的设想。信息交合法具体的运用流程如图 2-2 所示。

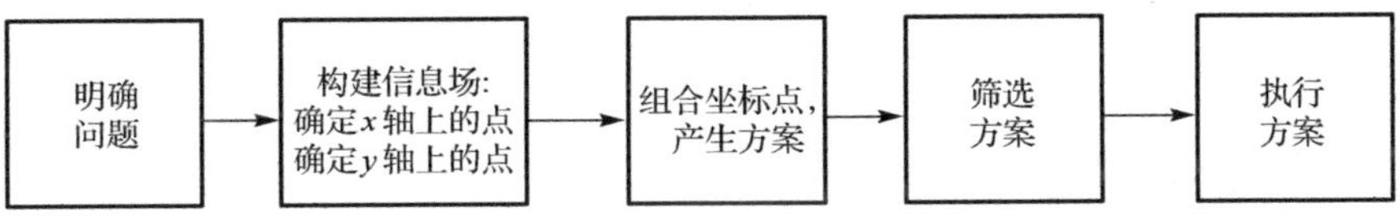

图 2-2　信息交合法具体的运用流程

运用信息交合法的步骤如下：

（1）要确定待解决的问题。

（2）针对目标问题，构建信息场。在构建信息场时，一方面，将该物体的功能进行分解，并将该物体所能实现的每一种功能分别投射到 x 轴上，每一项功能与 x 轴上的一个点相对应；另一方面，选择物体某一属性（如颜色），对其信息进行分解（如将颜色分为红、黄、橙、绿、青、蓝、紫），并将分解出的属性值投射到 y 轴上，每一个属性值与 y 轴上的一个点相对应。x 轴和 y 轴垂直相交的点便构成了该物体的信息场。

（3）通过将坐标轴中各个坐标点进行相互组合，从而获得大量的创新性设想方案。

（4）在所获得的设想方案中，筛选出适宜的方案。

（5）执行方案。

（三）“5W2H”法

创新者用 5 个以 W 开头的英语单词和 2 个以 H 开头的英语单词进行设问，发现解决问题的线索，寻找发明思路，进行设计构思，实现新的发明创造，这就叫“5W2H”法。5W 是指：何事（What）、何人（Who）、何时（When）、何地（Where）、为何（Why）；2H 是指：如何（How）、何价（How much）。在创新活动中，使用“5W2H”法将问题的主要方面一一列举出来，减少了思考问题的遗漏和解决问题的盲目性。“5W2H”法的分析思路如图 2-3 所示。

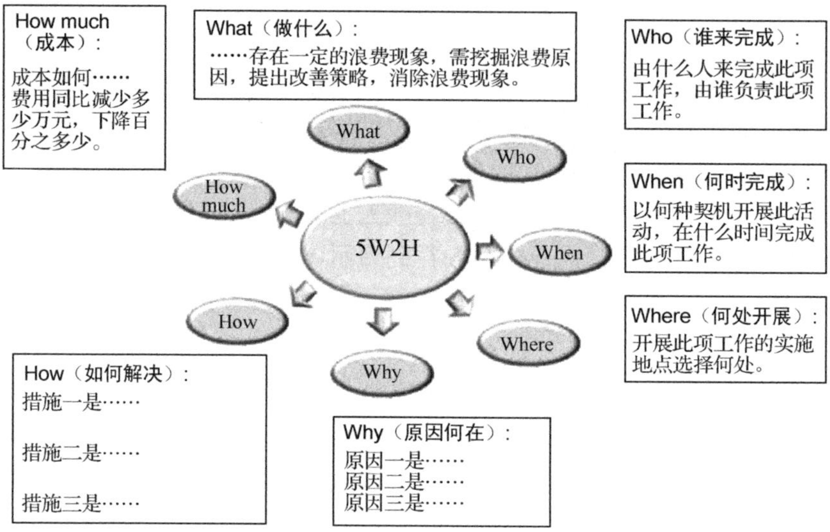

图 2-3 “5W2H”法的分析思路

（四）六顶思考帽法

六顶思考帽法是爱德华·德·波诺于 1985 年提出的。所谓六顶思考帽法，是指使用六种不同颜色的帽子代表六种不同的思维模式的方法。白、绿、黄、黑、红、蓝六种颜色的帽子，将思考的过程分为与之相应的六个阶段。任何人都有能力使用以下六种基本思维模式：

（1）戴上白色的中立帽子。在这个阶段，人们从陈述问题的角度出发，将问题现有的信息尽可能详尽地列举出来，全面地描述问题事实。

（2）戴上绿色的活力帽子。从积极的角度出发，充分发挥主观的创造性，尽可能多地提出解决问题的设想方案。

（3）戴上黄色的正面帽子。从乐观的角度出发，将目标事物的优点列举出来。

（4）戴上黑色的负面帽子。从批判的角度出发，将目标事物的缺点列举出来。

（5）戴上红色的评判帽子。从评价的角度出发，对所提出的设想进行评价。

（6）戴上蓝色的指挥帽子。从整体的角度出发，对所提出的设想进行筛选，制定最适宜的方案。

六顶思考帽法提供了“平行思维”的工具，避免将时间浪费在互相争执上。强调的是“能够成为什么”，是寻求一条向前发展的路。运用爱德华·德·波诺的六顶思考帽法，将会使混乱的思考变得更清晰，使团体中无意义的争论变成集思广益的创造，使每个人变得富有创造性。

任务实施

1.“没有规矩不成方圆”已经成为我们固定的思维模式。在学习本任务的知识后，你是如何理解的？

2．以生活中遇到的难题为例，开展创新思维方法训练。

企业家精神

世界陡峭，唯道坚持

——记大方集团董事长王方胜

王方胜，1964年出生，1989年毕业于西北工业大学工业与民用建筑专业，曾任陕西省石油化工研究设计院主任，2009年进入西安交通大学管理学院学习，并被评为杰出校友。现任大方集团（西安）控股有限公司（以下简称大方集团）董事长。

2018年9月，大方集团荣登“2018西安民营企业百强”榜单，位列第37名，王方胜荣获“十佳文化产业企业家”荣誉称号，同年11月，荣获“改革开放40周年优秀民营企业家”称号。

成为企业家的建筑师，是偶然也是必然

王方胜成长于地灵人杰、贤者达居的陕西省富平县一个普普通通的农民家庭，作为长子，自小就肩负了家人的期盼与寄托，朴实的乡村、厚重的土地，培养了他善良、坚韧、豁达的心胸，给了他一颗热爱祖国、热爱生活的心。

王方胜从小就是一个好学生，1985年高考，他以足够上清华大学的分数，选择了去西北工业大学工业与民用建筑专业学习如何盖房子。在当时的他看来，当建筑设计师是一件很厉害的事情，是可以承载他理想的一份事业。毕业时他被分配到陕西省石油化工研究设计院工作，没过多久便被提拔为土建所主任。1998年，王方胜离开了设计院，创办了西安大方置业发展有限公司，从一位优秀的建筑设计师一步跨越到企业家。说起当中的机缘，直到今天他讲起来依然神采飞扬。这当中既有偶然也有必然，要说偶然，就是顺应时代之势，在关键时刻抓住了关键的机会；要说必然，离不开坚守初心、回报社会的赤子情怀。直到今天，那种（20世纪）八十年代大学生特有的质朴和赤诚依旧是王方胜身上始终没有褪去的风格。“我是从农村走出来的，是国家培养了我，我会尽一生所能，回报国家、回报社会”，这是他经常挂在嘴边的话。于是，1998年，少了一位优秀的建筑师，多了一位出色的企业家。

挥师南下，大方集团“美好生活生态圈”初具雏形

仔细品味大方集团的发展史就会发现，王方胜每一个重要的决策，大方集团发展的每一个重要节点，总是伴随着足以引人注目的大事件的发生。2008年，北京奥运会的成功举办令全世界为之瞩目；也是在这一年，大方集团南进的第一个百万平方米大盘“紫郡长安”顺利开盘。而故事，恰恰发生在这之外。

首先，王方胜董事长决定投资打通朱雀路与南三环的最后一段，如果说这一优化周边交通、提升区域环境的决策还能让人理解，那么他亲自修改“紫郡长安”规划方案，舍弃两个高层楼位，仅为保留一棵树龄过百年的皂角树的决定，在当时确实引起了公司大多数董事的反对，就为这一个调整，公司直接损失上千万元。

“对于美好生活，我心中始终有一些画面想要实现。”王方胜如是说。幼年时，他居住在农村，总爱去一个不怎么深的水渠边割草。那里水清树茂，空气中弥漫着青草的香味。时隔多年，仍然难以忘怀的是其中带给他对自然、生活的真切感受。所以，他保留了那棵皂角树，在做“紫郡长安”景观规划时，设计了梅兰竹菊、五重中式院落的园林体系，为这里的居民呈现了“穿过一片绿地，踩过一泓浅水，路过一处小亭，前面就是家”的生活意境。

“紫郡长安”销售正当火热的时候，王方胜又做出了一个足以令人瞠目结舌的决策，那就是再次修改规划，将原规划的五栋住宅楼位舍弃，转而设计一个巨大的商业综合体——城市立方文化体育综合体！众所周知，商业综合体的规划及运营极具难度，很多人不理解他为何不求快速变现，而是挑战难度。王方胜告诉大家：“其实，我们这一转型，既遵循了市场需求，又遵循了我的本心。我看到了那个区域一站式休闲、消费、教育、生活体验等场所的缺失，我也更想让这里居民的生活能再丰富、便利一些。所以，我在这里打造了一个集文化教育、体育体验、休闲娱乐为一体的‘美好生活生态圈’，我想在未来的五到十年里，让全西安人民都羡慕这里。”

以坚定的事业心，去承载最初的梦想

我们每个人都要有一份事业心，用事业心去承载你的梦想，然后一步一步实现它。因为人生的赛场没有终点，梦想才是所有的起点，是初心。

就在 2010 年，当王方胜站在被杨家村（城中村）包围的明德门遗址石碑前时，那座开创了中国历史上首个五道城门的“天下第一门”，隋唐长安城南大门的国门，昔日的辉煌不断在脑海中回现！明德门，它是西安这座古老城市的厚重历史与文脉的承载者，是中华民族精神文化家园重要标识地！那时，在他心里很快升起一股力量，“想要拯救明德门，架笔千年文脉，寻梦丝路之源，将明德门和它所承载的文化重新展示在世人面前”。

于是，他承担起杨家村拆迁改造的重任；于是，他为明德门文化艺术创意小镇绘制了宏伟蓝图。“再苦再难，只要把这代表西安精神内核的大唐国门复兴，一切都值得！”这是他曾经在集团大会上的表态。

初心如磐，使命在肩，2017 年，明德门遗址被正式列入丝绸之路非物质遗产补充名录，明德门文化艺术创意小镇获批为西安市主城区内唯一一个文化创意类特色小镇；2018 年，明德门遗址保护工程启动，小镇运营正式启幕。

唯有坚守与专注，才能创造更多的可能

大方集团是一家以房地产开发为基础起步的民营企业，但王方胜的视野和触点从不局限于房地产开发。在推动企业发展的进程中，他既看到随着近年来经济增长速度放缓、市场需求下降、购房政策收紧与经济产业结构调整、金融和土地约束政策出台等多种因素影响，房地产产业发展面临着严峻挑战与生存压力；也看到房地产的着陆，与面对异常复杂的国内外环境，中国经济高质量发展与供给侧改革的要求相吻合；更看到创新是民营企业实现转型升级的关键，面对新一轮科技革命和产业变革，民营企业必须不断吸收和开发新技术、涉足新领域、推出新产品，形成新产业、新业态和新模式，增强发展内生动力，提高市场竞争力。

王方胜和他的大方集团意识到企业转型升级的必然路径——紧紧围绕国家发展需求，主动培育新兴产业，依托传统优势，创造新的增量发展空间。在 2018 年大方集团成立二十周年之际，王方胜为大方集团制定了全新的发展战略。依然是 2018 年，王方胜为城市立方文化体育综合体在战略布局上进行了创新性的调整，将重心定义为文化体育服务，更多涉及教育文化产业与体育赛事项目，在进一步满足周边群众精神文化追求的同时，为探索体育产业发展新模式做出了表率。将击剑、橄榄球、电竞、足球、蹦床公园、电影博物馆等体育文化类业态引入城市综合体，将各类业态与运动体验、运动表演、运动赛事、运动培训、运动场景等紧密融合，持续推出“击剑运动”这一国际性体育文化IP。随着 2017 年“雁塔杯”全国击剑邀请赛、2018 年“一带一路”“雁塔杯”国际击剑邀请赛的成功举办，以及所带来的赛事效应，标志着城市立方文化体育发展战略的成功部署。

还是在 2018 年，大方集团协同西北工业大学、陕西空天动力研究院投资建设国家空天动力军民融合示范项目——飞天小镇。位于西安科技创新引领轴和科创大走廊交汇点的飞天小镇，建成后将为国家贡献一个军民融合示范项目，将成为陕西打造的一个具有世界影响力的“空天动力之都”，为西安培育一个千亿级的产业集群！

同时，大方集团布局物联网产业，联合西北工业大学成立结构健康监控研究所，把物联网技术应用于城市建筑之中，构筑新时代智慧健康城市。

这是王方胜为大方集团未来二十年所绘制的新的宏伟蓝图，涵盖智慧科技研发创新、特色小镇开发建设、产业园区招商运营、现代金融投资服务四大业务板块，以“科技+、文化+、农业+”为引领，在新的时代为国家和社会创造更多的财富。

财富来源社会，更应回报社会

“财富来源社会，更应回报社会。”当你的舞台逐步扩大、能力足够强大时，你的责任就不仅仅是对家庭、对员工的责任，而是对我们所处的行业、对城市、对整个社会的责任。对这个世界的热爱与包容正是企业家群体能够取得巨大成就的原动力，因为企业家最懂得财富的创造从哪里来，企业家的茶壶里，永远装着与世界共通的日久天长。

大方集团以“同在蓝天下”教育公益基金、“共享美好生活”扶贫理念投身公益事业，坚持关注留守儿童，扶贫帮困。由于出身农村，王方胜对土地、对家乡始终怀有难以磨灭的情怀，希望为家乡、为农民的脱贫致富多做一些事。所以大方集团不仅在精准扶贫方面，对口帮扶了周至县、蓝田县、富平县等县的 12 个村，以及一个移民搬迁社区近 2 000 户贫困人口，为家乡修路、造公园、投资奶牛场。2018 年，更是在家乡富平县投资近2.3亿元建设天玺柿子小镇，希望通过科技引领、小镇带动，发展富平柿子、花椒及酸石榴等特色农业产业，助推产业升级、带动农民致富、促进农业经济进一步发展。

“脱不脱贫不一定是企业的事，但带动贫困人口创富却一定是企业的责任。”如何实施乡村振兴战略，让农业经营有效益，让农业成为有奔头的产业，让农民成为体面的职业，让农村成为安居乐业的美丽家园呢？未来在天玺柿子小镇，你一定能找到答案。

从初创大方集团到现在21年的时间，王方胜从“小王”变成了“老王”，大方集团也逐渐由弱小变得强大。作为一个创业者，辞职“下海”，创立企业，二十余年的冠礼青春到企业转型发展，可以说每走一步都是一种披荆斩棘的坚守，更是一种力量。

王方胜用他的脚踏实地与创新发展实践着他不变的初衷——“我做了那么多改变，只是为了我心中的不变：不变，是对社会的一份沉甸甸的责任；不变，是一个有情怀的企业家为社会创造价值的初心；不变，是一个创业者从不懈怠的坚守！”

任务三　筛选创业项目

学习目标

1. 了解产生企业构思的重要性
2. 熟悉可创办企业的基本类型及其成功要素
3. 大学生寻找创业机会的方法
4. 学会使用 SWOT 分析方法来验证和初步构思自己的项目

任务布置

任务	创建自己的创业项目
目的	了解可创办企业的基本类型及其成功要素 使用 SWOT 分析方法及头脑风暴法验证和构思自己的创业项目
内容	根据任务一对创业的认知，筛选自己的创业项目
时间	2 课时
成果	学生创业项目确认

知识导图

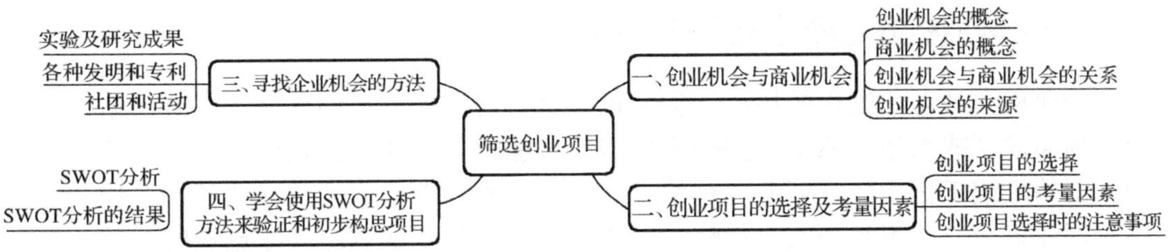

相关知识

大学生创业方向的选择可以从熟悉、擅长的领域入手。大学生创业既有优势，也有局限性。大学生思维活跃、充满活力、喜欢接受新鲜事物，学校的学习使大学生具备了一定的专业知识，但由于没有进入社会，商业意识、社会经验、企业管理、财务及营销知识等方面都比较欠缺。因此，大学生在创业方向的选择上应扬长避短，寻找适合自己的发展道路。

一、创业机会与商业机会

（一）创业机会的概念

创业机会主要是指创业者可以利用的商业机会。创业者据此可以为客户提供具有较强吸引力、有价值的产品或服务，并同时使创业者获得较为持久的收益。创业是建立在机会发现的基础上的。在企业创建初期，好的想法比团队的智慧、资源的整合、资本的聚合更为重要。创业要善于抓住机会，把握了每个稍纵即逝的创业机会，就等于成功了一半。

（二）商业机会的概念

商业机会也称市场机会，凡是有利于促进企业生产，有利于企业产品开发和市场开拓，能够促进企业经济效益的提高，有利于企业摆脱困境等方面的信息、条件、事件等机会，都可称为商业机会，通常体现为市场上尚未满足和尚未完全满足的、有购买力的消费需要。商业机会客观存在于风云突变的市场环境之中，是一种有利于企业生产发展的机会或偶然事件，需要创业者依据自身的经验、知识、兴趣等不断地去发现。寻找商业机会的流程如图 3-1 所示。

寻找商业机会→相关的技能或资源
- 有：商业机会→创业项目
- 没有：重新寻找商业机会

图 3-1　寻找商业机会的流程

（三）创业机会与商业机会的关系

创业机会是创业过程的核心。创业机会就是通过把资源创造性地结合起来，以迎合市场需求（或兴趣、愿望）并传递价值的可能性。商业机会是创业过程的核心驱动力，创始人或工作团队是创业过程的主导者，资源是创业成功的必要保证。创业过程始于创业机会，而不是金钱、战略、网络、团队或商业计划。开始创业时，创业机会比资金、团队的才干和能力及资源更重要。在创业过程中，资源与创业机会经历着一个适应—差距—适应的动态过程。商业计划是沟通创业者、创业机会和资源三个要素的质量以及它们相互匹配和平衡状态的语言和规则。

（四）创业机会的来源

发现和捕捉创业机会是在市场变动中创业成功的关键因素。这就要求我们必须了解和认识创业机会产生的来源，了解创业机会产生的内在动力。

1. 基于问题解决

创业的根本目的是满足客户需求并为客户带来价值。而客户需求在没有被满足前就是人们生活的痛点，也就是市场亟待解决的问题。寻找创业机会的一个重要途径：基于移情分析善于去发现和体会自己和他人在需求方面的痛点问题，或者生活中的兴趣点、痛点需求。

2. 基于变化产生

创业的机会大都产生于不断变化的市场环境，环境变化了，市场需求、市场结构必然发生变化。例如，经济全球化、信息网络化、科技社会化、产业结构的变化、价值观与生活形态化、人口思想观念的变化、居民收入水平提高等方面，都会刺激和孕育商业机会。

3. 基于创新发明

创新发明为消费者带来了更好、更多的产品和服务，更好地满足了客户需求，从而产生了更多的创业机会。创新的表现形式如原创性的发明和发现、知识的创造性集成、新知识的传播和转化、体制和机制的创新，以及经济、管理与文化的创新等一切创新活动都会促进产业结构的升级、消费结构的变化，创业机会随之而来，即使你不发明新的东西，你也能成为销售和推广新产品的人，从而给你带来商机。

4. 基于技术应用

大数据、云计算等智能终端，特别是移动互联网技术的飞速发展带来了许多创业机会。例如，拼好货和拼多多。拼好货是从零开始做起来的，当时创业者的想法是 PC 端的电商态势都稳定了，基本上就是淘宝网、天猫和京东，但是在移动端，还有另外的商机。因为搜索产品买卖需要花很多时间，而朋友买过推荐给你就省去了很多时间。拼多多利用微信巨大的社交流量，结合网络游戏元素，其用户获取成本几乎为零，从最早开始做水果生鲜，很快发展成为全领域的电商平台，不到一年就把流水交易额做到 60 亿元人民币。

二、创业项目的选择及考量因素

（一）创业项目的选择

选择什么项目作为自己的创业方向（行业）呢？这是创业者在创业之初首先要考虑的问题。一般对初创业者来说应考虑以下因素。

1. 资金

选择资金周转周期短的行业。创业起步阶段，因为自己的资金有限，而且有限的资金要用于办理各种手续，如购置固定资产、购买原材料等。因此，创业起步阶段选择的行业，其资金周转周期要尽可能短一些。在确定创业项目之后，如果只有资本而无周转资金，创业经营就会困难重重，创业目标就难以实现。

2．技术

选择技术性要求不太高的行业。一般来说，在小资本创业初期，可以选择技术性要求不高、资本需求量不大的行业。因为技术性要求较高的行业，往往对创业资本要求也比较高。

3．成长性

选择成长性较好的行业。创业就是要使自己的事业不断发展壮大。一个成功的创业者所选择的创业行业应该是成长性较好的行业。企业经营业绩比较好，而且逐年增长，甚至有高速发展的前景，这才是最有前途的投资创业行业。有发展前途的创业行业，虽然对创业者而言是挑战，但也能够给创业者以更多的回报。所以，我们在选择创业行业的时候，一定要考虑所选行业的成长性。

（二）创业项目的考量因素

选择创业项目时，创业者要在对自身条件进行充分认识的基础上，对各种创业项目信息进行充分考量，包括项目的市场前景、行业发展环境、技术要求、市场空间、市场竞争程度等因素。

1．市场前景

市场前景预测不只能靠直觉，也不能只统计资料和预测数据就下定决心，应到市场中去调查研究并加以分析，到商业网点中去了解销售情况。

2．行业发展环境

行业发展环境主要是指创业者对选择的创业项目所属行业进行深入分析，了解该行业发展现状及趋势，明确该行业是处于上升期、成熟期，还是下降期，明确所选创业项目是朝阳产业还是夕阳产业。一般来说，朝阳产业创新性强，容易获得政府或投资方的支持，一旦成功则后期发展潜力巨大，但项目的推进往往受国家相关政策的影响。

3．技术要求

如果创业项目包含技术产品时，必须对产品进行技术分析，创业者需要了解该技术创新程度、难度、质量规范、市场反应等方面的内容，选择符合市场需求、操作具有可行度并具有发展潜力的技术，避免难度过大、操作实施复杂的技术。

4．市场空间

市场空间是指某一项目在市场上的参与企业的数量。在项目选择时，应通过充分调研与项目相关的市场信息，包括项目所在地的经济发展水平、居民消费水平、当地风俗习惯等，进而估算创业项目的市场空间。一般而言，市场空间大的项目参与企业较少，创业者进入容易抢占一定的市场份额；而市场空间小的项目，由于已经有众多企业参与，要获得快速发展相对困难较多。

5. 市场竞争程度

一个有众多企业参与的市场，往往对新进企业并不友好。新进的创业企业必然面临各种同业竞争的压力，大大增加了创业者的创业难度。因此，在项目选择时，创业者应充分考虑市场竞争因素，选择竞争对手较少的市场，规避创业风险，减少创业压力，提高创业成功概率。

（三）创业项目选择时的注意事项

1. 创业项目内容要合法

大学生创业时，除了考察行业和具体项目的市场潜力、发展空间以外，更重要的还要根据相关法律来考察和判断项目本身的合法性，确有必要时，可以请有关部门来协助鉴定该项目是否合法。对于国家法律明令禁止的或有悖社会公德的项目，即使有市场需求，也不能介入，如赌场、窃听器、卫星信号接收等项目。

2. 项目的先进性和新颖性

除了了解项目的具体技术指标、行业中所代表的水平、技术更新速度和程度以外，还需要鉴别有无弄虚作假现象。

3. 产品增值情况

选择创业项目时，需要与市场上类似的产品相比较，找出两者的不同之处，考察优势与不足。同时，还要仔细计算产品的各种投资和可能取得的收益值。

4. 扩展性

有的项目可能会转让给多家企业，那么就要了解市场上这种产品的饱和程度，投入这个项目后有没有市场竞争力。

5. 基础条件

基础条件包括劳动力成本、水、电、厂房、占地面积、环境污染、运输状况、设备投入、人员素质、管理机制和投资贷款等综合情况。

6. 挖掘潜力的可能性

挖掘潜力的可能性包括是否能提高产品的成品率和设备的利用率，能否增产不增人，能否采用新材料、新工艺，能否压缩不必要的开支等。

三、寻找创业机会的方法

大学生可以从变化中寻找创业机会。例如，产业结构的变动，城市化的加速，政府政策的变化，居民收入水平的提高，消费结构的升级，人们思想观念的变化，人口结构的变化，甚至包括全球化的趋势。新常态下九大趋势变化如图 3-2 所示。当然，在校大学生也可以从学校中去寻找创业机会。

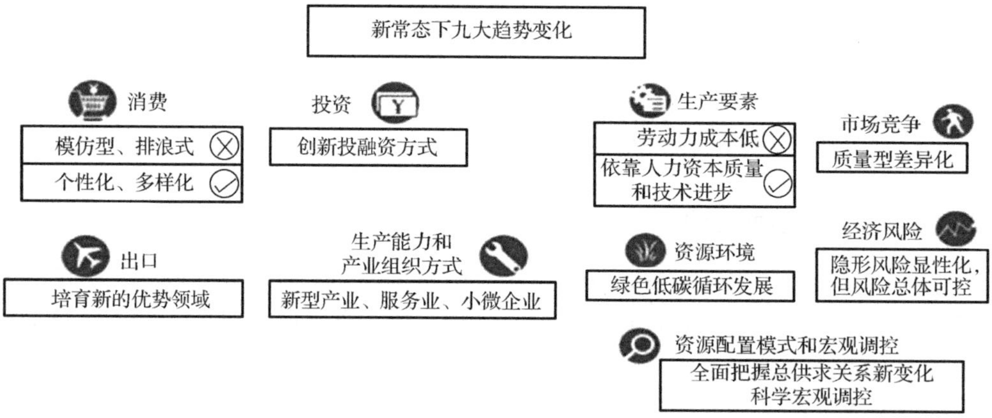

图 3-2　新常态下九大趋势变化

（一）实验及研究成果

实验及研究成果是指高校或各大研究机构自主研究开发的成果。选择这些成果作为创业项目，将大大推进研究、教学与企业生产的衔接，加快试验及研究成果的转化进程。

（二）各种发明和专利

发明和专利也是创业项目的重要来源。发明和专利都具有独创的设想，如果将被开发出来的专利产品进行产业化生产，会带来巨大的社会财富。现在各个国家为了激励发明创造，都制定了相关的专利法保护发明者，并取得了较好的成效。当然，也并不是说所有的发明和专利都能顺利地转化为实际的大规模生产。因为，要实现产业化，还受到许多条件和环境的制约。

（三）大学生创业构思及创业计划大赛成果

大学生的创业构思及创业计划大赛成果是创业项目的重要来源。现阶段，许多机构都在举行大学生创业计划大赛，这不但有利于激发大学生的创业意识，培养他们的创业能力，而且促使了一些创业模式的诞生，有利于大学生创业计划的实施。当前，一些大学生创业公司的前身就是大学生创业计划大赛的团队。

四、学会使用 SWOT 分析方法来验证和初步构思项目

SWOT 即态势分析法，就是将与研究对象密切相关的各种主要内部优势、劣势和外部的机会、威胁等，通过调查列举出来，并依照矩阵形式排列，然后用系统分析的思路，把各种因素相互匹配并加以分析，从中得出一系列相应的结论，而这些结论通常带有一定的决策性。其中，S 代表的是自身与同行竞争对手相比的优势；W 代表的是自身与同行竞争对手相比的劣势；O 代表的是这个项目面临的一个大环境，我们存在哪些机会；T 代表的是这个项目面对这种大环境，我们存在哪些威胁。

（一）SWOT 分析

SWOT 由 Strength（优势）、Weakness（劣势）、Opportunity（机会）、Threat（威胁）四个英文单词的第一个字母组合而成。

进行 SWOT 分析时，要分析你自己的企业情况，并写下自己企业的所有优势、劣势、机会和威胁。

优势（S）和劣势（W）是分析企业内部可以改变的因素。优势（S）是指企业的长处，例如，你的产品比竞争对手的好，你商店的位置非常有利，你的员工技术水平很高，等等。劣势（W）是指企业的弱点，例如，你的产品比竞争对手的贵，你没有足够的资金按自己的愿望做广告，你无法像竞争对手那样提供综合性的系列服务，等等。

机会（O）和威胁（T）是需要了解企业外部无法施加影响的因素。机会（O）是指周边地区存在的对企业有利的事情，例如，你想制作的产品越来越流行，附近没有和你类似的商店，因为许多新的住宅小区正在这个地区建设，所以潜在顾客的数量将会上升，等等。威胁（T）是指周边地区存在的对你企业不利的事情，例如，在这个地区有生产同样产品的其他企业，原材料价格上涨将导致你出售的产品价格上升，你不知道你的产品还能流行多久，等等。

（二）SWOT 分析的结果

当做完 SWOT 分析后，你应该能评估你的企业构思，并做出如下决定中的一种：

- 坚持自己的企业构思并进行全面的可行性研究；
- 修改原来的企业构思；
- 完全放弃这个企业构思。

企业的优势与劣势是企业内部可改变的两种因素。优势与劣势可以相互转化：优势如果不保持，可以转化为劣势；劣势通过努力改善可转化为优势。企业机会和环境威胁是创办企业的外部条件，是无法施加影响的因素。创业者必须提高捕捉企业机会和预防环境威胁的能力。

SWOT 分析及战略模型如图 3-3 所示。

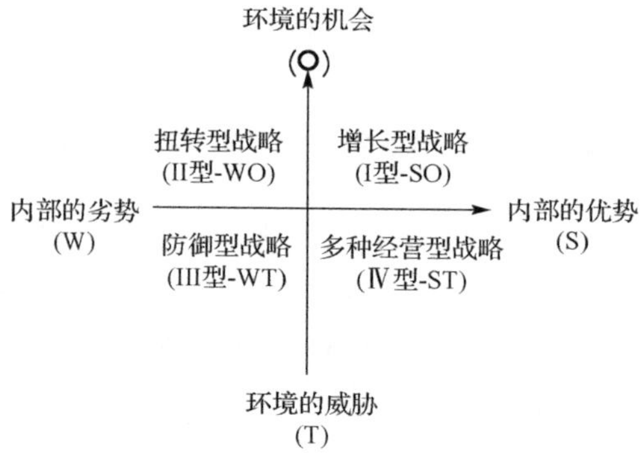

图 3-3　SWOT 分析及战略模型

切记：你必须运用 SWOT 分析法对自己的企业构思进行独立分析并做出判断。不要依赖老师或专家，老师或专家只是告诉你如何进行分析，最终的判断（决策）必须由你自己做出。

任务实施

创业项目名称：____。

1．运用头脑风暴法构思你的企业，并给出企业名称：____________________。

2．企业类型（选择一项并打 √）。

□生产制造　□零售　□批发　□服务业　□农、林、牧、渔业　□其他

3．企业将经营的产品或服务：________________________________。

4．企业的服务对象：____________________________________。

5．企业将解决并满足顾客的需求：________________________________

____。

6．对你的创业构思进行 SWOT 分析，将分析结果填写在如表 3-1 所示的表格中。

表 3-1　创业构思之 SWOT 分析

优势（S）	劣势（W）
机会（O）	**威胁（T）**

企业家精神

山高人为峰 大爱铸坤岗

——记陕西坤大集团董事长李峰岗

李峰岗，陕西省岐山县人，获西北大学工商硕士学位，国家一级建造师。2014 年荣获中国时代风采年度“十大诚信企业家”称号，荣获宝鸡市残疾人福利基金会“爱心残助先进个人”称号。2016 年荣获岐山县第八届政协“委员之星”称号，当选岐山县慈善大使，荣获“重塑蔡家坡杰出贡献奖”称号，当选岐山县商会副会长。现任陕西坤大集团董事长、陕西坤大房地产开发有限公司董事长、陕西大森农业开发有限公司董事、陕西泽丰建筑工程有限公司董事、陕西坤大房地产开发有限公司石泉分公司总经理、陕西坤大房地产开发有限公司岐山分公司董事、陕西五丈原三国文化旅游发展有限公司董事、宝鸡市人大代表、岐山县人大代表。

只有经历过地狱磨难的人，才有建造天堂的力量。

——哲学家尼采

哲学家尼采的这句话，恰好可以用来给李峰岗的个人奋斗历程做注脚。在众多创业成功的企业家中，李峰岗无疑是草根阶层的典型代表。他的成功，可以说是一个地道草根阶层代表者的崛起历程，以及成功传奇的真实缩影和记录。

李峰岗出身一个普通得不能再普通的农民家庭，面朝黄土背朝天地从土里刨食，家境可以说是非常困难。“屋漏偏逢连夜雨，船迟又遇打头风。”一次意外使李峰岗的腿受伤，高额的医疗费用让这个本就不富裕的家庭雪上加霜。李峰岗第一次感受到了命运恶意的折磨，还在艰难求学的他开始了思考：人生的路该何去何从？

在最初的迷茫过后，李峰岗想到苏格拉底的格言“逆境是磨炼人的最高学府”，恰逢生在这样一个竞争与机遇并存的年代，他坚信“天将降大任于斯人也，必先苦其心志，劳其筋骨，饿其体肤，空乏其身，行拂乱其所为……”。他从西安建筑科技大学成教学院毕业后，带着满腔的创业激情和梦想，从偏远的西岐小镇走出来。他曾经略带着卑微与怯懦，但最终却克服了自身的不足与自卑，一步一步地挺直脊梁，勇敢而坚韧地应对着各种复杂的社会环境。最后，在纷繁的大都市圈中站稳了脚跟，成为一个令人瞩目的佼佼者。

与其终日冥想人生有何意义，不如试用此生做点有意义的事。

——思想家、文学家、哲学家胡适

20 多年前，李峰岗还是一个刚步入社会的打零工的懵懂青年，尽管他已经由一名钢筋工快速成长为建筑公司的工程处负责人，并拿到了工程师资格证。但在这个刚刚兴起却竞争激烈的土建和地产开发领域，作为一个从农村走出来的、没有雄厚的经济基础和人脉优势的农村小子，他的奋斗之路仍然布满艰辛。

面对困难，李峰岗从未妥协。他总是迎难而上，凭借着吃苦耐劳、永不言败的淳朴品质和不断创新、勇于实践的人生信条，一步一步地战胜困难。针对开发总价高、客源少的项目，他与同事换位思考、苦心钻研，通过引导居住理念去培育市场，完成销售，把困难的绊脚石变成成功的垫脚石，正如丘吉尔所说，“被克服的困难就是胜利的契机”。李峰岗距离成功越来越近。

终于，在 1999 年，李峰岗赚到了他人生的第一桶金。随即他收购了一家建筑公司并成为该公司的总经理，对企业实行了股份制改造并通过了 ISO9002 质量体系认证。此后，公司业务实现了由单一的中小建筑承包商向房地产开发商的迈进。

经过多年的摸爬滚打，几起几落，李峰岗于 2008 年成立了坤大房地产开发有限公司，并在西安、咸阳、渭南、宝鸡、麟游、扶风、杨凌、武功、汉中、安康等 20 余个城市均有业务辐射。

李峰岗开发及建设的重大楼盘有陕西省人民政府办公大楼、西安市城市运动公园、家润碧泽园、大明宫家居城等项目，并均获“甲级优质工程”称号。陕西省人民政府办公大楼被国家授予工程质量最高奖“鲁班奖”。陕西省人大常委会办公楼、省政府办公厅高层住宅楼、上海金柏苑大厦、咸阳市工商银行营业楼等项目均获“省优工程”及“省级文明工地”称号。整修的黄帝陵工程被陕西省建设厅授予“陕西省优质工程奖”称号。近年来，坤大集团的项目又获省“飞天奖”，三项工程获市“铜城杯”等奖项。

2010 年，李峰岗带领的坤大集团，被西安市授予“AAA 级企业质量信誉等级”称号，被陕西省统计局授予“陕西省建筑业明星企业”称号，2011 年又被陕西省人民政府授予“陕西省重合同，守信誉企业”称号。

“每一个不曾起舞的日子，都是对生命的辜负。”

——哲学家尼采

李峰岗说，他很欣赏苏格拉底一句格言：“世界上最快乐的事，莫过于为理想奋斗。”十多年来，李峰岗带领他的坤大集团，赢得了诸多荣誉，同时深入学习管理理论，他取得了西北大学工商硕士学位，为公司后续的开拓发展打好理论基础，也让坤大集团的知名度、资金实力、规模、盈利等方面具备了极强的竞争优势。在市场上，坤大集团以出色的经营、良好的业绩和规范透明的管理赢得了来自众多投资者和资本合作方的青睐。

“我没有路，但我知道前进的方向。”丘吉尔的这句名言，在创业进程中给了李峰岗很大的指引。他带领着坤大集团，始终秉承“诚实做人、诚信做事”的经营之策，履行了一个企业家应尽的社会责任，终于在 2014 年被授予“中国时代风采年度‘十大诚信企业家’”称号。

现今，坤大集团在产业上已形成了六大板块，即旅游开发板块、文化发展板块、房地产开发板块、建筑工程板块、景观绿化板块、农业观光板块。

其中，在西安注册的陕西坤大房地产开发有限公司和陕西泽丰建筑工程有限公司均取得“房屋建筑工程施工总承包二级”“水利水电工程施工总承包二级”“市政公用工程施工总承包三级”“园林建筑、公路路基路面、起重设备安装专业承包三级”资质。同时注册的陕西大森农业开发有限公司，目前注册资金 1 000 万元，是集农业科技开发、服务，农产品种植、苗木种植、农用机械研发及销售、生态农业观光旅游等农业综合性开发为一体的专业公司。

“做一些对这个世界真正有意义的事情，这才是值得为之献身的。”

——金融家、慈善家、哲学家、作家索罗斯

无论事业上多么成功，在李峰岗心里，他永远是西岐小镇走出来的那个农民的儿子，永远难忘的是生育他和养育他的西岐小镇及那里的父老乡亲们。

伴随事业的蒸蒸日上，李峰岗厚德载物的精神与爱心奉献的品格也日益彰显。李峰岗在做大做强企业的同时，自觉承担社会责任，致富思源，回报社会，踊跃参与光彩事业、慈善事业和爱心助残等活动。

他热心慈善事业，以大爱无疆的非凡气度捐资助学、修桥铺路、反哺故里。每年都向社会弱势群体、贫困学生、三无老人等奉献爱心、捐款捐物。他先后看望并慰问孤寡、年老多病的老人近百名，捐资贫困失学儿童上百名，为家乡修桥补路及其他相关民生基础设施重建和改建工程捐资近百万元。他斥资30万元赞助“翰墨周风•梦想岐山”全国岐山籍书画家作品展；并放下工作第一时间赶到因救人遇难的侯天祥家中，送去爱心；在岐山、蔡家坡及各城镇给老百姓冬日送温暖，免费发放白菜……受到社会各界的一致好评。

李峰岗深谙“授人以鱼，不如授人以渔”的道理。2016年，他注册2亿元资金成立陕西五丈原三国文化旅游发展有限公司，以三国文化为灵魂核心，打造世界级的三国文化体验地——水城•三国。该项目以文带旅，以旅兴商，增加了就业、税收，拉动内需，促进经济发展，改变城市环境，带动一个城市的发展，势必成为蔡家坡新经济引擎之大手笔。

人的精神有三种境界：骆驼、狮子和婴儿。第一境界骆驼，忍辱负重，被动地听命于别人或命运的安排；第二境界狮子，把被动变成主动，由“你应该”到“我要”，一切由我主动争取，主动负起人生责任；第三境界婴儿，这是一种“我是”的状态，活在当下，享受现在的一切。

——哲学家尼采

踏雪凌云酬壮志，乘风破浪展雄才。在李峰岗看来，他经受住了命运的考验，度过了骆驼的境界；他主动迎接挑战，从无到有，为自己的人生负责，完成了狮子的境界；而现在，他正步入第三境界的入口。

“我珍惜我现在拥有的一切，我很享受这种活在当下的状态，享受在工作中不断奋斗的状态，我由衷地希望能为家乡、为社会、为他人继续奋斗前行。”

李峰岗，一个房地产业界的佼佼者，一个西岐大地的骄子，一个在生活中挖掘出金子又为别人照亮的人，一个在现实与理想中追索的人，一个打破常规又充满激情的人，一个诚实守信又不断超越的人，一个在创业道路上历经坎坷而又珍重友情的人，在未来的征程中，他必将再接再厉，继续创造一个又一个的奇迹。

任务四　评估创业市场

学习目标

1. 了解市场和目标市场
2. 掌握市场分析的主要内容
3. 掌握市场营销计划的制订、组织实施、管理控制等基本内容和方法
4. 掌握基本财务知识

任务布置

任务	评估自己创业项目市场
目的	能够科学合理地分析市场；能够识别合适的目标顾客；对竞争对手进行合理分析；制定具有针对性、可行性的市场营销方案；利用财务管理知识，做出准确的销售预测
内容	根据任务二对创业项目的筛选，评估自己的创业项目市场
时间	2 课时
成果	目标客户识别、竞争对手分析，营销计划制订

知识导图

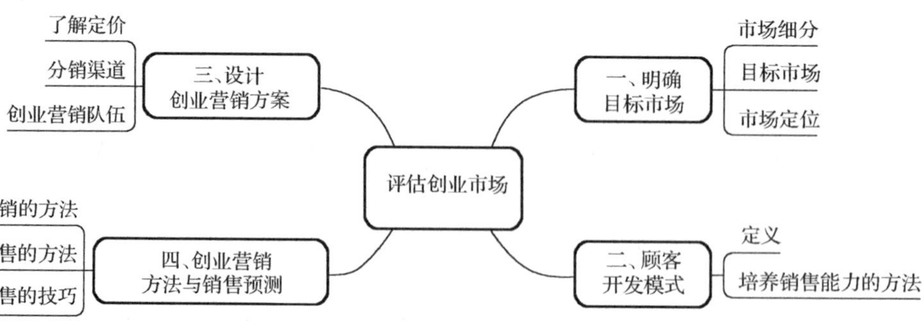

相关知识

目前，许多企业都开始从事目标化经营，为目标市场提供更完美的产品或服务，把一个或几个细分市场作为其服务的目标市场。进行目标市场营销，可从市场细分、目标市场、市场定位三个步骤入手。目标市场营销的三个步骤如图 4-1 所示。

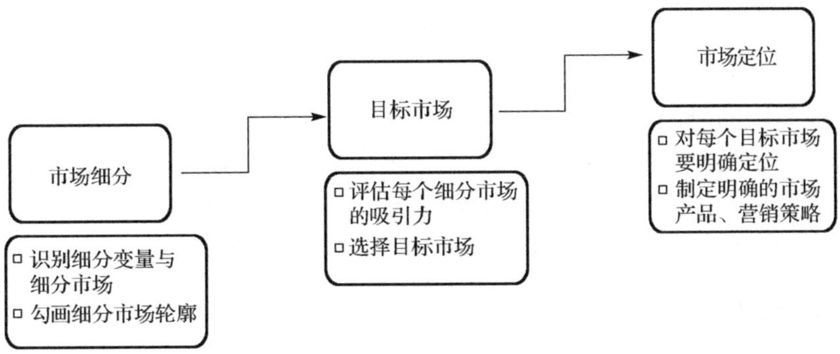

图 4-1　目标市场营销的三个步骤

一、明确目标市场

STP 营销理论的三个要素包括市场细分（Market Segmentation）、目标市场（Market Targeting）和市场定位（Market Positioning），指企业在一定的市场细分的基础上，确定自己的目标市场，最后把产品或服务定位在目标市场中的确定位置上。

（一）市场细分

1956 年，美国市场学家温德尔·史密斯最早提出了市场细分的概念。市场细分是指营销者通过市场调研，依据消费者的需求和欲望、购买行为及购买习惯等方面的差异，把某一产品的市场整体划分为若干消费者群的市场分类过程。每一个消费者群就是一个细分市场，每一个细分市场都是有类似需求倾向的消费者构成的群体。

1．市场细分的基础

（1）顾客需求的差异性。

顾客需求的差异性是指不同的顾客之间的需求是不一样的。根据消费者需求的差异性可以把市场分为同质性需求和异质性需求两大类。

同质性需求是指由于消费者需求的差异性很小，甚至可以忽略不计，因此没有必要进行市场细分。例如，同样是旅游住宿的顾客，他们对酒店的需求都包含干净、卫生、整洁等。

异质性需求是指由于消费者所处的地理位置、社会环境不同，自身的心理和购买动机不同，造成他们对产品的价格、质量、款式上需求的差异性很大，这种需求的差异性是市场细分的基础。例如，同样是旅游住宿的顾客，由于个人经济水平的差异，在酒店的价格上便会产生不同的需求特点。

（2）顾客需求的相似性。

在同一地理条件、社会环境和文化背景下的人们，形成相对类似的人生观、价值观的亚文化群，他们的需求特点和消费习惯大致相同。正是因为消费需求在某些方面的相对同质，市场上绝对差异的消费者才能按一定标准聚合不同的群体。消费者需求的绝对差异造成了市场细分的必要性，消费需求的相对同质性则使市场细分有了实现的可能性。

（3）企业有限的资源。

现代企业由于受到自身实力的限制，不可能向市场提供满足一切需求的产品或服务。为了有效地进行竞争，企业必须进行市场细分，选择最有利可图的目标细分市场，集中企业的资源，制定有效的竞争策略，以取得和增加竞争优势。

2．市场细分的程序

市场细分的程序如图 4-2 所示。

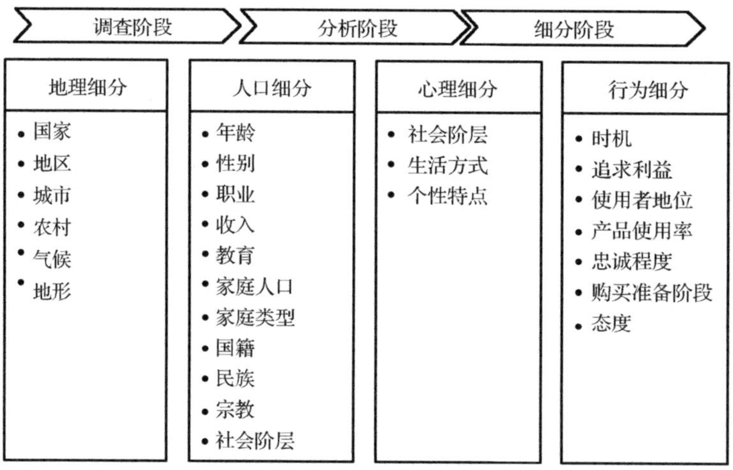

图 4-2　市场细分的程序

3．市场细分的作用

细分市场不是根据产品品种、产品系列来进行的，而是从消费者（指最终消费者和工业生产者）的角度进行划分的，是根据市场细分的理论基础，即消费者的需求、动机、购买行为的多元性和差异性来划分的。市场细分对企业的生产、营销起着极其重要的作用。

第一，有利于选择目标市场和制定市场营销策略。市场细分后的子市场比较具体，比较容易了解消费者的需求。

第二，有利于发掘市场机会，开拓新市场。通过市场细分，企业可以对每一个细分市场的购买潜力、满足程度、竞争情况等进行分析对比，探索有利于本企业的市场机会，使企业及时做出投产、易地销售决策或根据本企业的生产技术条件编制新产品开拓计划，进行必要的产品技术储备，掌握产品更新换代的主动权，开拓新市场，以更好适应市场的需要。

第三，有利于集中人力、物力投入目标市场。一个企业的资源、人力、物力、资金都是有限的。通过细分市场，选择适合自己的目标市场，企业可以集中人、财、物及其他资源，去争取局部市场上的优势，然后再占领自己的目标市场。

第四，有利于企业提高经济效益。

（二）目标市场

目标市场选择是指在对每个细分市场的吸引力程度进行评价的基础上，选择进入一个或多个细分市场的活动。

1．评价细分市场

评价细分市场是指企业对各个细分市场进行评价，并确定具体的细分市场作为服务对象的活动。企业在评价各种不同的细分市场的时候，必须考虑以下三个重要因素。

（1）细分市场的规模和增长程度。

企业必须首先收集和分析各类细分市场的当期销售量、增长率和预期利润率。企业只对有适当规模和增长特征的市场感兴趣。

（2）细分市场结构的吸引力。

细分市场可能具备理想的规模和增长速度，但是在利润方面还缺乏吸引力。企业必须查明影响细分市场长期吸引力的重要结构因素，包括竞争对手的压力、替代品的威胁、客户议价的能力等。

（3）企业目标和资源。

即使某个细分市场具有合适的规模和增长速度，也具备结构性吸引力，企业仍需将本身的目标和资源与其所在的细分市场的情况结合在一起考虑。

2．选择细分市场

根据各个细分市场的独特性和公司自身的目标，共有三种目标市场策略可供选择。

（1）无差异市场营销。

无差异市场营销是指公司只推出一种产品，或者只用一套市场营销办法招徕顾客。当公司断定各个细分市场之间存在很小差异时可考虑采用这种无差异市场营销策略。采用这一战略的企业，一般都是实力强大、能够进行大规模生产、有广泛而可靠的分销渠道，以及有统一的广告宣传方式和内容的企业。

（2）密集性市场营销。

密集性市场营销是指公司将一切市场营销活动集中在一个或少数几个有利的细分市场。一般而言，实力有限的中小企业多采用这种市场营销策略。例如，高考结束后，不少家长都会带着考生外出旅游放松，这时一些旅行社便会推出针对考生优惠的营销策略，以吸引这类群体。

（3）差异性市场营销。

差异性市场营销是指公司根据各个细分市场的特点，相应扩大某些产品的花色、样式和品种，或制订不同的营销计划和办法，以充分适应不同消费者的不同需求，吸引各种不同的消费者，从而扩大各种产品的销售量。例如，宝洁公司旗下的洗护用品种类较多，针对不同的产品，一般会制定不同的营销策略。

（三）市场定位

1．市场定位的原则

各个企业经营的产品、面对的顾客、所处的竞争环境都不相同，因而市场定位所依据的原则也不同。总体而言，市场定位应遵循以下几条原则。

（1）根据具体的产品特点定位。

构成产品内在特色的许多因素都可以作为市场定位所依据的原则，如所含成分、材料、质量、价格等。

（2）根据特定的使用场合及用途定位。

为老产品找到一种新用途，是为该产品创造新的市场定位的好方法，如拓宽产品的使用渠道等。

（3）根据顾客得到的利益定位。

产品提供给顾客的利益是顾客最能切实体验到的，也可以作为定位的依据，如购买产品返还积分等。

（4）根据使用者类型定位。

企业常常试图将其产品指向某一类特定的使用者，以便根据这些顾客的看法塑造恰当的形象。例如，美国米勒啤酒公司曾将其原来唯一的品牌“高生”啤酒定位于“啤酒中的香槟”，吸引了许多不常饮用啤酒的高收入女士。后来发现，30%的狂饮者大约占啤酒销量的 80%，于是，该公司在广告中展示了石油工人钻井成功后狂欢的镜头，还有年轻人在沙滩上冲刺后开怀畅饮的镜头，塑造了一个“精力充沛的形象”。在广告中提出“有空就喝米勒”，从而成功占领啤酒狂饮者市场达 10 年之久。

2．市场定位的方法

（1）区域定位。

区域定位是指企业在制定营销策略时，应当为产品确立要进入的市场区域，即确定该产品是进入国际市场、全国市场，还是在某区域市场、某地等。只有找准了自己的市场，才会使企业的营销计划获得成功。

（2）阶层定位。

每个社会都包含许多社会阶层，不同的阶层有不同的消费特点和消费需求，产品究竟面向什么阶层，是企业在选择目标市场时应考虑的问题。根据不同的标准，可以对社会上的人进行不同的阶层划分，如按知识层次划分，就有高知阶层、中知阶层和低知阶层。进行阶层定位，就是要牢牢把握某一阶层的需求特点，从营销的各个层面上满足他们的需求。

（3）职业定位。

职业定位是指企业在制定营销策略时要考虑将产品或服务销售给什么职业的人。真正能产生营销效益的往往是那些不明显、不易被察觉的定位。因此，在进行市场定位时要有一双善于发现的眼睛，及时发现竞争者的视觉盲点，这样可在定位领域内获得收益。

（4）个性定位。

个性定位是指考虑把企业的产品如何销售给那些具有特殊个性的人。这时，选择一部分具有相同个性的人作为自己的定位目标，针对他们的爱好实施营销策略。

（5）年龄定位。

在制定营销策略时，企业还要考虑销售对象的年龄问题。不同年龄段的人，有自己不同的需求特点，只有充分考虑这些特点，满足不同消费者的不同需求，才能吸引更多消费者购买产品。

二、顾客开发模式

随着市场环境的变化，企业对顾客需求的不确定性程度越来越高，创业者有时候并不清楚面对的顾客群体是谁，也不能完全清楚产品特征和市场范围，是在没有成型的商业模式下开始创业的。因此，创业者需要采取一种不同于传统的客户开发模式。

（一）定义

顾客开发模型是一种新的顾客开发模式，是由四个步骤构成的流程。其中，前两个步骤构成商业模式的调查阶段，后两个步骤构成商业模式的执行阶段，如图 4-3 所示。

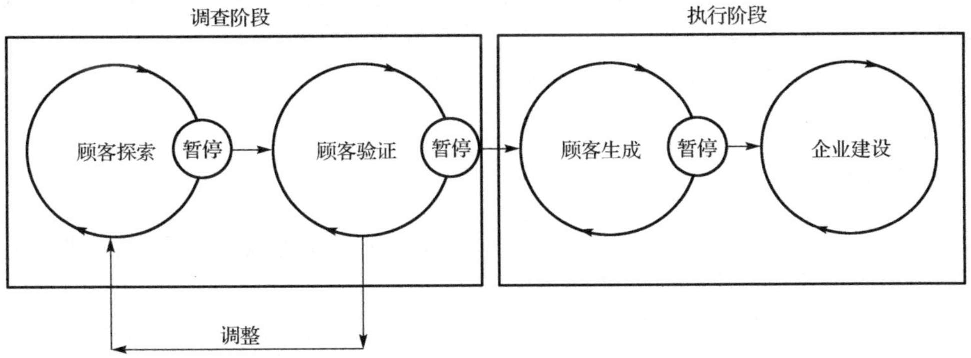

图 4-3　顾客开发模型

1. 顾客探索

在这一阶段，通过顾客探索活动，将创业者对企业的愿景转变成商业模式相关要素的假设，并通过一组实验对每个假设进行测试。为实现这一目标，创业者需要摒弃主观猜测，走出办公室，真正倾听顾客的想法，了解他们的问题，了解他们认为哪些产品特征能够解决这些问题，然后对假设的模式做出调整。

在顾客探索阶段，可能会反复调整，也可能会失败。对商业模式的误解或错误的假设会经常出现。例如，顾客群体是谁，他们需要解决什么问题，哪些产品特征可以真正解决这些问题，有多少顾客愿意付钱解决这些问题，等等。

市场是由顾客形成的，它包含人、需求、购买力三个要素。三个要素之间的相互关系如下：

（1）人口多但收入低，购买力差，不能形成容量很大的市场；

（2）人口少，购买力虽然高，也不能形成很大的市场；

（3）人口多，顾客购买欲望强而购买力又高，能形成一个有潜力的市场；

（4）如果产品不适合市场需求，不能引起人们的购买欲望，购买力再高也仍然不能形成现实的市场。

2. 顾客验证

顾客验证阶段，是要证明经顾客探索之后的业务是可行的商业模式，是可以有大量顾客的，可以建立具有盈利能力的企业。在验证过程中，创业型企业需利用新一轮测试。在这一过程中，初创企业要回答一个问题，即投入一倍的销售和营销资源，能否创造两倍以上的收入（或者是用户数量、访问量、点击率等衡量指标）。

顾客验证过程要利用最小化可行产品（MVP）在顾客面前测试产品的主要特征。顾客验证可证明顾客群体是否存在，确认顾客是否接受最小化可行产品，验证顾客是否具备真实且可衡量的购买意图。

顾客开发模式的前两个步骤，即顾客探索和顾客验证，起到提炼、巩固和测试商业模式的作用。只有具备足够规模的顾客群体、可重复式销售流程，以及能够形成可盈利商业模式时，顾客验证阶段的“逃逸速度”（即在确定商业模式过程中积累了足够的可衡量和改善的举措）才会出现。这时，企业才可以进入下一个步骤，即扩张阶段，也称顾客生成阶段。

3. 顾客生成

顾客生成建立在企业首次销售成功的基础上，是企业加速发展、花费重金扩张业务、创造终端用户需求和推动销售渠道的阶段。

顾客生成过程因初创企业类型不同而不同。有些企业进入的是已有市场，需要与竞争对手展开竞争；有些企业需要开发新的产品或机会，开拓竞争对手还不存在的新市场；有些企业是通过重新细分现有市场开发低成本的模式。

4. 企业建设

创业型企业找到可升级和重复的商业模式后，便进入顾客开发流程的最后阶段。此时，它已不再是以调查探索为目标的临时性组织，而是变成真正意义上已建成的企业。

总之，顾客开发模式的四个阶段会受到市场类型的影响。在顾客探索阶段，无论市场类型如何，所有人都要离开办公室寻找顾客、了解需求；在顾客验证阶段，市场类型开始明显影响产品的销售和定位策略；在顾客生成阶段，不同类型市场的销售策略则大相径庭。

顾客开发模式四个阶段的执行时间也与市场类型有关。即便是同一种产品，进入不同类型市场所需的时间也不同。向现有市场推出产品相对容易，所需的时间从几个星期到几个月不等，而向新市场推出产品将要解决的问题可能会更多，这四个阶段也许需要一两年或更长的时间。

（二）培养销售能力的方法

常见的销售方法如下。

（1）每天安排一小时。

销售，就像其他事情一样，需要纪律的约束。虽然销售是可以被推迟的，你总在等待一个更有利的时机。但是，销售的时机永远都不会有最合适的时候。

（2）尽可能多地打电话。

在寻找客户之前，永远不要忘记花时间准确定义你的市场目标。往往在电话中与你交流的，也许就是市场中最有可能成为你客户的人。

（3）电话要简短。

销售电话的目标是获得一个见面的机会。你不可能在电话中销售一种复杂的产品或服务，而且你当然也不希望在电话中讨价还价。

（4）在打电话之前准备一份人员名单。

如果不事先准备名单，你大部分销售时间将不得不用来寻找所需要的名字。你会一直忙个不停，总感觉工作很努力，却没有效果。因此，在身边要随时准备一份可供使用的人员名单。

（5）专注工作。

充分利用营销经验曲线，专注工作。正像任何重复性工作一样，在相邻的时间片段里重复该项工作的次数越多，就会变得越优秀。

（6）避开电话高峰时间。

通常销售人员打电话推销的时间是在上午 9 点钟到下午 5 点钟之间。所以，你每天也可以在这个时段腾出一小时来推销产品。

（7）调整致电时间。

我们都有一种习惯性行为，你的客户也一样。很可能他们在每周一的上午 10 点钟都要参加会议。如果你不能在这个时间接通他们，就要从中吸取教训，改在其他时间或改在别的日期给他打电话，你会得到出乎意料的结果。

（8）整理客户资料。

使用电脑整理客户资料，能够很好地记录需要跟进的客户，不管是以后跟进还是明天就要跟进的客户。

（9）开始之前先要预测结果。

开始之前就要预测结果，即要先设定目标，然后制订一个计划朝着这个目标努力。

（10）不要停歇。

毅力是销售成功的重要因素之一。多数销售是在第 5 次电话之后才成交的，然而大多数销售人员则在第 1 次电话之后就停下来了。

三、设计创业营销方案

创业型企业是促进经济社会发展的重要力量，因为它不仅能提供成千上万的工作机会，还能提供大量的产品或服务。如何既能使创业者积极创业，又能使投资机构乐于投资创业型企业，其中一个重要的关键点是如何给创业型企业定价。

（一）了解定价

1．定价的含义

定价即制定价格，企业对产品的定价就是决定以何种费用标准（何时、何地、支付多少和支付方式）向客户提供特定的产品或服务。

（1）价格传递产品或服务的价值定位。

价格是价值的货币表现，它能够弥补企业向顾客提供产品或服务的成本。同时价格的差异也向顾客传递其区别于其他产品或服务的特征。如更成熟的技术、更精美的包装、更周到的服务等。

（2）价格反映顾客获得的价值。

顾客最终愿意支付的价格是他们对某项产品或服务价值的评估。顾客在进行购买决策时，通常会对获得的价值大小进行判断，在综合比较心理价位和实际价格后，判断是否为一项产品或服务“买单”。

2．创业型定价

传统型定价是一种在卖方市场条件下比较有利的、以自我为中心的定价方式，是以我认为市场能接受的价格和我想获得的预期利润为依据进行的定价。而小微的创新型企业面对愈加动态、敌对和复杂的环境条件，需要一种机遇型的、创业型的定价机制——创业型定价。

创业型定价的特征：企业更多地考虑基于市场、愿意承担风险、主动和灵活地进行产品或服务的定价。一些创业型企业拥有基于企业专有知识产权的产品或服务，这些创新因素会增加产品或服务的附加值，使企业在定价时具有一定的垄断优势。传统型与创业型定价的特征如表 4-1 所示。

表 4-1　传统型与创业型定价的特征

传　统　型	创　业　型
基于成本	基于市场
保守型	愿意承担风险
被动型	主动型
灵活性弱	灵活性强

（1）基于市场。

基于市场的定价方式更倾向以顾客为中心，根据市场需求状况和消费者对产品的感觉差异来确定价格。

（2）愿意承担风险。

在可能产生负面影响的情况下，创业者依然多采取新颖的、考虑顾客特点的方式来确定价格。

（3）主动型。

主动型定价是指企业想以更快的价格调整速度来抓住新的市场机会的定价方式，这种定价方式具有极大的创新性和侵略性。

（4）灵活性强。

灵活性强的定价方式是指基于不同的市场、顾客、购买的时间和地点、产品或服务的销售方式，以及竞争者行为等因素来确定价格的定价方式。

（二）分销渠道

建立分销渠道的目的就是使恰当数量的产品和服务出现在恰当的时间、地点。但互联网技术对分销渠道产生了重要影响，解决了距离问题，使时间平均化，而且使地理位置变得无关紧要。距离的消失、时间的平均化及地理位置的无关性对分销渠道产生了重要的影响。

1. 直接分销

直接分销是指生产者将产品直接供应给消费者或用户，没有中间商介入的方式。直接分销渠道的形式：生产者—用户。直接分销渠道是工业品分销的主要类型。例如，大型设备、专用工具及技术复杂等需要提供专门服务的产品，一般都采用直接分销的方式，消费品中有部分产品也采用直接分销方式，如鲜活产品等。近几年来，企业产品直接分销的比重明显增加。

2. 间接分销

间接分销是指生产者利用中间商将商品供应给消费者或用户，中间商介入交换活动。间接分销渠道的典型形式：生产者—批发商—零售商—个人消费者（少数为团体用户）。我国消费品需求总量和市场潜力很大，且多数商品的市场正逐渐由卖方市场向买方市场转化。与此同时，对于生活资料类商品的销售，市场调节的比重已显著增加，企业之间的协作已日趋广泛、密切。因此，如何利用间接分销渠道使自己的产品广泛分销，已成为创业型企业进行市场营销时的重点。

互联网技术有潜力改变被动消极的分销方式，从而变成一种在产品或服务中发挥积极作用的元素。它们能创造虚拟市场、虚拟社区或虚拟世界。

（三）创业营销队伍

1. 定义

对于创业型企业来说，要把公司的部分所有权给予销售人员，并让其充分理解该做法的战略意义。销售人员通过利用公司资源（生产、物流、信息技术、市场营销、顾客服务等）来支持其业务运营，具体包括销售现场管理、产品取样、量身定制解决方案、顾客奖励等活动来为创业型企业创造价值。例如，思科公司给销售组织高度的授权，给销售人员很高的职位。职位直接和报酬挂钩，因此其销售人员很多都是身价百万。销售人员希望与顾客紧密联系，创造性地为顾客解决具体问题。于是有很多创新性的方法都是在其销售组织中产生的，利用互联网做生意可能是当前最好的销售方式。

2. 组建创业团队的程序

（1）撰写创业计划书。

通过撰写创业计划书，进一步使自己的思路清晰，也为寻找合作伙伴奠定基础。

（2）优劣势分析。

认真分析自我，发掘自己的特长，确定自己的不足。创业者首先要对自己正在或即将从事的创业活动有足够清醒的认识，并使用 SWOT 方法分析自己的优点、缺点，自己的性格特征，能力特征，拥有的知识、人际关系及资金等方面的情况。

（3）确定合作形式。

通过优劣势分析，创业者可以根据自己的情况，选择有利于实现创业计划的作业方式，通常是寻找那些能与自己形成优势互补的创业合作者。

（4）寻求创业合作伙伴。

创业者可以通过媒体广告、亲戚朋友介绍、各种招商洽谈会、互联网等形式寻找自己的创业合作伙伴。

（5）沟通交流，达成创业协议。

找到有创业意愿的创业者后，双方还需要就创业计划、股权分配等具体合作事宜进行深层次、多方位的全面沟通。只有前期的充分沟通和交流，才不会导致正式创业后，出现创业团队因沟通不充分引起的解体。

（6）落实谈判，确定责、权、利。

在双方充分交流达成一致意见后，创业团队还需对合作条款进行谈判，明确责、权、利。

四、创业营销方法与销售预测

（一）创业营销的方法

1. 口碑营销

口碑营销是创业者在创业初期常用的一种营销战略。最新调查显示，有 82%的创业者都运用口碑营销这种手段来扩大业务，更有 15%的创业者几乎完全依赖于此。创业者可以通过以下几种常见的方法促进口碑营销。

（1）激发顾客谈论你的优质服务。

创业型企业如果能为顾客提供截然不同的服务，便可能脱颖而出，激励顾客与他人分享。有效的服务应当是持久的、真诚的和充满热情的。通过提供独特的顾客服务，让老顾客自愿推荐产品或服务给新顾客。

（2）推荐人计划。

顾客通过“感谢”推荐人计划形成扩大口碑相传的机制。当顾客推荐其他人来光顾企业时，创业者可以通过“感谢”这名老顾客来建立忠诚度。例如，通过送打折优惠券、一份表达谢意的小礼物（如一张贺卡），或者仅仅是一张手写的感谢便签，以感谢那些介绍新顾客来企业的人。这样做会使早期顾客有自豪感，让他们知道，创业型企业的成功正需要他们来帮忙吸引新的顾客。

（3）口碑相传。

营造热议活动，可以通过朋友、家庭及雇员积极营造关于公司的“热议”来模仿口碑相传。如娱乐界的粉丝团，通过一个用户群提供免费服务、支持或训练等，都可以成为创业型企业的“销售力量”。

互联网为口碑相传创造了一种新的促销方式，称为病毒营销。传统的口碑相传在一个人与另一个人之间进行传递，而病毒营销借助网络的力量，通过网站、博客和电子邮件将公司信息进行指数级的传播。

最后，除了运用顾客口碑营销以外，许多创业者也应学会利用另一个群体，即自己的竞争对手。许多创业者填补的市场正是竞争对手们不愿服务的市场，因为来自利基市场顾客的销售量对大公司来说并不划算。

2. 博客营销

博客营销目前已是众多小型企业、快速增长的创业型企业所广泛采用的一种营销方式。创业者可以使用博客来确立自己所处产业的地位。博客有针对性地联系顾客及那些沉迷于博客特定内容的潜在顾客。就像实时通信一样，博客可以成为一个分享有价值信息和经验的论坛。但又不同于实时通信，因为博客可以与那些经常到访并进行非正式化沟通的访问者建立一种更紧密的私人关系。博客可以成为吸引顾客去创业者网站的一个很好的工具，比单用传统网站能获得更多的浏览量。

3. 基于 Web2.0 的交友网站

创业者逐渐发现那些基于 Web2.0 的交友网站，可以成为公司市场营销的良好工具。诸如微信等，让创业者能够找到志同道合者聚集的网络，微信的自媒体营销是当前创业者较好的一种宣传和销售方式。

4. 免费增值模式

一些知名科技企业，通过免费增值模式获得了巨大成功。在这种模式下，顾客一开始不需要付费，可以免费试用产品。其核心是先吸引用户“上钩”，然后由用户决定是否付费或继续使用产品或服务的增值功能。免费服务模式有两种：一是顾客可以在试用期间免费使用产品的完整功能，但之后如果想继续使用就需要付费；二是企业的基础产品（可能是仅供一人或两人使用的个人版本）免费，但如果顾客想要继续使用产品的增值功能或包含商务功能的高级版本，或者更多的功能时，则需要付费。免费模式的风险在于，顾客对免费试用的产品感到满意，却认为其不值得付费使用。企业可能会吸引大量的免费试用顾客，但付费用户却寥寥无几。顾客对产品持批评态度或不愿意付费使用，会消耗企业的成本并影响企业利润。另外，企业还需要投入大量的时间和资金为这些用户提供支持和服务。如果这些用户数量过多，那么企业所实施的无异于“梦想增值模式”，而非免费增值模式。假定在免费增值模式下，免费用户向付费模式用户的转化率为1%～5%（5%是一个很高的数字），那么企业必须拥有足够多的用户，才能让该模式发挥作用。

5. 零成本顾客开发模式

零成本顾客开发模式是由消费型网络公司，特别是Facebook之类的社交网络公司所倡导的，其字面意思为开发新顾客而不需要投入任何成本，它是一种具有灵活性、高效性的模式。

当用户本身成为企业的产品，即企业将用户的照片、文字、文档与活动作为产品内容时，零成本顾客开发就变得异常简单。企业的产品为用户提供了一个基本框架，而用户及相关的数字媒体和他们的行为就是其中的内容。

当用户充当内容的成分越来越多时，其可从分享和互动中获得益处越多，企业的顾客开发成本就越接近于零。这是由于用户乐意邀请朋友与同事使用这一产品，因为邀请的人越多，他能够享受的服务也就越多。

6. 反复从顾客身上获利

企业最好的收入来源是从现有的顾客身上创造利润。如果顾客正使用你的产品，企业可以说服他们购买较为昂贵的商品，向他们出售具有新功能的产品，或者向他们收取产品使用费等。对于以广告为主要业务的企业，可说服顾客花费更多的时间浏览企业网站，这样他们就可看到并点击更多的广告。但是，这种方法使用过度也会导致顾客屏蔽所有广告。因此，企业必须找到平衡点。

（二）预测销售的方法

1. 经验法

如果你在同类企业工作过，或者在竞争对手的企业工作过，或者你的亲朋好友在同类企业工作过，这些经验都可以帮助你预测销售。在研究一家现有的企业时，想要达到与其相同的销售和利润水平，经验法可以帮你缩短时间。

2. 与同类企业进行对比

将你的企业资源、技术和市场营销计划与竞争对手的进行比较。基于他们的水平来预测你的销售业绩。必须找一个同类企业，看看他们的企业是如何运作的。

3．实地测试

试销你的产品或服务，实地测试顾客对产品或服务的反映。这是制造企业和零售业较有效的测试方法。此种测试方法，适合创业起步规模小，或者保持半开工状态的企业，待产品经过市场检测后，再慢慢做大做全。

4．预定单或购买意向书

向客户发放产品预定单或购买意向书，通过客户的回单，分析售前调查信函或顾客购买意向书。利用预定单来预测销售，适用于出口商、批发商或制造商。

5．调查预测

前期可以以亲朋好友为对象进行初测，然后对确定访问的潜在顾客群抽样调查。抽样调查的对象要能够代表潜在的顾客群，这点很重要。

（三）预测销售的技巧

1．列出企业将要销售的产品或服务范围。

2．估计每个月希望实现的产品或服务的销售额。

3．刚创办的企业，要想超过对手的销售额是不可能的。开业 3～6 个月的销售额一般不会高于竞争对手。

4．预测销售额要客观实际，切忌预测过高，要留有余地。

任务实施

1．确定你的顾客（见表 4-2）。

表 4-2　确定你的顾客

顾客特征	情况
谁将成为你的顾客（一般性描述）	
年龄、性别	
地点（顾客住址）	
收入水平（具体数字）	
他们购买你的产品或服务的周期（每日、周、月、季、年）	
他们愿意花多少钱购买你的产品或服务	
他们的购买量有多大	
未来的市场规模和趋势（顾客会增加、减少或保持不变）	

2．确定你的竞争对手并做出优劣势分析（见表 4-3）。

表 4-3 确定你的竞争对手并做出优劣势分析

我和竞争对手比较项目	我的产品或服务	竞争者甲的产品或服务	竞争者乙的产品或服务	竞争者丙的产品或服务
价格的合理性				
质量的可靠性				
购买的方便性				
顾客满意度				
员工技术水平				
企业知名度				
品牌信誉度				
广告有效度				
交货及时性				
地理位置优越性				
特别销售策略的有效性（如赊销、折扣等）				
售后服务				
设备				
销售额				
我的产品或服务很特别，特征如下：				
我的产品或服务与竞争对手相比的主要优势体现在：				
与甲比：				
与乙比：				
与丙比：				
甲、乙、丙竞争者的联系方式（姓名、地址、电话）				

3．制订市场营销计划。

4．预测你的销售额。

企业家精神

飞出秦岭闯世界

——记怡豪投资控股集团董事长付波

付波，怡豪投资控股集团、哥伦比亚怡豪国际投资控股集团董事长；现任政协陕西省第十二届委员会委员、中哥企业协会投资与矿业分会会长、哥伦比亚陕西总商会会长、北京陕西商会副会长、陕西省侨商联合会常务副会长、西商总会常务副会长、西安安康商会常务副会长、安康市工商联副会长（兼常委）、安康市侨商联合会常务副会长、陕西职业技术学院客座教授。

2016 年荣获“中国新经济、新动能、新模式—榜样人物”称号；2017 年荣获“中国经济新领军人物”称号；2018 年荣获“改革开放 40 周年杰出人物”“全球秦商杰出人物”称号。

引　子

2019 年 1 月 24 日，西商总会首次年会在西安举行。西商总会“一带一路”工作站在此次年会上正式成立，西商总会常务副会长、怡豪集团董事长付波参加启动仪式，并启动哥伦比亚站点。随后，付波作为陕西籍“走出去”民营企业家杰出代表，在年会上做了题为“梦想成于实干”的主题演讲。他用朴实真切的语言，把怡豪集团近年来“走出去”的主要情况、经验总结以及心路历程，向在座所有人做了介绍。演讲期间会场内掌声不断，时任西安市委王永康书记和方光华副省长更在演讲结束后，为付波点赞。

据了解，这已经不是付波第一次在大型公开活动、会议上受到众人瞩目了。2013 年 10 月，在印度尼西亚巴厘岛举办的亚太经合组织（APEC）工商领导人峰会上，他与时任智利总统皮涅拉亲切交流的合影被刊登在了《中国日报》海外版显著位置。2014 年 11 月，他受邀参加 2014 亚太经合组织（APEC）工商领导人峰会，中央电视台新闻联播里多次出现他在现场聆听我国领导人发表重要讲话的镜头。2016 年 10 月，第十届中国—拉美企业家高峰会上，付波受到时任中国国家副主席李源潮的小范围接见，并在签约仪式上与哥伦比亚企业签订 93 亿美元煤矿与金矿开采大单，引起轰动。2018 年，陕西省委书记、陕西省人大常委会主任胡和平带领陕西省发展改革委主任卢建军、商务厅厅长赵润民、外事办主任姚红娟等一行人出访哥伦比亚，专程视察了哥伦比亚怡豪国际投资控股集团。在怡豪国际的推动下，中国陕西省与哥伦比亚桑坦省结为友好省份，中国安康市与哥伦比亚巴兰卡斯市结为友好城市。

创造出这样骄人成绩的企业家，背后又有哪些故事呢？记者决定前往付波的出生地陕西安康市白河县一探究竟。

探寻足迹

白河县双河乡双河村，就是付波的出生地。父辈几十年前建的几间土屋依然“风采依旧”。小时候，他从家里走到镇上的学校读书，要走几里路……这样磨破脚掌读书的孩子，要么读不下去当一辈子的农民，要么咬着牙裹住脚上的伤口，忍痛读下去，直至读出大山。

付波从小秉承的家训是“耕读传家”，要么好好读书考大学，要么在农村安心种地，但是付波胸中燃烧的那一团火焰，使他潜意识里就想早早地在社会上去拼搏一番。他坦言：“我当时就觉得教书不适合我，我要有自己未来的选择和出路。”

之后，付波在十堰市的“二汽”谋得了一份临时工的工作，在配套处热交换站的一个岗位上，工作规律、轻松，而且待遇也不错。这份让别人羡慕并求之不得的工作，而付波却也只是干了近一年。再次辞职之后，他决心要干出自己的一番大事业。

敢为人先

辞去令人艳羡的工作后，付波通过考察，选择在十堰火车站广场对面开了一家饭店。他的饭店装修设计很新潮，也是较早有雅座（现在叫“包间”）的饭店。因为付波的饭店距离火车站较远，没有位置优势，而他采取了营销，招聘服务员在火车站“拉客”，并对服务员实行基本工资加效益工资的薪酬制度。“拉客”和效益考核管理，在如今并不是什么新鲜话题，但是在当时那可是非常超前的做法。

在饭店生意正常之后，付波那时又发现了一个商机，每天晚上末班公交车发走后，下了火车需要转乘汽车的旅客仍然很多，而且那时还没有出现营运的出租车。于是，他买了一辆摩托车利用空闲跑出租挣钱，现在时髦的叫法是“跑摩的”。

后来，当其他饭店都学着像付波一样在火车站争相“拉客”的时候，当别人都开始用摩托车跑出租时，他却收手了。付波返回家乡白河县双河乡，面对当地只有一辆农用车跑运输的情况，付波去驾校报名学习汽车驾驶技术，并在他们乡里第一个拿回了大卡车驾驶执照。用开饭店和跑摩的挣来的积蓄，他先后购买了卡车、客车，在当地跑货运、客运，同时，还在家乡开了商店，第一个卖起了桶装方便面、红塔山香烟等高档商品。付波的商店经营理念与别人不同，用付波自己的话说：“别人有的东西我不卖，我卖的东西别人没有”。又一个偶然机会，付波发现大城市开始流行“卡拉 OK”，便立即在家乡的街道第一个办起了“卡拉 OK”厅，从卖录音机、磁带，到卖 VCD 碟片。由此，家乡人在看到付波赚钱的同时，感慨并传说着他的聪明和精干，称“付波是一个神人啊”。之后，他又从家乡白河县再次来到十堰市干起了工程建设承包，再然后一步步从十堰地级市转移到古城西安发展……在当时，付波的发展理念就是：市里一定比县城里机会多，省城一定比市里机会多。

厚积薄发

20 世纪 90 年代初，历经十多年的艰难创业，付波正式开始筹划并树立自己的企业旗帜。2008 年，付波在西安创立了“陕西怡豪矿业工程有限公司（后更名为陕西怡豪建设有限公司）”，在全国范围内进行煤矿、金、铁矿开采及矿建工程、建筑施工，当时仅陕北神木、府谷两地的煤矿项目部就多达二十余个，公司一线员工一万余人，而且大多都是来自他的家乡安康的农民。

通过短短十年多的跨越式发展，他的企业目前形成了以“怡豪投资控股集团”为龙头，控股陕西怡豪建设有限公司、陕西怡豪实业有限公司、陕西博臻商贸有限责任公司等多家子公司的民营企业集团。2015 年，怡豪集团成功走进哥伦比亚矿业开发市场，成立了 Highlander S.A.S 公司，成功收购重组了 P77 S.A.S 公司，标志其正式走上了海外“掘金”之路。并逐步把安康的农民工带到了海外发展，让大家走出国门“挣美金”。2017 年，哥伦比亚怡豪国际投资控股集团在哥伦比亚首都波哥大组建成立，怡豪集团与陕西籍企业一起抱团出海，面对世界经商，共同投资、开拓、开发哥伦比亚的资源市场。

怡豪集团的经营范围：国内外矿山与房地产建筑施工，煤矿、金矿、祖母绿等矿产资源的投资与开采，国际贸易等多个领域。从战略上来看，可以说其企业走了一条国际化、多元化发展的新路。

自 2008 年至 2019 年，怡豪集团已经走过了十一个年头。在这十一年的时光里，付波用智慧和行动谱写了人生的辉煌篇章，怡豪集团也牢牢把握了转型升级的主线，主动变革、持续创新、勇于突破，进行了百折不挠而卓有成效的探索和实践。

品德为本

“学习改变命运，知识铸就辉煌；干一项工程，交一方朋友，树一座丰碑，留一片美誉。”这是付波的座右铭，同时也是付波的企业发展和在市场竞争中处处制胜的不二法宝。这么多年来，付波的企业承揽的工程项目从没有出现过质量问题，他的理念是“三心”，即尽可能地让业主少操心、省心、放心。付波对自己和员工经常强调最为经典的一句话是：“我们要有从承包商转变为服务商的思想意识。”之所以这样定位，他说：“我们做的每一项工程、每一件事，都是为了服务客户。企业追求第一位的不是赚钱和利润最大化，而是让客户满意。依靠客户的口碑传播，能得到与更多客户的合作。”

多年来，在繁忙的创业中，付波没有忘记学习。他不仅坚持自学，还报名到高校参加正规的系统理论学习，并取得了西安交大 EMBA、DBA 证书。陆续参加了西安交大首届董事长班、首届企业投融资与上市班学习，成为北京陕西企业商会会长（原）、万通集团创始人冯仑创办的“子牙学宫”第一期学员，参加亚洲城市大学 MBA 学位班学习并任班长。

在实现个人发展的同时，付波还是一位兴业致富不忘回报桑梓、热心慈善事业的践行者。十年多来，他累计投入扶贫帮困资金 1 000 余万元。他以“授人以鱼，不如授人以渔”的方式，成立陕西怡豪双丰农业综合开发有限公司，采取“公司+合作社+农户”的模式，带领周边农民创业致富。2018 年公司与白河县双丰镇双全村签订油葵种植合作协议，帮助当地贫困群众创业脱贫。

同时，他还情系公益事业，助力脱贫攻坚。付波为安康市白河县安槐村的贫困户们添置家具家电，给白河县双丰镇中小学捐建了白河县第一条塑胶跑道，并为学生们捐赠生活用品，改善学生学习和生活条件，促进农村基础教育事业发展。2018 年怡豪集团荣获“三秦帮扶善星”荣誉称号。

尾　声

在被问到对公司未来发展的期望时，付波说：“未来，怡豪集团还将在更多拉美国家矿产资源开发、国际贸易领域进行拓展，我们会以更高的标准不断创新模式、拓宽路径，积极参与国际市场竞争，在全球化进程中发挥越来越大的作用。同时，我将带领我的团队不忘初心、感恩故土、回报家乡，始终秉承新时代中国企业家的核心价值观与历史使命，争做新西商精神的‘传承人’、创业创新的‘排头兵’、回馈社会的‘实干家’，推动家乡大发展。 怡豪集团也会和大家一道不断创新‘走出去’的模式，提升‘走出去’的质量和水平，共创‘走出去’业绩，以此回报祖国、回报社会。”

作者：杨志勇

任务五　组建创业团队

学习目标

1. 了解创业团队对于创业实践的重要性，以及创业团队的组成要素
2. 了解创业团队的常见类型
3. 了解组建创业团队时应注意的问题
4. 了解组建创业团队的基本方式
5. 了解创业团队的一般构成模式
6. 知晓组建创业团队的程序

任务布置

任务	组建创业团队
目的	熟悉组建创业团队的步骤，知晓组建团队时应注意的问题，能运用所学知识完成创业团队的基本构建，了解高绩效创业团队的特点
内容	创业团队的概念、类型及高效团队的特征，组建创业团队应达到的基本条件，创业团队的组建模式和方法
时间	2 课时
成果	学生创业团队建设

知识导图

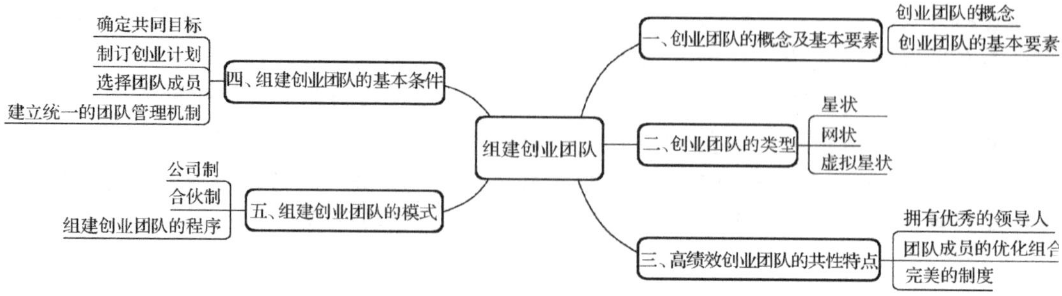

相关知识

一、创业团队的概念及基本要素

创业需要团队。一个互补性好、有执行力的团队，是创业成功的基础条件之一。

（一）创业团队的概念

要了解创业团队，必须先理解什么是“团队”。“团队”和“一群人”是有区别的，“一群人”只有在达到拥有共同目标且每位成员能够实现有效协同工作、分工互补这些基础条件时，才能够称为“团队”。

创业团队是一个较为特殊的团队，是指为了实现共同创业目标的两个或两个以上有效工作个体共同组建形成的群体。其特点在于：成员之间协同工作并具有一定的利益关系；目的是一起从事创业活动，从而使工作总绩效大于所有成员独立工作绩效之和。创业团队对于创业成功具有极其重要的意义。

（二）创业团队的基本要素

一般来说，创业团队应当具备 5 个基本要素。由于这 5 个基本要素对应的英文单词首字母均为 P，因此被称为创业团队的 5P 模型，如图 5-1 所示。

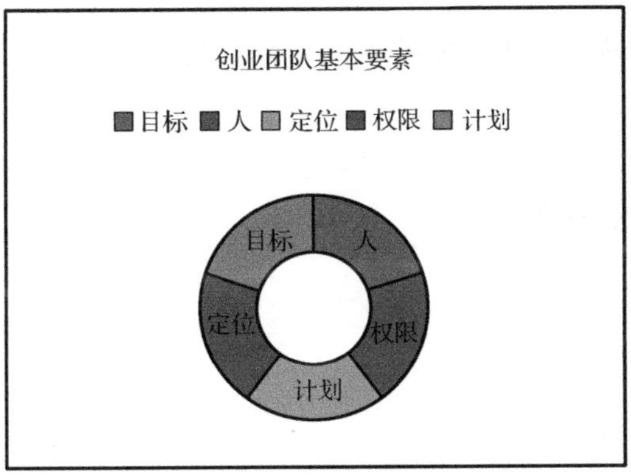

图 5-1　创业团队的 5P 模型

1．目标（Purpose）

创业团队应该有一个既定的共同目标，以便为团队成员确定想要的结果和指明行动的方向。目标在创业企业的管理中一般以企业愿景、企业战略规划等形式体现。如果缺乏共同的创业目标，那么整个团队将失去凝聚力和持续发展力。

2．人（People）

创业团队的基本构成要素是人。在商业行为中，人力资源是最活跃、最重要的资源之一。创业的共同目标一定是通过人类活动来实现的，所以人员的选择是创业团队建设中非常重要的一个内容。创业主导人员应该充分考虑团队内各成员的能力、性格等方面的因素，进行合理组织和利用。

3．定位（Place）

定位指的是创业团队中的具体成员在创业活动中扮演的具体角色，也就是创业团队成员的角色分工。定位问题关系到每个成员是否对自身的特点有清晰的认识并找到在团队内部的合理位置。创业活动的成功推进，不仅需要整个企业能够找到合适的外部商机，还需要创业团队成员能够各司其职，并且形成良好的合力。

4. 权限（Power）

为了实现创业团队各成员的有效协作，赋予每位成员一定范围的权限是必须的。创业活动的动态复杂性决定了团队成员必须得到相应的权限以便实现具体目标。同时，团队成员对于控制力的追求也往往是他们参与创业实践的一个重要动因。

5. 计划（Plan）

计划是创业团队未来的发展规划，也是目标和定位的具体体现。在计划的帮助之下，创业团队才能够有效制定各类短期目标和长期目标，才能够提出达成目标的有效实施方案，以及在实施过程的控制和调整措施。从团队的组建和发展过程来看，计划的指导作用自始至终都是存在的。

一个高效的创业团队，其成员能够求同存异，做到“人尽其才，才尽其用”，这样才能实现创业的共同目标。

二、创业团队的类型

（一）星状

1. 定义

星状创业团队中一般有一个核心人物，其充当了领队的角色。这种团队一般是核心人物有了创业的想法，然后根据自己的设想进行创业团队的组织。因此，在创业团队形成之前，核心人物已经就创业团队的组成进行过仔细思考，并根据自己的想法选择相应人员加入团队。这些加入创业团队的成员也许是核心人物以前熟悉的人，也有可能是不熟悉但是必要的人。这些团队成员在企业中更多时候是支持者的角色。

2. 星状创业团队的特点

星状创业团队有以下特点：

（1）组织结构紧密，向心力强，主导人物在组织中的行为对其他个体影响巨大；

（2）团队决策程序相对简单，组织效率较高；

（3）权力相对集中在核心人物身上，决策失误的风险较大；

（4）当其他团队成员和核心人物发生冲突时，因为核心人物的特殊权威，常常使该成员处于被动状态。在冲突无法协调时，其他团队成员一般会选择离开团队，因而会对组织产生影响。

（二）网状

1．定义

网状创业团队中的成员一般在创业之前就存在密切的关系，如同学、亲友、同事、朋友等。他们通常是在交往过程中共同认可了某一创业想法，并就相关问题达成共识以后，开始共同进行创业实践。

2．网状创业团队的特点

该类型创业团队在组成时，一般没有明确的核心人物，各成员根据各自的特点进行自发的组织角色定位。因此，在企业初创时期，各位成员基本上扮演的是协作者或伙伴的角色。

（三）虚拟星状

虚拟星状创业团队是由网状创业团队演化而来的，类似于前两种的中间形态。在团队中，往往有一个核心人物，其核心地位的确立是团队成员协商的结果，因此该核心人物从某种意义上说是整个团队的代言人，而不是主导型人物，其在团队中的行为必须充分考虑其他团队成员的意见，不如星状创业团队中的核心人物那样有权威。

三、高绩效创业团队的共性特点

高绩效创业团队是由优秀领导人、高效成员及完美的制度组成的共同体。在这个共同体中任何环节出现问题都会使创业绩效受到影响。虽然每个创业团队都有着各自的特征，但高绩效创业团队也存在一些共性的特点。

（一）拥有优秀的领导人

对一个团队来说，领导人是中心点，领导的魅力是团队凝聚的黏合剂。在创业团队中，领导人的作用非常重要，如果把企业比喻为大海中航行的巨轮，那么领导人无疑就是巨轮上的总舵手，他肩负着指引创业团队前进的重任。创业团队中必须有一个足以胜任的领导者，而且这个领导者，并不是单单靠资金、技术、专利来决定的，也不是谁思维敏捷谁就能够胜任的；他应当得到团队成员在创业实践过程中发自内心的认可，应该在创业团队中有巨大的、无形的影响力，有一呼百应的气势和号召力。

领导人的作用在于“决定一切”。许多创业团队在很短的时间内就消亡了，其中一个很重要的原因就是创业团队的带头人根本不是一个合格的领导人。

（二）团队成员的优化组合

创业者在知识储备、能力、个性方面有各自的特征，在教育、家庭环境方面也有差异，在创业活动中发挥的作用也不同。可以通过组建创业团队来发挥各个创业者的优势，弥补彼此的不足。这样可以形成一个知识、能力、性格、人际关系等全面具备的优秀创业团队，把团队成员优化组合起来，实现 1+1>2 的效果。

在选择团队成员时，首先应选择有团队精神、有责任心、具备良好的职业素养、工作态度认真、道德品质优良的人。从一开始选择成员的时候就应把好关，将最适合企业的人员吸纳进来，为下一步的优化组合做好准备。

不同任务、不同角色都应该根据每个人的能力、兴趣、优势来选定，做到人尽其才。尽可能让每个人都得到合适的岗位，恰如其分，扬长避短。即便有时团队成员性格特点有很大的反差，甚至是缺陷，只要能够发挥专长，合理调整，履行职责也会收到好的效果。

（三）完美的制度

完美的制度，胜过一切说教。没有制度约束的团队将是一盘散沙。想要打造高绩效团队，就必须要设计出好的制度，并且落实到位。

这里需要注意以下几点：

第一，制度必须透明、清晰；

第二，建立健全激励机制，奖罚明晰；

第三，制度面前人人平等。

应注意到每个人都有自己的思想，都愿意发挥自身的专长，所以在组织实现优势互补、优化组合的同时，必须保证在规章制度面前人人平等，无一例外。领导者的权力不能超越制度。团队内部也应该分工明确、合理。

再好的制度执行不到位、无法落实也是无用功，所以必须让制度得到严格的执行并成为团队的行为准则。每个团队也许并不缺好的战略、好的制度。关键是要把制度、战略落实到强有力的执行力上。优秀团队，必定是执行力强的团队。执行力才是提高团队竞争力的最佳手段。在执行落实战略制度时，充分了解执行力差的原因，树立良好风气，不让抱怨和负能量削弱执行力，提高工作效率，忙出成效，抓住重点。

想要成为一支高绩效的团队，要充分调动员工的积极性，努力提高团队凝聚力，打造团队核心战斗力，提高执行力。通过强有力的制度化管理和企业文化导向、职业规划打造高绩效团队。

四、组建创业团队的基本条件

（一）确定共同目标

目标在团队组建过程中具有特殊的作用。

首先，目标是一种有效的激励因素。如果一个人看清了团队的未来发展目标，并认为随着团队目标的实现，自己可以从中分享更多的利益，那么他就会把这个目标当成是自己的目标，并为实现这个目标而奋斗。从这个意义上讲，共同的未来目标是创业团队克服困难、取得胜利的动力。

其次，目标是一种有效的协调因素。团队中各种角色的个性、能力有所不同，但是有了共同目标就会步调一致，一同前进。孙子曰："上下同欲者，胜。"只有真正目标一致、齐心协力的创业团队才会得到最终的胜利与成功。

（二）制订创业计划

创业计划是创业者对创业活动的总体规划和布局，其一般体现在创业计划书当中。创业计划是创业者在实施创业之前为项目指定的创业发展方向和蓝图，是创业活动最重要的组成部分之一，也是对即将展开的创业活动进行的一项可行性分析，是整个创业团队的行动指南。创业计划书将创业者的创业思路变成文字，呈现给他人，最后落地生根。计划书的质量往往会直接影响创业的发起人是否可以找到合作伙伴、获得资金及得到相关政策支持等。

制订创业计划的内容如表 5-1 所示。

表 5-1　制订创业计划的内容

项　　目	内　　容
市场	分析市场，了解行情
定位	让别人知道卖的是什么产品或服务
顾客	销售范围要很明确
竞争者	需要自问，你的东西有人卖过吗？是否有替代品，竞争者跟你的关系是直接的还是间接的
能力	要卖的东西自己懂不懂？譬如说开餐馆，如果师傅辞职找不到人，自己会不会炒菜？如果没有这个能力，至少合伙人要会做，再不然也要有鉴赏的能力，不然最好是不要做
资本	可能是现金，也可以是有形或无形资产。要很清楚资本在哪里，有多少，自有的部分有多少，可以借贷的有多少
持续经营	当事业做得还不错时，将来的计划是什么

（三）选择团队成员

要想获得创业的成功，不管何种类型的创业团队，都必须在创业前慎重选择成员。只有适合创业企业的成员才应被吸收，不适合的人如果被拉进创业团队，往往会给创业项目的管理及发展带来潜在的危害。

选择团队成员，首先要制定合作目的与目标，这是大前提；其次要规划好各团队成员的职责，这样才能更好地指导自己去寻找什么样的合作伙伴；第三要处理好合作过程的投入比例和利润分配，这是能够保证合作伙伴长期合作的举措。

在团队最初选择成员时必须要注意以下几点。

（1）团队成员的加入动机。

团队成员加入的目的是什么，其需求属于生理需要、安全需要、社交需要、尊重需要，或者是自我实现的需要。团队成员是基于哪个层次的需要而加入的，对其在组织中的行为方式起着决定性作用。比如，对一个目前还缺乏基本生活保障的人来说，往往更注意组织的获利能力，进而导致他的行为可能会偏向逐利的短期行为；而基于自我实现需要的成员，一般会注重企业的未来发展以便充分发挥自己的能力，所以其往往注重组织战略目标的确定和执行。

（2）团队成员的知识结构。

在一个创业团队中，成员的知识结构越合理，创业的成功性越大。例如，纯粹的技术人员组成的公司容易形成技术为王、产品为导向的情况，从而使产品的研发脱节；全部是市场和销售人员组成的创业团队则往往缺乏对技术的领悟力和敏感性，容易迷失前进方向。因此，在创业团队的成员选择上，必须充分考虑人员的知识结构，充分发挥个人的知识和经验优势。

（3）团队成员的性格、个性、兴趣。

大多数创业团队在形成时，都没有注意成员的个性特征。在创业初期，大家同甘苦，共患难，怀着满腔的创业热情而工作。在这种情况下，团队成员在性格上的差异和处理问题的不同态度容易被掩盖，从而表现出不同的行为方式。而一旦企业发展到某个阶段的时候，由于个性冲突导致的矛盾就会激化，使创业团队出现裂痕，严重的还会导致团队分裂。

（4）团队成员的价值观念。

在一个创业团队中，成员的价值观念和道德品质决定了今后企业文化的形成。甚至可以说，企业文化的最初源头就是企业创始人自身价值观念和道德品质的体现。有的人诚信为本，有的人利益至上；有的人“天下兴亡，匹夫有责”，具有极强的社会责任感，有的人“事不关己，高高挂起”，只求独善其身。一个人的价值观念在加入团队前已经形成，所以在创业团队构建之时必须通过深入的交流和充分的了解，选取与价值观念相近、思维方式类似的人组成团队，这样创业的成功性才更大。

（四）建立统一的团队管理机制

俗话说：“没有规矩不成方圆。”最初创业时就有必要把团队中各个主体最基本的责、权、利说得明白透彻，尤其是股权、利益分配，包括增资、扩股、融资、撤资、人事安排及解散等。这样在项目发展壮大后，才不会出现因利益、股权等的分配分歧产生团队之间的矛盾，导致创业团队的解散。

1. 妥善处理各种权力和利益关系

（1）妥善处理创业团队内部的权力关系。

在创业团队运行过程中，必须要确定何种关键任务谁适合从事、谁对关键任务承担什么责任，以使能力和责任达到最高匹配度。

（2）妥善处理创业团队内部的利益关系。

每个团队成员其个人的价值观、奋斗的目标等可能是不一致的，有些人追求的是长期资本收益，而另一些人则可能只关心短期收入和职业安全。在创业早期财力有限的阶段，就需要新创建的企业认真研究和设计整个企业生命周期的报酬体系。一个新创企业的报酬体系不仅包括诸如股权、工资、奖金等报酬，而且包括个人成长机会和提高相关技能等方面的因素。

设计合理的报酬体系，使报酬水平不受贡献水平的变化和人员增加的限制，既能够保证按贡献水平付酬，也不因人员增加而降低报酬水平，这样的报酬体系就具有吸引力。

2. 制定创业团队的管理规则

要处理好团队成员之间的权利和利益关系，创业团队必须制定相关的管理规则。团队创业管理规则的制定，要有前瞻性和可操作性，要遵循先粗后细、由近及远、逐步细化、逐次到位的原则。这样有利于维持管理规则的相对稳定，而规则的稳定有利于团队的稳定。

企业的管理规则大致可以分为以下三个方面。

（1）治理层面的规则，主要解决剩余索取权和剩余控制权问题。

治理层面的规则大致可以分为合伙关系与雇佣关系。在合伙关系下大家都是老板，大家说了算；而在雇佣关系下只有一个老板，一个人说了算。除了利益分配机制和争端解决机制以外，还必须建立进入机制和退出机制。要约定以后创业者退出的条件和约束，以及股权的转让、增股等问题。

（2）文化层面的管理规则，主要解决企业的价值认同问题。

企业章程和用工合同解决的是经济契约问题，但作为管理规则它们还是很不完备的。经济契约不完备的地方要由文化契约来弥补。它包括很多内容，但也可以用“公理”和“天条”这两个词简要地概括。所谓“公理”，就是团队内部不证自明的东西，它构成团队成员共同的终极行为依据；所谓“天条”，就是团队内部任何人都碰不得的东西，它对所有团队成员都构成一种约束。

（3）管理层面的规则，主要解决指挥管理权问题。

最基本的管理层面的规则有三条：

① 平等原则，制度面前人人平等，不能有例外现象；

② 服从原则，下级服从上级，行动要听从指挥；

③ 等级原则，不能随意越级指挥，也不能随意越级请示。

这三条原则是秩序的源泉，而秩序是效率的源泉。当然，仅有这三条原则是不够的，但它们是最基本的，是建立其他管理制度的基础。

五、组建创业团队的模式

创业团队投资是一种创业性投资活动。创业团队投资由于投资时机、投资对象选择、资本额的大小，以及对投资收益的期望值等原因而具有较高的风险，因而对这类投资活动采取何种组织形式，对投资本身及其成效具有重要影响。一般而言，创业团队在创业投资时可采用的常见组织形式有公司制、合伙制两种，各有其特点。

（一）公司制

创业投资采用公司制形式，即设立有限责任公司或股份有限公司，运用公司的运作机制及形式进行创业投资。有限责任公司是由两个以上的创业投资者共同出资的，每个投资者以其认缴的出资额对公司承担有限责任；股份有限公司是指全部资本由等额股份构成并通过发行股票筹集资本，股东以其认购的股份对公司承担责任，公司以其全部资产对公司债务承担责任的企业法人组织。一般非家族成员的创业者采用公司制比较多。

采用公司制的优势主要体现在以下几个方面：

（1）能有效集中资金进行投资活动；

（2）以自有资本进行投资有利于控制风险；

（3）对于投资收益，公司可以根据自身发展需要，做必要扣除和提留后再进行分配；

（4）随着公司的快速发展，可以申请对公司进行改制上市，使投资者的股份可以公开转让，从而可以套现资金用于循环投资。

（二）合伙制

合伙制是指依法在中国境内设立的由各合伙人订立合伙协议，共同出资、合伙经营、共享收益、共担风险，并对合伙企业债务承担无限连带责任的盈利性的经营组织。创业团队投资采取合伙制，有利于将创业投资中的激励机制与约束机制有机结合起来。

合伙人执行合伙企业事务分为两种形式。

（1）全体合伙人共同执行合伙企业事务。

全体合伙人共同执行合伙企业事务是指按照合伙协议的约定，各个合伙人都直接参与经营，处理合伙企业的事务，对外代表合伙企业。

（2）委托一名或数名合伙人执行合伙企业事务。

委托一名或数名合伙人执行合伙企业事务是指由合伙协议约定或全体合伙人决定一名或数名合伙人执行合伙企业事务，对外代表合伙企业。

在我国现阶段，主要有四种合伙形式：亲戚内合伙、家族内合伙、朋友间合伙、同事间合伙。

（三）组建创业团队的程序

组建创业团队的程序如表 5-2 所示。

表 5-2　组建创业团队的程序

项　目	内　容
撰写创业计划书	通过撰写创业计划书，理清创业项目思路，为寻找团队成员奠定基础
优劣势分析	认真分析自我，发掘自己的特长，确定自己的不足。创业者首先要对自己正在或即将从事的创业活动有足够清醒的认识，并使用 SWOT（优劣势）法分析自己的优点、缺点，自己的性格特征、能力特征、拥有的知识、人际关系及资金等方面的情况

续表

项　目	内　容
确定合作方式	创业者可以根据自己的情况，选择有利于实现创业计划的合作方式，通常是寻找那些能与自己形成优势互补的创业合作者
寻求创业合作伙伴	创业者可以通过媒体广告、亲戚朋友介绍、各种招商洽谈会、互联网等形式寻找自己的创业合作伙伴
沟通交流，达成创业协议	找到有创业意愿的创业者后，双方还需要就创业计划、股权分配等具体合作事宜进行深层次、多方位的全面沟通。只有前期的充分沟通和交流，才不会导致正式创业后，迅速出现创业团队因沟通不够引起的解体
落实谈判，确定责权利	在双方充分交流达成一致意见后，创业团队还需对合伙条款进行谈判

任务实施

按照以下步骤完成创业团队的组建。

第一步：确定创业目标，包括行业现状分析、SWOT 分析、项目愿景目标等。

第二步：组建团队。

1．确定项目团队的组织结构。

2．确定团队成员的职责。

3．是否考虑过团队成员的知识结构、性格特点？团队成员是否达到最佳优化组合？

第三步：团队管理。

1．团队管理规则是怎样的？

2．怎样处理责权利的关系？

3．组建团队进行创业投资时的组织形式是什么？

4．团队管理中应注意哪些事项？如果发现问题有没有应急措施，补救办法是什么？

组建创业团队活动安排如表 5-3 所示。

表 5-3　组建创业团队活动安排

任　务	创业团队的组建
目标	1．掌握组建创业团队的要点和步骤 2．掌握组建团队应注意的问题 3．掌握组建创业团队的基本条件 4．掌握组建创业团队的模式 5．掌握组建创业团队的方法和程序 6．能运用所学知识完成创业团队的基本建设，打造一支高绩效的创业团队
线上活动	1．引导学生设计调查问卷，利用数据分析了解加入团队人员的出发点，挖掘团队建设需要的人才方向 2．通过传统媒体宣传、互联网背景下新媒体推广等形式寻找创业合作伙伴
线下活动	1．通过招商洽谈会、走访约谈等活动确定合作伙伴 2．创业团队组织创业计划、合作模式、股权分配等讨论会的形式进行合作交流

企业家精神

做足道　成大道

——记远元集团董事长郑远元

郑远元，男，汉族，1983 年 1 月出生，安康紫阳人，陕西郑远元专业修脚保健服务集团有限公司（以下简称“远元集团”）董事长，省十二届政协委员，“2017 年全国脱贫攻坚奖”奉献奖、“第十七届陕西青年五四奖章”获得者，陕西省优秀民营企业家。

“没有比脚更长的路”，只要愿意迈出双脚，就一定会走出一条属于自己的路。但在走路的过程中，是一个人疯狂奔跑，还是携众人一路同行，其过程和结果是不同的。有这么一个人，他在奋力向前奔跑的同时，积极帮助每个同行者都走对路、走好路，他就是远元集团的创始人——郑远元。

为绚烂梦想开路，创造出以“小”搏“大”的商业神话

我们无法选择自己的出身，但可以选择自己的未来，前提是心中有梦、志向高远。1983 年 1 月，生于秦巴贫困山区——陕西省安康市紫阳县高桥镇铁佛村的郑远元，自小受贫困磨砺，因而比同龄人更懂事、更有进取心，特别是他有一个走出大山、创造精彩的狂热梦。

梦想一旦被付诸行动，就会变得势不可当。为了替家庭分担、替父母分忧，年仅 14 岁的郑远元选择辍学，只身前往他乡打工谋发展、济家庭，先后学过杂技，当过厨师，进过工厂，饱尝各种酸甜苦辣。但艰辛的生活并没有打倒他，反而让他越挫越勇！2003 年 9 月，他在汉中摆起修脚地摊；2005 年 4 月，在汉中开办了第一家修脚店——郑远元专业修脚房；2007 年 8 月，注册成立陕西郑远元专业修脚服务连锁有限公司……从此，开启了一个追梦者的别样人生！

经过十几年的发展，历经多次变革与升级，从 0 到 1、从 1 到 100、从 100 到 10 000，终将修脚“小手艺”发展成为连锁经营的“大产业”，逐步打造出一套可迭代百年的商业模式。目前，他已在全国 30 个省（市、自治区）开设分公司 30 家，拥有店面 5 122 家、员工 46 899 人。2018 年集团创生态产值达到 57.36 亿元，缔造了一个集连锁直营、商务贸易、生物科技、影视传媒、劳务咨询、健康管理等为一体的现代化集团公司，铸就了“不服输、不认命、要结果”的远元精神！

但在追梦的道路上，他从不满足现状，而是一次又一次地调整人生标杆、追寻伟大梦想，努力扮演好修脚国术传承者的角色，相继确立了“三年百亿、五年千亿、百年远元”的战略规划，并确保在 2020 年前完成国内千城万店目标的基础上，奋力开拓国际市场，最终实现在全球开店 5 万家的目标，努力打造世界级的中国品牌。

为摆脱贫困领路，帮助贫困群众洞开小康生活的大门

法国作家司汤达说：“有才智的人，应该获得他绝对必需的东西，才能不依赖任何人；然而，如果这种保证已经获得，他还把时间用在增加财富上，那他就是一个可怜虫。”草根出身的郑远元尽管受过贫困的磨砺、吃过贫穷的苦头，但他决不当“可怜虫”，他有一颗兼济天下的心，在自身获得成功的同时，主动承担助力脱贫攻坚的时代使命，迅速转入到先富带后富、实现共同富裕的伟大实践中。

他创出造血扶贫的模式，携手地方政府打造了“政府主导+企业运作+基地培训+定向就业”的就业扶贫模式，探索出一条企业化、开发式、治本性的技能扶贫新路子，带动5万多人脱贫致富。2017年远元集团被评为“全国‘万企帮万村’精准扶贫行动先进民营企业”，他个人也被授予“全国脱贫攻坚奖”奉献奖。

他教授脱贫致富的手艺，先后在陕西、河南、山西、河北、湖北等贫困地区开设19所“远元职业技能培训学校”，根据贫困群众的优缺点，量身打造技能培训课程，并实行“三包三免一补”（包吃、包住、包就业，免教材费、免学杂费、免必要生活费，补贴培训合格者50元交通费）政策，帮助扶贫对象掌握斩断“穷根”的绝活，目前累计培训修脚技师4万多名。

提供稳定就业的岗位。集团开发适合普通群众就业的工作岗位，推行了“因人定岗、分类就业”的办法，让有专业技术特长的人走上技能型服务岗位，让无专业技术特长的人走上辅助性服务岗位，让有领导能力的人走上集团管理层岗位，做到让每名受训人员都有业可就、有事可干。

保障员工收入持续增长。按照每年增长10%的标准建立保底工资制。2018年员工平均工资达到6 064元/月，2019年员工保底工资达到5 000元。同时，对“建档立卡贫困户”还给予每人每月300元的贫困补贴，2018年累计发放补助623.7万元，真正帮助贫困群众获得稳定收入，让他们永远脱掉贫困的“帽子”。

每年春节，全国各地从事修脚足疗养生行业的村民们纷纷返乡，在大山深处形成一道独有的风景线，紫阳通往铁佛村的村道上，挂着全国各地牌照的豪车络绎不绝，“不下矿井去修脚，买个汽车到处跑”，这是乡亲们对郑远元专业修脚最经典的传唱……

为生命加分探路，蹚出护脚健体的大健康管理模式

如果躯干是树，双脚无疑是根，虽不常光鲜示人，但能承载生命、走向未来。如何呵护生命之根，延长寿命，让天下人乐享生命的高贵、走向健康的富足？

作为修脚产业“缔造者”的郑远元给出了他自己的答案。他站在敬畏生命、保护健康的角度对待修脚护脚事业，按照“健康中国”的战略部署，积极顺应广大群众对生命健康的需要，把“全生命周期”的健康管理作为重要的使命，主动担起为国人健康护航的时代责任，提出了“为生命加分”的理念，促进生命健康从“重修护”到“重预防”转变，帮助广大群众把想保养的想法落地，让保养从出生开始，勇做健康管理专家，努力为人类健康做贡献。

2017年11月，注册成立了郑远元健康平台管理有限责任公司，依托1亿用户、1万家线下体验门店、1 000万名忠实会员、10万名健康使者、10万个销售服务网点的稀缺资源，借助大数据、云计算、物联网、区块链等技术，围绕打造“全生命周期”的健康管理系统，启动了从宣教、检测、方案、干预、追踪到康复、养护、推荐+、娱乐+的大健康管理系统建设，开始发展面向未来的大健康产业，一个全新的产业即将破茧成蝶……

可以预见，随着远元健康平台的建成运营，不仅老百姓不出门就能享受远元的健康服务，而且还对国人保健意识、保健行为的改变都将产生深远而积极的影响。

为成就他人铺路，给予普通人改变人生命运的机会

人生因追梦而精彩，因助梦而伟大。郑远元是追梦人，更是助梦人，他在取得成功的同时，从没有放弃帮助他人、成就别人，给予普通人以人生出彩和梦想成真的机会。

他甘为人梯，把激励他人、帮助他人、成就他人作为一种自觉行动，从梦想引领到传授技艺，从创造岗位到培养成长，走一路传一程，帮一人带一片，带给普通人实现梦想的机会，先后培养出 4 930 名店长、548 名片区经理、183 名大区经理、29 名省区经理，让一众农民兄弟在远元集团实现了人生升华。比如，来自贫困山区的刘静，进过工厂，跑过出租，干过装载，但始终没能摆脱贫困的“枷锁”，2014 年进入远元集团后，勤奋努力，业绩突出，一步步从修脚工晋升到省区经理。再如，同样是一贫如洗的余开成，跟着郑远元从事修脚后，实现了命运反转，成了集团上下争相学习的省区经理标杆。像刘静、余开成这样草根逆袭的“成名人物”，在远元集团比比皆是……

他富不忘本，通过建设生产基地、发展补链产业、参与项目建设等方式，全力支持贫困地区经济社会发展，做到项目投资优先向贫困地区投放、企业生产优先用贫困地区原料、企业员工优先在贫困地区招录、技术培训优先向贫困地区倾斜，特别是投入 8 000 多万元在安康建设了“远元花园”，帮助 432 户群众圆了安居梦，看着远元花园幼儿园里孩子们纯真灿烂的笑脸，就知道生活在这里的群众的幸福指数有多高。然而，攀高涉远是他鲜明的秉性，好中求好是他执着的追求，他希望这种好日子像芝麻开花一样节节高。如今，他正在谋划建设 20 000 人以上的优秀员工集中安置房，让祖祖辈辈被“大山压迫”的员工走出大山、摆脱贫困，实现在大都市的安居梦、团居梦。

他乐善好施，积极投身公益事业和慈善事业，将淳朴善良、懂得感恩、心中有爱的人格魅力发挥得淋漓尽致。2016 年 4 月，他领导成立了远元慈善基金会，除企业每月捐纯利润的 1%，员工、店长、高管、股东按工资比例缴纳外，自己每月拿出 10 000 元设立远元济困慈善基金，累计捐款 1 600 多万元开展扶贫济困、捐资助学、大病救助等公益活动。例如，拿出近 30 万元帮助强直性脊柱炎患者李涛“挺直了腰”，募集 25 万元救助资金将员工乐正兰的儿子从“病魔”手中救了回来，捐资 81.5 万元帮助紫阳 163 名贫困生实现大学梦……一封封感谢信、一面面感谢锦旗、一条条感谢短信，是对他大爱无私的最好礼赞！

“只有做好当下，才能拥有未来。”尽管郑远元用一把修脚刀修筑起了梦想之路、健康之路、小康之路、成功之路，但他仍不断精进，努力奔跑，一切只为心中的诗和远方——为生命加分！

任务六　熟悉创业法律法规

学习目标

1. 了解创业相关的法律知识
2. 了解企业的法律形式
3. 掌握创办企业和经营过程中主要的法律流程
4. 初步了解应对创业相关法律纠纷的途径和方法

任务布置

任务	了解创办企业的法律法规
目的	学习依法创业的重要性，端正正确的学习态度，强化依法创业的意识，了解与创业有关的法律知识
内容	掌握法律的含义、掌握创业和法律之间的关系，理解创业相关的法律法规，学会运用法律知识解决企业经营中产生的纠纷等问题
时间	2 课时
成果	理解创新创业的相关政策

知识导图

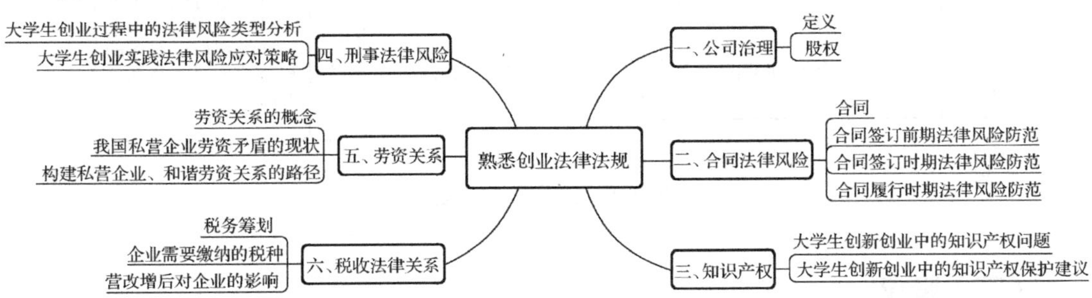

相关知识

一、公司治理

（一）定义

所谓公司治理（Corporate Governance），是指通过一套包括正式或非正式的、内部或外部的制度来协调公司与所有相关利益者的利益关系，以保证公司决策的科学化，从而最终维护公司各方面的利益的一种机制。

狭义的公司治理是指所有者（主要是股东）对经营者的一种监督与制衡机制。其主要特点是公司的所有者通过股东会、董事会、监事会及管理层通过监督机制对公司进行内部治理；广义的公司治理是指公司的所有者通过一套包括正式或非正式的内部或外部制度或机制来协调公司所有相关利益者（股东债权人、供应者、雇员、政府、社区）的利益关系。公司治理的定义如图 6-1 所示。

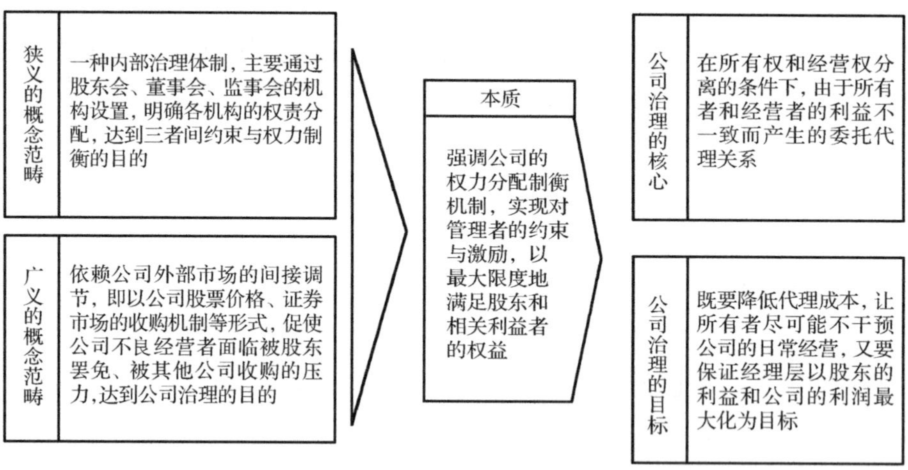

图 6-1　公司治理的定义

（二）股权

1. 股权定义

股权是指有限责任公司或股份有限公司的股东对其公司享有的人身和财产权益的一种综合性权利。因此，股权是股东基于其公司股东资格而享有的权益。股权是股东在初创公司中的投资份额，即股权比例，也是从公司直接获得的经济利益的凭证。股权比例的大小，直接影响股东对公司的话语权和控制权，也是股东分红比例的依据。股权结构设计建议的模式如图 6-2 所示。

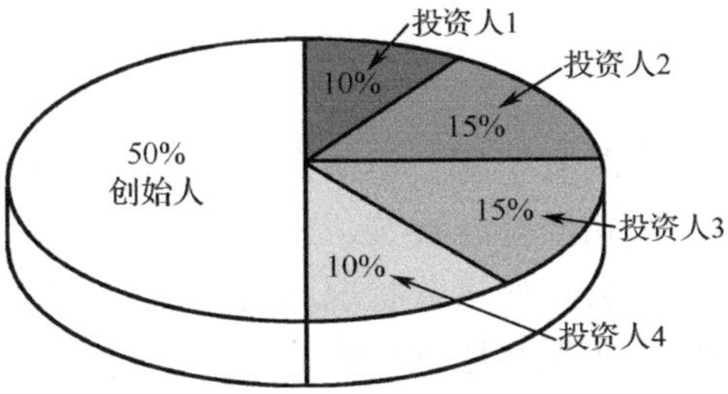

图 6-2 股权结构设计建议的模式

2. 股权的九大生命线

（1）绝对控制线。

股权人掌控 100%股权属于绝对控制线。此时，股权人有权利修改公司章程、主持公司合并、变更公司主营项目和公司重大决策等。

（2）相对控制线。

股权人掌控 51%股权属于相对控制线。此时，股权人掌控了公司的话语权，可以相对控制公司的各项经营活动。

（3）安全控制线。

股权人掌控 34%股权属于安全控制线。此时，股权人具备一票否决权，确保了掌握公司安全控制线的权利。

（4）上市公司要约收购线。

股权人掌控 30%股权属于上市公司要约收购线。上市公司要约收购线是指收购人向被收购的公司发出收购的公告，待被收购上市公司确认后，方可实行收购的行为。

（5）重大合同的竞争警示线。

股权人掌控 20%股权属于重大合同的竞争警示线。股份公司拥有 20%以上股权关系或重大债权关系就能控制，包括股份公司的大股东、子公司、并列子公司和联营公司等。

（6）临时的会议权线。

股权人掌控 10%股权属于掌握临时的会议权线。临时会议权确保股权人有权利对公司提出质询、调查、起诉、清算或解散公司。

（7）重大股权变更警示线。

股权人掌控 5%股权属于重大股权变更警示线。重大股权变更警示线在证券法中规定，持有 5%及以上公司股权持有者，公司需披露权益变动书。

（8）临时提案权线。

股权人掌控 3%股权属于掌握临时提案权线。临时提案权确保股权人可提出诸如提前开小会等提案的要求。

（9）代位诉讼权线。

股权人掌控 1%股权属于掌握代位诉讼权线，代位诉讼权亦称派生诉讼权，股权人可以间接进行董事调查和提起监事起诉权。

3．股东知情权

股东知情权是指公司股东具有了解公司信息的权利，是法律赋予股东通过查阅公司财务报告资料、账簿等有关公司经营、决策、管理的相关资料，以及询问与上述有关的问题的权利。股权人有权了解公司的运营状况和公司高级管理人员的业务活动情况。总而言之，股东知情权是股权人实现其他权利的前提和基础。

《公司法》关于股东知情权的规定：有限责任公司股东知情权第三十三条，股东有权查阅、复制公司章程、股东会会议记录、董事会会议决议、监事会会议决议和财务会计报告，股东也可以要求查阅公司会计账簿。但是，股东要求查阅公司会计账簿的，应当向公司提出书面请求，说明目的。如果公司有合理的理由认为股东查阅会计账簿有不正当目的，可能损害公司的合法利益，可以拒绝提供查阅，并应当从股东提出书面请求之日起十五日内书面答复股东并说明理由。

二、合同法律风险

（一）合同

1．合同的定义

合同是当事人或当事双方之间设立、变更、终止民事关系的协议。依法成立的合同受法律保护。广义的合同指所有法律部门中确定的权利和义务关系的协议；狭义的合同是指一切民事合同的总称。

合同是企业通向市场的桥梁和纽带，企业加强合同法律风险管理可以从合同的重要性、企业合同的特点、合同的法律风险及其管理模式等方面进行。

2．合同管理的重要性

合同能给企业带来利润的同时，也是企业产生纠纷的根源。当前公司法律服务市场存在一种极不正常的需求现象，即许多公司重诉讼而轻预防。这些公司常常会在诉讼临门时不惜一切代价试图胜诉。实践证明，诉讼是公司解决危机与风险的最后选择，也是一种善后的处理方式。胜诉需要坚实的证据基础、许多严密的管理制度和法律程序作为保障，而出现问题的公司在此方面常常处于劣势地位。因此，当公司诉讼寻求律师帮助时，往往回天乏术。

3．合同的内容

合同的内容，可以由当事人自由约定，但一般情况应包括以下条款：

- 当事人的名称或姓名、住所；
- 标的；
- 数量；

- 质量；
- 价款或者报酬；
- 履行期限、地点和方式；
- 违约责任；
- 解决争议的方法。

合同当中如果缺少当事人的名称或姓名、住所、标的内容，则会影响合同的法律效应和合同的有效性。

（二）合同签订前期法律风险防范

1．履行招标程序或其他竞争性程序

《市政公用事业特许经营管理办法》第八条规定主管部门应当依照下列程序选择投资者或者经营者：

① 提出市政公用事业特许经营项目，报直辖市、市、县人民政府批准后，向社会公开发布招标条件，受理投标；

② 根据招标条件，对特许经营权的投标人进行资格审查和方案预审，推荐符合条件的投标候选人；

③ 组织评审委员会依法进行评审，并经过质询和公开答辩，择优选择特许经营权授予对象；

④ 向社会公示中标结果，公示时间不少于 20 天；

⑤ 公示期满，对中标者没有异议的，经直辖市、市、县人民政府批准，与中标者签订特许经营协议。

2．缔约主体资格审查

（1）设立签约主体资格调查制度。

我国法律规定，经营活动的主体应当在取得《企业法人营业执照》后才具有民事主体资格和经营资格。法人和法人分支机构均有缔约能力，但法人内设的部门无缔约能力。比如，油田公司是法人，但采油厂是法人内设的部门，采油厂就没有法律缔约能力。

此外，国家相关法律条例对某些行业的从业资格也做了限制性或禁止性规定。如果企业违反此规定，或者与没有资格的主体签订此类合同，合同不但无效，还会给企业带来经济方面的损失。

对企业而言，应当重视验证对方营业执照的真伪。现在，各个地区的工商局都开通了多种渠道营业执照查询服务。例如，手机 App 天眼查、红盾网网站等。企业可以利用互联网查询签约方公司成立的时间、注册资本、股东、经营范围等信息。

（2）建立签约主体资信调查制度。

企业要调查合作方的商业信誉和履约能力。尽可能对合作方进行实地考察，或者委托专业律师对其资信情况进行调查。主体资信调查主要包括合作方的财产状况、生产与

经营能力、经营状况等是否正常，是否能满足履行合同项目的条件，避免签约后对方不能履约。同时，企业需要了解对方的经营历史、客户评价等商业信誉情况。

（3）完善授权代理制度。

企业对其职工签订合同授权的管理是防范合同风险的重中之重。在实际操作过程中，由于企业不可能将所有的合同签订都集中在法定代表人或负责人身上，企业往往是预先给销售人员盖有企业公章的空白介绍信或者盖有企业公章格式的合同，以方便其签订合同。这其实就是企业的一种授权行为，但是法律风险常常会出现在这里。因此，企业应完善好授权代理制度。

（4）合同印章审查。

公司常用的印章种类有公章（行政章）、合同专用章、财务专用章、投标专用章、部门章等。公司不同的公章代表公司不同方面的意愿。如合同专用章在公司签订合同时可以代替公章，投标专用章在公司投标时可以代替公章（没有特别约定的情况下），而签订施工合同，施工方必须使用公司公章，不能使用项目部印章。

（三）合同签订时期法律风险防范

1．签约主体资格、资质审查

签约人要审查对方的营业执照及其年检情况，并且了解其主体的合法性。例如，是否合法注册，是否存在没有年检从而导致被吊销营业执照等情况。

签约人根据法律法规规定需要具备相应资质条件，根据合同的内容可以审查对方的资质状况，例如，签约方是否获得相关资质等。

要对对方的履约能力进行必要的评估，如根据其经营现状、以往合作情况，以及其他客户评价等因素对其履行能力及信用程度进行评估，以保证签约后双方能顺利履行合同。

2．争议管辖条款审查

在诉讼实践中，企业会经常遇到诉讼管辖争议的问题，通常应当约定由甲方所在地法院或仲裁机构管辖。比如，可以这样写：双方如因本合同产生纠纷，应协商解决，协商不成的，由甲方所在地人民法院管辖，或者由甲方所在地仲裁委员会仲裁。

3．审查签约人有无签约权限

很多情况下，合同由一方或者双方授权代表签署。此时，企业应当审查代理人的资格和权限。对于初次合作的单位，企业要对对方代理人身份、有无代理权、代理权限范围、期限等进行必要的审查。否则，可能会因为没有代理权或超越代理权而导致合同效力受到质疑。实践中，企业主要看签约代表是否为单位负责人或是否有委托授权书。需要注意的是，单位部门或办事处是没有对外签约权的，而企业法人的分支机构签订合同时也需由法人授权。

（四）合同履行时期法律风险防范

1．严格依据合同约定，全面履行合同

如遇合同变更，公司应当及时签订变更合同或补充合同。合同双方权利与义务的变更、转让等内容，必须双方协商签订变更、补充合同之后方可有效。特别是在货款支付问题上，双方必须严格按照合同约定条款执行。如果对方提出变更收款单位或变更付款期限等，必须由双方协商一致并签订补充条款作为原合同的附件，由双方企业盖章确认后方可生效。

2．注意保存合同履行过程中的各种证据

企业在合同管理过程中，要有专人收集并妥善保管合同的原件以及双方履行中往来的全部书面记录。对重要的电子邮件证据，应下载保存并打印，必要时进行公证；对往来的传真件必须及时复印，复印件和传真件一并加以保存。合同的原件不仅是合同履行的必要条件，更是索赔的最直接、最有力的原始证据。如果企业把合同的原件丢失，则会给企业索赔造成非常被动的局面，甚至会导致无法进行索赔。

三、知识产权

大学生创新创业能缓解社会就业压力，引导大学生确立人生目标，培养创新精神，实现自我价值。在“大众创业、万众创新”国家战略指导下，2015 年国务院办公厅印发《关于深化高等学校创新创业教育改革的实施意见》，这给大学生创新创业迎来前所未有的大好机遇。大学生通过技术创新、科技成果转化，用智力换资本成为创新创业的特色和优势。同时，大学生在创新创业过程中因缺乏相应的法律知识，特别是知识产权知识，给许多大学生创业者带来了较大的法律风险。

（一）大学生创新创业中常见的知识产权问题

1．知识产权相关法律知识比较欠缺

高等学校除法律相关专业以外，涉及法律基础知识的教学内容的课程很少，仅在思想道德修养与法律基础课程中有所体现，尤其是理工类专业的学生接触法律知识更少。而恰恰理工类的学生却是科技创新创业的主力军。因为，大学生大多以科技发明及成果转化开始自己的创业之路。自创业开始，大学生就需要知识产权方面的相关法律支持，而这些法律规定专业性较强，如果没有相关知识的指导，大学生创新创业从起步阶段起就会步履维艰。

2．从事创新研究缺少资金支持

任何科学研究都需要经费支持，大学生从事科研活动由于没有科研经费保障，很难最终进行成果转化。项目研究至少经历研发、试样、制作、测试等环节，这些环节需要花费大量的资金。另外，如果研发成功，大学生还要交纳相关的专利申请费、资质审查费、商标注册费或成果转化费等，这些费用让大学生在创业之初就已不堪重负。

3．缺少科技成果产权保护的有关知识

对于职务发明和非职务发明的区分、专利申请时机，以及选择申请专利还是选择技术秘密保护等重要问题，大学生大都了解得不太清楚。例如，法律规定申请专利授予优先原则，谁最先申请就最先获得专利权，进而可以排斥他人使用该专利技术。谁掌控专利技术谁就有可能获得较大利润。而许多大学生往往认为，研究不到最终成功阶段就不能申请专利，从而丧失了专利保护的最好时机。

（二）大学生创新创业中的知识产权保护

1．国家政策保护

国家建立了多元化的创业资金保障体系。例如，政府投入设立创业资金，为大学生创业中的知识产权保护提供必要的支持，由政府出资或者鼓励社会力量出资帮助大学生申请专利或注册商标，帮助大学生实现创业梦想；政府制定政策鼓励市场资金以创业大赛奖金、创新大赛奖金、成果孵化基金等形式向高校提供创业资金支持；从国家层面制定政策，建立创业补贴制度；等等。

2．高校教育支撑

高校开设相关法律课程。尤其是针对大学理工类学生开设知识产权法选修课，或者邀请优秀风险投资家、专利事务所律师和咨询公司专家开设讲座，以提升学生创业知识产权保护意识，提高运用知识产权知识解决和处理知识产权申请和纠纷的基本能力。充分利用高校大学科技园和孵化器的资源，帮助大学生申请专利或转化科技成果，并提供必要的创业技能及服务支持，让大学生在创业中顺利成长。

3．大学生法律知识提升

大学生要重视自身法律知识，尤其是知识产权知识的学习。一是大学生主动选修知识产权法、知识产权实务和专利侵权等相关课程，通过学习提高自身知识产权法律意识；二是大学生积极参加高校组织的专利申请、专利代理人培训等讲座，通过系统法律知识的学习，提高创新创业法律素养，更好地运用法律维护创业企业的利益；三是大学生重视创业法律维权保护。创新企业更容易遇到知识产权方面的法律问题，大学生创新创业之初就应制定一套切合实际的知识产权保护策略，并引进法律专业人士，专人负责知识

产权的保护与管理，提高应对国内竞争对手、国外企业知识产权纠纷的能力，切实提高创新创业企业的竞争力。

四、刑事法律风险

受“大众创业、万众创新”热潮的影响，大学生创业热情持续高涨。2017 年中国人民大学发表了《中国大学生创业报告》，报告中显示将近 90%的大学生有创业意向。但报告也明确指出，我国大学生创业成功率极低。以创业环境相对较好的省份浙江省为例，也仅有 5%左右的创业成功率。究其失败的原因，资金缺乏是主要原因。此外，缺乏创业经验，对创业风险认识不足亦是重要原因。在这些问题当中，对法律风险的认识与防控更是大学生创业者所缺乏的基本技能。

（一）大学生创业过程中的法律风险分析

1. 创业组织设立时的法律风险

大学生创业往往会选择规模较小的组织形式，例如，个体工商户、个人合伙、个人独资企业、有限责任公司或加盟连锁等。选择不同的组织形式，在办理登记手续、享受的税收政策、出资人的责任承担方式等方面存在差别。从登记手续方面来看，个体工商户的办理手续最为简便，有限责任公司的设立程序则较为复杂。不同组织形式享受的纳税政策也不一样，对于个体工商户、个人合伙和个人独资企业，仅需缴纳个人所得税，而有限责任公司因具有独立法人资格，所以要根据《中华人民共和国企业所得税法》来缴纳税费，公司的出资人则根据《中华人民共和国个人所得税法》来缴税。

2. 创业经营过程中的法律风险

在创业经营过程中，大学生所面临的法律风险呈现多样化和复杂化的特点，主要可以概括为以下几类。一是内部控制和治理风险，包括企业组织内部的规章制度的制定、人事管理制度特别是劳动合同管理；二是工商税务等事务管理风险，公司哪些事项需办理工商登记，如何进行年检、税务，如何申报和缴纳，等等；三是对外市场交易过程中的风险，具体涉及《中华人民共和国合同法》《中华人民共和国知识产权法》《中华人民共和国反不正当竞争法》《中华人民共和国消费者权益保护法》《中华人民共和国产品质量法》等法律的有关规定。

3. 创业组织终止时的法律风险

大学生如果通过法定解除或约定解除的方式来终止合同，就会大大降低因终止合同而带来的法律风险。终止合同主要涉及创业组织如何办理注销登记，相关的债权债务如何分配和承担等问题。在终止合同过程中，大学生最容易产生风险的地方是解除合同的程序及对解除合同条件的理解上。解除合同一般应当以书面形式通知对方，合同自通知到达对方时解除。在解除合同时一定要特别注意，随意解除合同会给企业带来很大的风险。

（二）大学生创业实践法律风险的应对策略

1．主动防御，科学管理

多元化的大学生创业法律知识培养，有助于实现大学生创业法律风险控制的内部强化。在高校做好创业法律教育的基础上，重点开展对学生的创业法律知识的培养课程，以创业大学生为中心，教学重点关注其创业法律知识掌握和创业法律知识运用的程度。教师通过设置校内的模拟创业活动、创业法律知识考核等方式来检测学生知识的掌握程度。

2．多方联动，网格立体

高校开展大学生创业的法律风险评估与预警，确保大学生有能力主动识别风险与提前调控危机。高校可以根据大学生创业困境的法律风险体系，明确各法律风险所指向的相应主体，强化责任归属，并开展各主体相应法律风险防御的能力建设。通过“多方联动、网格立体”的外部法律风险防控策略，帮助大学生化解创业过程中面临的法律风险。外部防控的策略应是学校与创业主管部门的有效横向联动，积极发动社会各阶层力量的共同参与，从而确保大学生自身法律风险意识和风险防范技能的不断提升。其中，大学生法律风险教育的核心是学校与创业主管部门之间的横向联动，通过联合构建法律风险责任网络体系、建立健全各部门协调机制，从而建立“立体化”风险防控体系。社会各阶层力量的参与是重点，学校、家庭、社会应合力协助大学生应对法律风险，构建全方位防范格局，开展法律风险外部防控，确保提升大学生自身法律风险和风险防范技能。大学生创业法律风险外部防控，是指在高校和大学生以外建立法律风险防控机制，其中政府出台配套创业法律制度是核心，企业力量的共同参与是重点，社会营造诚信经商的创业环境是保障。

五、劳资关系

（一）劳资关系的概念

中共中央十六届六中全会通过的《中共中央关于构建社会主义和谐社会若干重大问题的决定》，对和谐劳资关系的含义做出以下三个方面的解释：一是和谐的劳资关系不是劳资矛盾消失殆尽，而是劳资关系处于相对稳定的态势；二是劳资冲突的表现形式不再是激烈的对抗，而是劳资双方能够以平等协商、互利合作的形式来解决劳资矛盾，争取劳资双方利益的最大化；三是劳资双方能充分认识到劳资关系的稳定和谐不仅事关企业的生存与发展，而且关系到劳动者利益的实现，进而影响整个社会经济的发展和社会秩序的稳定。基于以上分析，和谐劳资关系就是建立在劳资双方在平等协商、互利合作基础上的合理有序、互惠共赢的新型劳资关系。

（二）我国私营企业劳资矛盾的现状

1．劳动合同不规范

据调查，60%以上的私营企业与劳动者签订的是一年一签的短期合同，目的在于自由选择劳动者，或者尽量减少和规避因解约而应向劳动者支付的赔偿金，这样严重影响了劳动者在企业的长远发展规划和职业稳定感，增加了社会的不稳定因素。

2．社会保障不健全，制度不完善

私营企业实际参保率较低。为减少企业成本开支，很多私营业主尽量不为或者少为职工缴纳社会保险，或者为应付年检而突击参保，社会保障覆盖面较低。参保与否，主动权在私营业主，职工只能被动接受。

3．劳动安全无保障

一些私营业主片面追求经济效益，注重短期行为，置国家法律政策于不顾。而且现有的一些法律、法规也不能完全适应当前私营企业管理的需要，同时以言代法、以权代法、地方主义制约了法律、法规、标准的正常执行，致使经营者依法管理企业的观念淡薄。另外，很多私营企业忽视对女职工的劳动卫生保护，在孕期和哺乳期没有给予特殊保护。加班加点、从事某些危险性较大或者劳动强度较大的劳动的现象仍然在社会上普遍存在。

（三）构建私营企业和谐劳资关系的路径

1．发挥工会组织的作用

规范工会经费收缴制度。各级地方政府应该加强对企业工会会费收缴工作的执法监督；各级税务部门要做好工会经费代收工作；企业要主动向工会足额拨缴经费；工会成员要自觉缴纳会费。各层面的协调配合才能保障工会顺利开展工作。

2．建立劳资关系三方协调机制

加强政府在三方协商中的作用。在市场经济条件下，加强政府职能要做到以下几点：首先，充分发挥政府的组织作用。政府要定期组织“政、企、工”三方会议，确定会议的时间和议题，要经常组织三方对劳资关系的各方面进行联合调查，协商和解决当前劳资关系出现的问题。其次，政府对劳资关系进行平衡和协调。由于政府不直接介入劳资关系，所以就要进一步完善有关法律法规和经济政策，如制定工时制度、确定最低工资标准、社会保障制度等，并且政府还要听取劳资双方的不同意见，共同协商，达成一致。最后，强化监管。随着劳资关系的规范化运作，政府的直接干预越来越少，政府的监督就显得尤为重要。我国政府应该设立专门机构对劳资协商的结果进行监督、控制，确保协商结果可以公平、合理、有效地执行。

3. 建立健全劳动监察和劳动争议仲裁体制

全面推行劳动保障监察的“两网化”，即网格化和网络化。网格化是指按劳动保障监察管辖范围划分网格，形成覆盖城乡的劳动用工监控网；网络化是指在网格化监察的基础上，利用现代网络信息技术形成统一规范、高效便捷的网络化信息管理系统。通过“两网化”制度的推行，能够使劳资关系监管范围从以城镇为主向城乡统筹转变。“两网化”能够在更大范围内维护劳动者合法权益，实现劳资关系的和谐稳定。

六、税收法律关系

（一）税务筹划

税务筹划，是指在税法规定的范围内，企业通过对经营、投资、理财等活动的事先筹划和安排，使企业尽可能地获得“节税”的税收利益。它是税务代理机构可从事的不具有鉴证性能的业务内容之一。税务筹划是由 Tax Planning 意译而来的。从字面理解也可以称为“税收筹划”“税收计划”，但是，由于我国将税务部门对税收征收任务的安排称为“税收计划”，为了避免与之混淆，在从国外文献中引进这一术语之初，将其译为“税收筹划”“纳税筹划”“税务筹划”，词汇的翻译体现税收筹划所具有实现策划安排的特点。

（二）企业需要缴纳的税种

目前我国现行的税种有 21 种，公司所处的行业及涉及的业务不同，缴税的种类也不同。一般公司都会涉及的税种有以下几种。

1. 增值税

由于国家开展全面营改增，所以企业只要开展业务，增值税就是每个公司都需要缴纳的税种。有的公司虽然享受免税优惠政策，但公司财务部门必须进行申报。

2. 城市维护建设税、教育费附加、地方教育费附加

城市维护建设税是个“影子”税种，紧跟增值税和消费税，其计算方式乘以税率就可以了。教育费附加、地方教育费附加目前针对小微企业有税收优惠，申报时根据自身情况选择减免。

3. 印花税

印花税的征税范围虽然有限，仅是列举的合同和账簿，但每个公司开业必须设置账簿，需要投入注册资本，需要签订一些合同。这些业务都少不了印花税的申报。

4. 个人所得税

对于公司来说，本身不缴纳个人所得税。但是，员工及股东分红需要缴纳。公司是法定的扣缴义务人，也是要负责任的，所以不可掉以轻心。

5. 企业所得税

一个公司，有了盈利就需要缴纳企业所得税。分公司虽然不用自己计算税额，但也需要总公司计算分配后自行缴纳。

（三）营改增后对企业的影响

1. 降低大量企业的税负

对于原增值税纳税人，他们可以持续享受营改增政策的好处。在全面营改增政策实施后，企业为了抵扣更多的进项税额，会外包一些辅助性业务。因为政策实施后，被征收增值税的企业增加了，而且增值税可以抵扣上一环节的进项税额，应纳税额减少，进而降低了企业成本。同时，全面营改增政策也推动了企业积极进行产业结构的调整，优化产业结构。

2. 促进第三产业的发展

营改增政策实施前，大部分服务业被征收营业税，享受不到进项税额的抵扣，税负过高使得企业压力大，从而不得不通过抬高售价的手段来获得生存。税率过高从而降低了第三产业在国民经济中的地位。营改增政策实施后，企业享受更多优惠政策，也利用政策对经营方式和管理模式进行变革，从而获得更高限度的减税，进一步促进了服务业的迅速发展。除此以外，当销项税大于进项税时，企业可以提高外包比例增加进项税额，减少成本，寻求更大的发展空间。

3. 对企业利润的影响

企业所得税、营业税在账务处理中被计入税金及附加项目，因此在计算企业所得税时，营业税可以被税前扣除，但增值税不能在应纳税所得额中进行扣除。同时城市维护建设税、教育费附加是根据增值税和消费税的合计金额计算的，营改增政策实施后，大部分企业的增值税减少，使得计入税金及附加的城建税和教育费附加减少，继而减少企业所缴纳的各种税率。

任务实施

第一步：注册公司的流程。

第二步：确定新企业的法律形态。

企业家精神

感恩西安　让来自秦巴大山的我人生出彩

——记陕西天目集团董事长汪义坤

汪义坤，陕西省安康市紫阳县人。2015 年荣获“‘新丝路’西部经济建设百杰”称号，2018 年荣获“2017 年度全球秦商影响力新锐人物”称号。陕西天目集团 2019 年荣获“助力脱贫攻坚优秀会员企业奖”、荣获“紫阳县人民政府年度招商引资工作优秀服务单位”。汪义坤现任陕西天目集团董事长、西安市安康商会常务副会长、西安市紫阳商会会长、丝绸之路商协会联盟副主席、陕西省健康快乐促进协会副会长、中共紫阳县委县政府招商顾问、陕西省工商业联合会执行委员。

城市承载着人们的梦想与希冀

在西安，有太多年轻人扎根于此，奋力拼搏，改变着自己的命运，同时也让这座城市日益美好。来自安康紫阳县自称农民的天目集团董事长汪义坤就是其中一员。

在浐灞天目温泉戏水乐园的办公室里，笔者见到了汪义坤。今年只有 41 岁的他，在西安已经生活了 21 年。“我最喜欢的城市还是西安。西安是我成家立业的地方。创业至今，有很多朋友在帮助我，有很多同事在和我一起并肩战斗，这里有太多需要感恩的人和事。”汪义坤说。

汪义坤眼睛很大，下巴留有胡须，当过特种兵的他行走如风。同时从小受“仁义礼智信、温良恭俭让”家训家风熏陶，爱读书的汪义坤说起话来温文尔雅，很认真地望着对方，不时点头微笑。秦人素有崇文与尚武的精神，这两点在汪义坤这位新时代秦商身上清晰可见。

倡导健康快乐理念，为市民打造舒适休闲环境

天目集团旗下拥有十余家子公司，是集酒店管理、物业管理、餐饮娱乐、创业咖啡、建筑装饰、工程施工、农副产品开发、矿产投资、房地产投资等为一体的跨产业多元化综合公司。尽管工作非常忙碌，汪义坤依然将自己的生活调剂得有声有色。

汪义坤选择看电视剧来缓解疲劳。“我喜欢看《我是特种兵》，这部电视剧也恍惚使我回到了曾经的特种兵生涯。1996 年，我应征入伍，光荣地成为一名特种兵。在服兵役期间，魔鬼般的训练锻造了我钢铁般的意志。”

汪义坤至今依然每天坚持锻炼，仰卧起坐、俯卧撑可以各做 200 个。2005 年，汪义坤把父母从紫阳县老家接到西安一起住，每周他都要挤出一天时间带着妻子和孩子去陪伴他们，一家三代其乐融融，在一起逛街、看电影、吃饭。

生活与工作的道理往往是相通的，汪义坤也在不断思考如何为西安人以及来西安的游客打造舒适的休闲环境，“通过我们天目集团的产业规划，突出健康和快乐的元素，比

如温泉、水疗等项目，都配套有健身房、电影院等。”汪义坤说。

这其中就有2016年元旦开业的天目温泉戏水乐园。“我姓汪，注定我今生与水结缘。地球恩赐人类温泉之水，我们天目集团在千年帝都浐灞之滨发现了温泉源头，建成了天目温泉戏水乐园，这也是西安三环内第一家室内温泉。在生日当天，顾客持身份证来天目温泉戏水乐园消费的，我们将给予免收98元门票费的礼遇。”

一个好汉三个帮，良师益友助成长

一个好汉三个帮，在西安21年，能取得这样长足的发展，改变自己和家人生活的同时，也能够给更多人带来快乐，汪义坤说，有这样一些贵人和伙伴对他来说非常重要。

汪义坤第一个要说的是在西安工作的一位朴姓韩国老板。“2001年7月，我被招聘到解放路高丽雅韩国餐厅，担任经理职务。我的上司是韩国来的一位朴姓社长，那年他57岁。每个星期六，他会把我叫上，一起到东大街的五星级凯悦酒店喝咖啡、听钢琴，甚至连上厕所，他都把我叫上，一同体验五星级酒店的卫生环境。”

当时高丽雅韩国餐厅正处在筹建阶段，朴姓社长的举动给汪义坤传递出的信息是，要他把自己的标准定位在五星级，把自己的活动场所定位在五星级，把自己的朋友定位在五星级，那么将来他的格局就是五星级的。在这样一种氛围和环境熏陶下，汪义坤努力学习英语、韩语。

2003年2月16日，汪义坤在西安举办婚礼，这位朴姓社长还专门带着团队从首尔飞来为他庆贺，虽然当时他已经离开了韩国餐厅。“十多年来，我们俩依然保持着紧密的联系。这位朴姓社长是我一生的良师益友，他到中国必到陕西，到陕西必到天目集团。”回忆起往事，汪义坤颇为动容。

“徐山林、王寿森、陈有德、唐明亮等安康籍的老领导，他们时刻关注故乡安康，扶持和引导安康籍企业家规范、健康发展，传递做企业首先要做公益慈善事业的理念。西安安康商会里有我很多学习的榜样，时刻提醒着我要回报故土、饮水思源。我也为老家加宽了通村公路，组织留守儿童到西安体验生活，积极参与各种扶助贫困大学生的爱心活动，安康洪灾、汶川地震、舟曲泥石流等自然灾害发生第一时间，天目集团和全体员工都主动发起募捐活动。”

汪义坤谈到天目集团的高管团队，似乎聊到他多年来最信任的挚友，汪义坤有着说不完的话。“分管天目集团行政事务的张茂南，在天目集团工作已有9年时间了，他曾经担任石泉县县长；分管天目集团房地产事务的王万锁，在天目集团工作已有11年时间了，他曾经在西安城堡大酒店担任管理工作有10年时间，曾经在日本留学；分管天目集团酒店娱乐事务的李周平，有着超强的执行力；分管天目集团审计事务的段开萍，工作一丝不苟，可以说是铁面无私。还有分管天目集团财税事务的李珏、分管天目集团建筑施工事务的汪义朋、分管天目集团温泉假日酒店的冯业凯、分管天目集团矿产投资开发事务的向年华等。”

天目集团发展速度迅猛，汪义坤表示未来将更加完善法律、资金的风控体系，为社会解决更多就业问题，为国家缴纳更多的税费，为员工打造更好的舞台，把利润的固定比例作为公益慈善基金来支出。

上初中时，走 15 里山路将化肥扛回家

临近春节，一股浓浓的思乡之情也涌上了汪义坤的心头。当笔者问道："如果拥有一栋别墅，你认为应该建在哪里"时，汪义坤不假思索地说："当然要建在我的老家安康市紫阳县。"

1978 年，汪义坤出生在紫阳县瓦庙镇老庄村。在这里，他读完了小学、中学。每天上学要走 15 里的山路。

人们常说，穷人的孩子早当家，上初中时，家里采购化肥、大米，全是由汪义坤从镇上用肩膀扛回家的。"我扛化肥，沿途要经过 72 道拐。就在我肩扛化肥、手提书包默默地路过学校门口时，看见我那些同班的小伙伴们正在操场上打篮球、嬉闹，那时候我就暗暗告诉自己：我一定要把房子盖到镇上，把父母从山顶的土房接下来。我小学六年级时，个子都长到了 1 米 7。我曾经的一个同学，至今还开玩笑说我要是不扛化肥的话，估计要长到 1 米 8。"

汪义坤的户口至今还在老家安康市紫阳县瓦庙镇。"我是一个农民。我很荣幸被紫阳县委、县政府聘请为紫阳县招商顾问，今后我会发动和影响更多的企业家到紫阳投资兴业，助推紫阳经济发展。另外，我们天目集团也将为在西安上学的安康籍大学生提供带薪实习岗位、假期社会实践的机会。"汪义坤说。

患难与共的爱情：曾和女友流落海南，露宿街头

天目集团拥有自己的电影院。汪义坤至今最难忘的一部电影是《泰坦尼克号》。1998 年，他在部队大礼堂和战友们集体观看了这部影片。"《泰坦尼克号》剧情完全颠覆了'夫妻本是同林鸟，大难临头各自飞'这句古话。"汪义坤说。

汪义坤拥有一份患难与共的爱情。"张学友演唱的《一路上有你》，这首歌从我当兵时就开始听，这么多年一直在唱，一直在体会这首歌的意义。记得 2000 年的时候，我被一位朋友邀请到海南，毫无察觉地掉进了传销的魔窟。当时，我还把在山东认识的女友一同邀请到了海南。从传销的魔窟逃离时，我和女友身上只剩下几十块钱，于是俩人一起摆摊卖菠萝。"

连续半个月，汪义坤和女友都露宿海口街头，为了逃避蚊虫的叮咬，他买了廉价的蚊帐，捡来木棍撑起来。没有了蚊虫，他和女友仰望着夜空数星星，那一刻，他突然感到异常的幸福。他对女友说："我们现在一无所有，但只要我的人生，一路上有你，我一定会缔造奇迹，此刻我只能为你送一首歌《一路上有你》。"女友热泪满面，紧紧搂着他。当年的女友，如今已经是汪义坤深爱的妻子，两个孩子的妈妈。

凝聚力量担负责任，向上、向阳、向善

这一路走来，汪义坤对生活充满了感恩。他也常常尽其所能地帮助需要帮助的人。"回想当初，我和女友流落在海口街头时，是多么希望贵人相助：或给我一碗饭吃，或给我一份工作，或给我回陕西老家的路费。同是天涯沦落人，相逢何必曾相识。我经常和团队分享，人的价值在于让无力者有力，让无助者有助！我们天目集团要凝聚有限能力，

担负天下责任，向上、向阳、向善！”

在西安生活这16年，汪义坤也深深地爱上了这座城市。“西安是我成家立业的地方。创业至今，有很多朋友在帮助我创业，有很多同事在和我一起并肩战斗，这里有太多需要感恩的人和事。西安这座城市也是商机无限的地方。经过十多年的发展，我们天目集团业务已经涉及房地产开发、矿山投资及开发、建筑施工、装饰装修、物业管理、酒店管理、温泉开发、餐饮娱乐等多个领域。如今，我们集团有700多名员工，每月仅发工资就在200万元左右。我呢，在西安买了房、成了家、有了孩子。感恩西安这片厚土，让我这样一个来自秦巴山区的年轻人得以共享人生出彩的机会。”

任务七　商业模式与资金筹集

学习目标

1. 了解商业画布的内容
2. 熟知商业模式
3. 能运用所学知识设计盈利模式的实施方案
4. 初步掌握根据创业类型选择筹集资金的渠道

任务布置

任务	盈利模式内涵的掌握及运用
目的	了解商业画布的内容，学会筹集创业资金的方法，根据企业项目的类型，依据创业资金选择的原则，采用合适的融资方式
内容	掌握资金的概念，掌握融资的种类和筹集资金的渠道，学会选择创业资金的类型，掌握筹集创业资金的流程
时间	2 课时
成果	拟定盈利模式的方案

知识导图

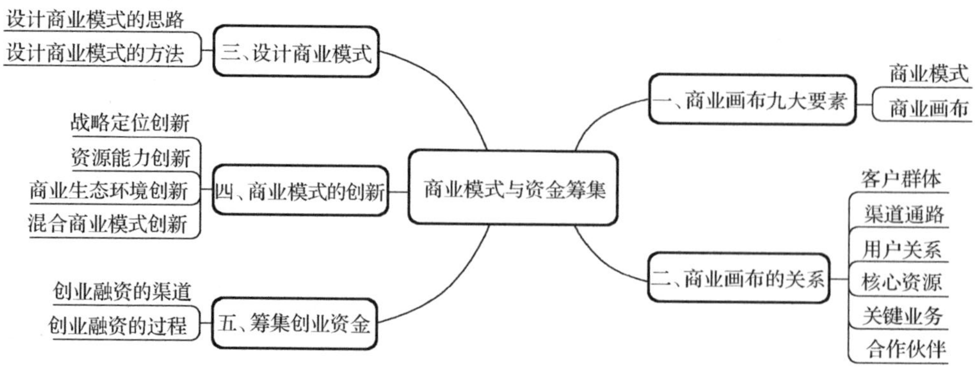

相关知识

一、商业画布九大要素

（一）商业模式

1．定义

商业模式，即企业良性高效运营的生态系统。这一生态系统能把企业内、外部各种要素充分调动起来，形成一个完整的、具有独特核心竞争力的内在逻辑，从而确保公司自身获得最大化的价值。也就是说，商业模式是企业实施相关商业活动的一套逻辑方法，将公司原本做不成的事情做成，将公司原本做不好的事情做好，让公司原本没人愿意做的事情有人愿意做。通过建立公司自身的行为模式，尽可能最大限度地调动一切资源和力量，目的就是为企业自身、社会大众、目标客户、合作伙伴创造更多的价值，以最低的生产量、运营成本为自身创造更高的利润。

2．本质

商业模式的本质就是一种价值模式的内在逻辑。价值创造、价值传递及价值获取是商业模式的三个维度。价值创造是企业以自身的价值主张及实现方式为客户创造价值，用以满足客户需求；价值传递是企业以自身的目标客户定位、关系维护、营销模式与客户进行有效连接，增加客户黏性；价值获取是企业从目标客户，或者战略合作伙伴，或者第三方服务对象那里获取利润的方式，就是价值转移转化的途径、对象、形式等的统称。通俗地讲，商业模式就是告诉我们企业是为谁提供服务的，为他人提供什么服务，又是如何赚钱的，如何赚取尽可能多的钱的路径。

（二）商业画布

商业模式的分析方法有很多，专家认为 Alexander Osterwalder 的分析方法非常清晰、完整。他把商业模式分成 9 个基本单元，如图 7-1 所示。

1．客户群体

客户群体，即目标客户。这些群体具有某些共性，从而使公司能够（针对这些共性）创造价值。定义客户群体的过程也被称为市场划分。目标客户可以有很多种：大众、小众、相近、相异等。

2．价值主张

价值主张即价值内涵，是指公司通过其产品和服务能向消费者提供的价值。价值内涵就是为什么客户找你而不找别人，关键就是你能解决客户的问题，满足客户的需求。价值服务是提供给客户的一整套产品或服务的组合。典型的价值服务有创新、性能、定制、实用、设计、品牌、价格、节能、降耗、安全、易得、易用等。

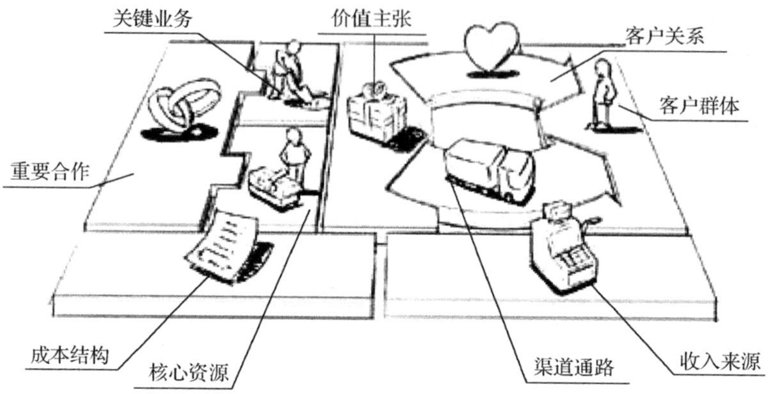

图 7-1　商业模式的划分

3．渠道通路

渠道通路也称传送渠道，是指公司如何通过沟通渠道、分销渠道、销售渠道把价值内涵交付给客户。

4．客户关系

客户关系是指公司与每个目标客户建立并保持的关系。维护客户关系的目的主要是获取客户、保持客户、提高客户收益等。

5．收入来源

收入来源也就是收入流，公司成功地把价值内涵提供给客户并获得收入。收入流可以是一次性的，也可以是长期的。收入流的来源种类有卖产品、收使用费、出租出借、发放许可费、交易费、广告费等。不同的收入流需要不同的定价方式来支持。

6．核心资源

核心资源即企业建立和运转商业模式所需要的关键资源。这些资源能够让企业创造并提供价值内涵，得到市场，保持客户关系，并获得收入。这些资源包括物质资产、知识产权、人力资源、财务资源等。

7．关键业务

关键业务是指公司为了让商业模式运转所必须从事的活动。只有通过这些活动，一个公司才能创造并提供价值服务，得到市场，保持客户关系，并获得收入。企业主要的一些关键业务包括生产产品、提供服务、解决问题、构建平台等。

8．重要合作

重要合作包括供应商和合作伙伴所形成的网络。公司之间为有效地提供价值并实现其商业化而形成合作关系网络，构成商业联盟。主要的合作形式有非竞争对手间的战略联盟、竞争对手间的“竞和”、合资合作、供应商和购买者关系等。寻求合作伙伴的动力在于优化组合、获得规模效益、减少风险和不确定性、获得特殊的资源、从事特殊的活动等。

9．成本结构

成本结构即运营一个商业模式所需要的所有成本。创造价值、保持关系、获得收入都会产生成本。不同的商业模式有不同的成本结构，如固定成本为主、可变成本为主、人员成本为主（如咨询）、原材料成本为主（如钢铁）等。不同的商业模式有不同的驱动因素，如成本驱动型（如沃尔玛）、价值驱动型（如 LV、高档酒店）等。

二、商业画布的关系

商业模式的价值主张、价值网络和价值实现等要素之间的不同组合方式形成了不同的商业模式。设计商业模式的思路应该从创业者现有的资源及市场竞争的实际出发，充分考虑社会资源的整合优化，为顾客、合作伙伴提供最大化的价值，这是商业模式设计的重点。商业画布的关系如图 7-2 所示。

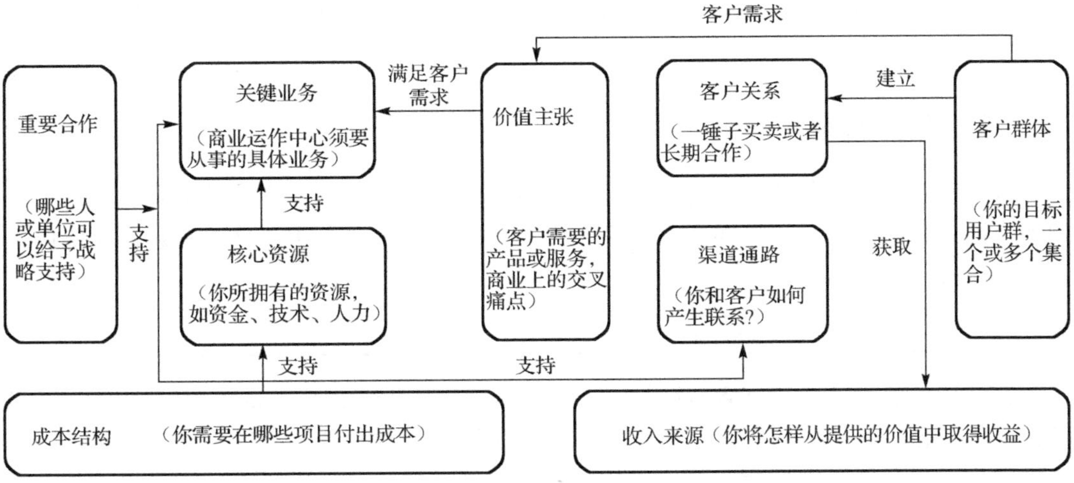

图 7-2　商业画布的关系

（一）客户群体

企业要知道你产品的目标用户是哪些。客户群体所要解决的问题是：“我们正在为谁创造价值？”“谁是我们最重要的客户？”

（二）渠道通路

企业生产的产品放在应用宝、安卓应用市场等广告位进行推广，可以增加更多的曝光量，但这些需要成本。公司沟通、接触其细分客户、传递其价值主张是通过渠道通路来实现的。我们的渠道如何整合？哪些渠道最有效？哪些渠道成本效益最高？如何把我们的渠道与客户的例行程序进行整合？这些问题都是渠道通路需要解决的。

（三）客户关系

企业会通过各种运营活动来维护客户关系。客户关系用来描述公司与特定客户细分群体建立的关系类型。企业的每个客户细分群体都希望企业与之建立和保持良好的关系。这些关系成本如何？如何把它们与商业模式的其余部分进行整合？这些问题是维护客户关系需要解决的问题。

（四）核心资源

企业自身所拥有的能力和资源，包括技术、系统、人才、知识等，是保证企业所有模块能够正常运转的关键内容。

（五）关键业务

关键业务非常重要。例如，企业运营的产品类似知乎这种社区型产品，就需要良好的内容沉淀。

（六）合作伙伴

合作伙伴包括企业核心业务所涉及的或者依赖的上下游服务商，甚至是竞争对手。例如，很多做电商的企业需要和供应商合作，需要和物流商合作，这些都是合作伙伴。

三、设计商业模式

在进行商业模式画布 SWTO 分析时，可以从价值主张评估、成本/收入评估、基础设施评估、客户界面评估四大类进行，如图 7-3 所示。对于每一类的评估，无论是内在的优劣势，还是外在的机会威胁，我们都能够找到准确的分析落脚点，做到尽可能完善的分析。

（一）设计商业模式的思路

商业模式的价值主张、价值网络和价值实现等要素之间的不同组合方式形成了不同的商业模式。设计商业模式的思路应该从创业者现有的资源及市场竞争的实际出发，充分考虑社会资源的整合、合作伙伴提供最大化的价值，这是商业模式设计的重点。

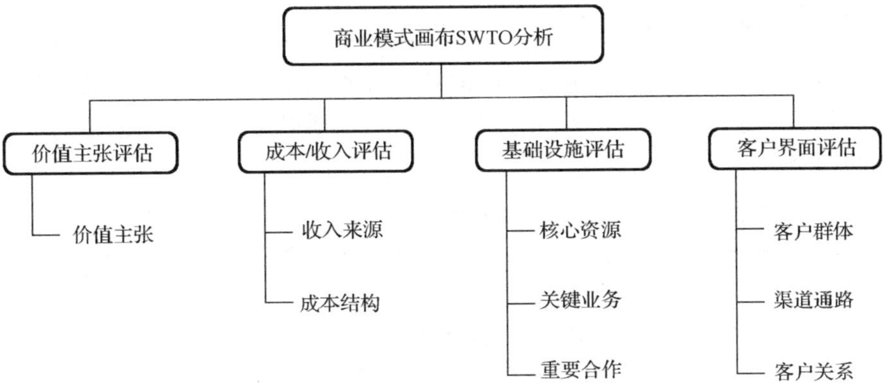

图 7-3 商业模式画布 SWTO 分析

（二）设计商业模式的方法

根据马克·约翰逊、克莱顿·克里斯腾森和孔翰宁等对商业模式的研究，创业者设计商业模式要整合三大要素：

① 客户价值主张。企业拥有一个独特而有力的价值主张，可以给客户一个充分的理由，购买你的产品或服务而不是别家的。如沃尔玛的“天天低价”、宝马汽车的“驾驶乐趣”、飘柔洗发水的“柔顺”等。

② 盈利模式。公司的盈利模式主要有三种：高端模式（高价格、高运营成本、高端化经营），如路易威登等高端品牌和奢侈品品牌；低价模式（低价格、低运营成本、规模化经营），如格兰仕微波炉等奉行总成本领先战略的企业；中间模式（适中价格、中高利润率、中等运营成本）。

③ 关键资源和关键流程。客户价值主张的实现必须依托企业的关键资源和关键流程，这些资源和流程构成了企业的核心竞争力，企业可以借此来超越竞争对手，来服务好目标客户群体，从而创造持久的差异化竞争优势。

设计商业模式时，这三个要素之间相互作用，形成一个有机整体。关键资源和关键流程联合作用形成企业独特的盈利模式，为客户提供独特的价值。

创业者设计商业模式具体步骤如下。

第一步，界定和把握利润源——顾客。

第二步，不断完善企业利润点——产品。

第三步，打造利润杠杆，构筑商业模式内部运作价值链。

第四步，疏通拓宽利润渠道，构筑商业模式外部运作价值链，如伙伴关系。

第五步，建立有效保证利润的利润屏障，如创新盈利模式、技术革新等。

四、商业模式的创新

商业模式创新的主线是为了更好地创造顾客价值。因此，无论是产品或服务的创新、顾客界面的创新，还是将这些元素进行组合创新，都要以顾客价值的创造为主线。商业模式创新的四个维度如图 7-4 所示。

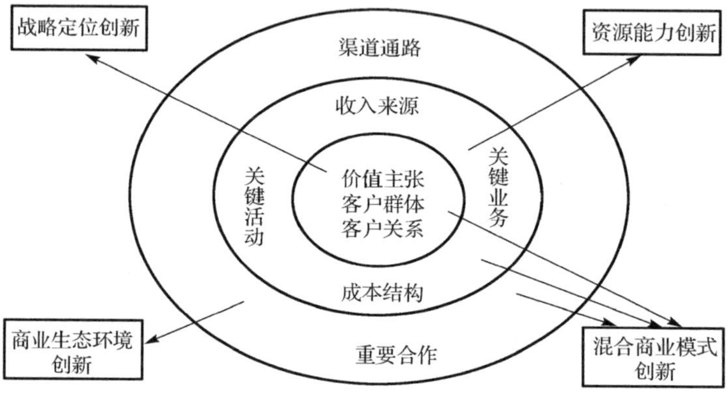

图 7-4　商业模式创新的四个维度

（一）战略定位创新

战略定位创新主要是指围绕企业的价值主张、客户群体及客户关系方面的创新，打造企业核心竞争力，具体是指企业选择什么样的客户、为客户提供什么样的产品或服务、希望与客户建立什么样的关系，其产品或服务能向客户提供什么样的价值等方面的创新。在激烈的市场竞争中，没有哪一种产品或服务能够满足所有的消费者，战略定位创新可以帮助我们发现有限的市场机会，提高企业的竞争力。

在战略定位创新中，首先，企业要明白自己的目标客户是谁；其次，要明白如何让企业提供的产品或服务在更大程度上满足目标客户的需求。在前两者都确定的基础上，再分析选择何种客户关系。合适的客户关系可以使企业的价值主张更好地满足目标客户。

（二）资源能力创新

资源能力创新是指企业对其所拥有的资源进行整合和运用能力的创新，主要是围绕企业的关键活动，对建立和运转商业模式所需要的关键资源的开发、配置、所需成本及收入源方面的创新。所谓关键活动是指影响其核心竞争力的企业行为；关键资源是指能够让企业创造并提供价值的资源，主要指那些其他企业不能代替的物质资产、无形资产和人力资本等。

在确定了企业的客户群体、价值主张及客户关系之后，企业可以进一步进行资源能力的创新。战略定位是企业进行资源能力创新的基础，而且资源能力创新的四个方面也是相互影响的。在实施资源能力创新的过程中，一方面，企业要分析在价值链条上自己拥有或希望拥有哪些别人不能代替的关键能力，根据这些能力进行资源的开发与配置；另一方面，如果企业拥有某项关键资源，如专利权，也可以针对其关键资源制定相关的活动。对关键能力和关键资源的创新也必将引起收入源及成本的变化。

（三）商业生态环境创新

商业生态环境创新是指企业将其周围的环境看作一个整体，打造出一个可持续发展的、共赢的商业环境。商业生态环境创新主要围绕企业的合作伙伴进行，包括供应商、经销商及其他市场中介。在必要的情况下，还包括其竞争对手。市场是千变万化的，顾客的需求也在不断变化，单个企业无法单独完成这一任务，企业需要联盟、合作来达到共赢。

企业战略定位及内部资源能力都是企业建立商业生态环境的基础。没有良好的战略定位及内部资源能力，企业将失去选择优秀外部合作者的机会及与他们议价的筹码。一个可持续发展的、共赢的商业环境将为企业未来发展及运营能力提供保证。

（四）混合商业模式创新

混合商业模式创新是一种战略定位创新、资源能力创新和商业生态环境创新相互结合的综合商业模式的创新方式。根据新常态下企业发展的一般规律，企业的商业模式创新方式一般都是混合式的，因为企业商业模式的构成要素、战略定位、内部资源、外部资源环境之间是相互依赖、相互作用的系统生态体系，每一部分的创新都会引起另一部分相应的变化。而且这种由战略定位创新、资源能力创新和商业能力创新相结合，甚至同时进行的创新方式，会为企业的经营业绩带来很大幅度的提升。

五、筹集创业资金

（一）创业融资的渠道

资金缺乏是大部分大学生创业者创业过程中面临的主要问题，而由于受融资信息、信用能力等多种因素的影响，相当多的大学生创业者的创业资金主要来源于亲友的支持。因此，拓展大学生创业融资渠道是大学生创业活动中现实且紧迫的需求。具体而言，大学生创业者的创业融资渠道主要有以下几种。

1．债务融资

（1）抵押贷款。

抵押贷款是指借款人以其所拥有的财产作为抵押向银行贷款的方式。在抵押期间，借款人可以继续使用其用于抵押的财产。当借款人不能履约还款时，贷款人有权依照相关法规处理抵押财产用于偿还贷款。一般用于抵押的财产包括不动产、动产和无形资产三类：不动产如土地、房屋等；动产如金银首饰、股票、国债、企业债券或银行承认的有价证券等；无形资产一般指专利技术。

（2）商业贷款。

商业贷款是较为普遍和常见的贷款方式，但对于创业企业而言，要想取得商业贷款并不是一件容易的事。一般情况下，除非创业者有抵押物或有贷款担保，否则银行是不太乐意将钱借给创业企业的。

创业案例

上海一家高科技公司是一家国内一流艺术灯光景观建设专业企业，开发了数十项产品。在强大的科技研发能力支持下，该公司业务发展迅速。与业务发展相伴而行的则是资金困境。工程类企业的行业特点是资金回笼速度慢，营运资金占用情况严重。但由于公司规模较小，又缺乏与银行合作的信用记录，获得银行融资困难重重。

2005 年底，该企业得到中投保提供的保证担保的 80 万元流动资金贷款，由此，该公司近两年取得了快速发展。

2．股权融资

（1）风险投资。

风险投资是指由专业投资者将资本投入拟创立的创业企业，或者刚刚诞生还处于起步阶段的创业企业，以期获得高回报的同时，又承担着高风险的一种投资方式。

创业企业由于前景的不确定性和较高的风险性，一般难以从金融机构获得贷款，风险投资较好地弥补了这一不足。高新技术企业与传统企业相比更具备高成长性，因此，风险投资往往把高新技术企业作为主要投资对象。

1999 年以来，风险投资在国内得到了较快的发展，国内几乎每一个成功的互联网企业的背后，都可以看见风险投资的身影。对于创业者来说，尤其是对于高科技领域的创业者，寻求风险投资的帮助，是一个值得认真考虑的途径。风险投资中的天使投资，更是专门为那些具有专有技术或独特概念而缺少自有资金的创业者所准备的。天使投资者更多由私人来充当投资者角色，投资数额相对较少，对被投资企业审查不太严格，手续更加简便、快捷，更重要的是，它一般投向那些创业初期的企业，或者仅仅停留在创业者头脑里的构思。

创业案例

重庆江北通用机械厂从 1995 年开始研制生产大型氟利昂机组新产品，其具有兼容功能，并可以用其他冷冻液进行替代。由于银行对新产品一般不予贷款。重庆风险投资公司提供了 100 万元贷款。两年后，江北通用机械厂新产品销售额达 7 000 万元。

（2）天使投资。

天使投资是指富有的投资者、非正式风险投资机构或其他投资者对初创期科技型小企业进行的一次性前期投资。与风险投资不同，天使投资往往是一次性投入的，后期一般不再注入新资金，投入金额也较风险投资少。在我国，天使投资每笔投资额为 5 万～50 万美元，其对投资项目的审查不太严格，大多都是基于投资者的主观判断或喜好，手续简便，且投资者一般不参与创业企业的管理。

对刚刚起步的创业者来说，既没有银行贷款的“大米饭”，又没有风险投资的“维生素”，在这种情况下，只能靠天使投资的“婴儿奶粉”来吸收营养并茁壮成长。

创业案例

牛根生在伊利期间，由于订制包装制品时与谢秋旭成为好友。而当牛根生自立门户时，谢秋成作为一个印刷商人，慷慨地掏出现金注入初创期的蒙牛，并将其中的大部分股权以“谢氏信托”的方式，“无偿”赠予蒙牛的管理层、雇员及其他受益人，而不参与蒙牛的任何管理和运营。最终，谢秋旭也收获不菲。

3．政府基金

（1）贷款贴息。

对已有一定水平、规模和效益的创新项目，原则上采取贴息的方式支持其使用银行贷款，以扩大生产规模。一般按贷款额的 50%～100%给予补贴，贴息总额一般不超过 100 万元，个别重大项目最高不超过 200 万元。

（2）资本金（股本金）投入。

对少数起点高、具有较广创新内涵和较高创新水平，并有持续创新潜力、预计投产后具有较大市场需求、有望形成新兴产业的项目，可以采取资本金投入方式。资本金投入以引导其他资本投入为主要目的，数额一般不超过企业注册资本额的 20%，原则上可转让，或者采取合作经营的方式在规定的期限内收回投资。

（3）无偿资助基金。

国家和地方政府为了鼓励创业，推出了各种无偿资助基金，主要用于中小企业创新过程中的研究开发费用、中期调试阶段的必要补助、科研人员携带科技成果创业时企业进行成果转化的补助。资助金额一般不超过 100 万元，个别重大项目最高不超过 200 万元，同时企业必须有等额及以上的匹配资本。

（二）创业融资的过程

1．融资前的准备

创业者一定要在融资之前做好充分的准备工作，对融资过程有一定了解。如经营个人信用、积累自己的人脉资源、学习估算创业所需资金的方法、知晓融资渠道的途径、熟悉商业计划书的结构和编写策略、提升自己的谈判技巧等，以提高融资成功的概率。

2．资金需求量测算

创业者必须明白，企业所使用的资金都是具有一定成本的。这并不是说，筹集的资金越少越好，因为任何一家顺利经营的企业都需要基本的周转资金。如果筹集的资金不足以支持企业的日常运转，则企业会面临资金断流，进而导致破产清算。但这也不意味着筹集的资金越多越好，因为资金都是有成本的，如果在资金使用过程中不能创造出高于其成本的收益，则企业会出现亏损。因此，创业者在筹集资金之前，要能够运用科学的方法，准确地计算资金需求量。

3. 确定融资来源

确定了创业企业需要的资金数额之后，创业者需要进一步了解可能的筹集渠道和不同筹集渠道的优缺点，根据筹资机会的大小，以及创业者对企业未来的所有权规划，充分权衡利弊，确定所要采用的融资来源。

4. 展开融资谈判

选定所拟采取的融资渠道之后，创业者即需要与潜在的投资者进行融资谈判。要提高谈判成功的概率，就要求投资者首先对自己的创业项目非常熟悉，充满信心，并对潜在投资者可能提出的问题做出猜想，事先准备好相应的答案。另外，在谈判时，要抓住时机陈述重点，做到条理清晰。如果可能的话，向有经验的人士进行咨询，会提高谈判成功的概率。

任务实施

1. 请根据自己的创业方向，设计创业企业的盈利模式。
2. 根据创业项目选择融资渠道。

企业家精神

行改革创业路　筑蓝田美食梦

——记蓝田县茂盛置业有限公司董事长段均彦

“不求现在有成就，但愿常在奋斗中”是中国民营企业家段均彦时常挂在嘴边的一句话，他凭着一身炉火纯青的扯面技术起家，从一个扯面小摊到茂盛面馆，再到现在的茂盛酒店，经历了四十年的风风雨雨，成为西安市蓝田县餐饮行业的领路人。他抓住改革开放的机遇，敢为人先，一步一个脚印不断奋斗；他不忘初心，致力于弘扬“中国厨师之乡”——蓝田美食，追梦新时代。

2004 年在福州举办的中国第十四届厨师节及海峡两岸美食节，段均彦制作的“茂盛扯面”荣获金奖，被评为“中国名点”，时任中国烹饪协会副会长、秘书长林则普先生现场题词“茂盛扯面，陕西一绝”。2017 年 1 月“蓝田茂盛扯面制作技艺”被收入西安市非物质文化遗产名录，段均彦被认定为该技艺代表性传承人。作为土生土长的蓝田县人，他在创业的同时从未忘记自己身上的责任和使命，以及对家乡美食的热爱。他既是一名成功的民营企业家，也是一位厨艺高超的中国烹饪大师。在四十年的从业经历中，他曾是中国烹饪大师、中国名厨委员会委员，以及“全国餐饮业管理成就奖”“中华金厨奖”

获得者，同时，他还是陕西餐饮商会副会长、西安市第十四届人大代表、西安市劳动模范、西安市优秀中国特色社会主义事业建设者、西安市非物质文化遗产传承人、西安工匠、蓝田县第十届和第十一届政协常委、蓝田县工商业联合会副会长、蓝田县烹饪餐饮旅游行业商会会长、蓝田县勺勺客讲习所所长、蓝田县优秀人才奖获得者、蓝田县首届华胥氏大典主祭人、蓝田县十大孝子、蓝田县诚实守信道德模范、蓝田工匠……拥有这么多荣誉的他一直脚踏实地，从不好高骛远，敢于抓住机遇，做常人不敢为之事。一分耕耘，一分收获，他是改革开放的参与者，也是改革开放的受益者，是他的坚持不懈和不忘初心，创造了如今茂盛置业有限公司的辉煌，成就了现在“茂盛扯面”的盛名。“茂盛扯面”活动场面如图 7-5 所示。

图 7-5 “茂盛扯面”活动场面

脚踏实地，苦中作乐

“天将降大任于斯人也，必先苦其心志，劳其筋骨，饿其体肤，空乏其身，行拂乱其所为……”，成功的民营企业家段均彦也是经历了很多的磨难才有了今天的成就。在他两岁时，开茂盛面馆的父亲就去世了，从此家里的经济一落千丈，是母亲辛辛苦苦地把他们兄弟姐妹五个人拉扯长大。但由于家境贫寒，他读书只到初中就回家开始谋生了。段均彦的祖上都是干餐饮行业的，所以他退学之后就到了当地食堂做起了学徒。每天早上不到六点就开始起来准备食材，忙碌到很晚才下班。这样艰辛劳累的生活他坚持了四年，正是这四年奠定了他扎实的厨艺，也锻炼了他坚毅肯吃苦的性格。他一步一个脚印，踏踏实实地学习，在辛苦的学徒生涯中找寻自己的人生方向。

20 世纪 70 年代，中国的改革开放拉开了序幕，为大多数想要创业的年轻人提供了机会，中国的经济也在不停地复苏和发展。段均彦和很多人一样抓住了改革开放的机遇，开始成为一个个体户，在自己的家门口支起了一个扯面摊点，用母亲教给自己的扯面制作技艺，做面条给更多的人吃。他每天吆喝着来往的过客，熟练地扯着每一根面。时间久了，当地的人都被他做的美味扯面所吸引，也渐渐有了名气。无论是严寒刺骨的冬天，还是汗流浃背的夏天，段均彦几乎没有一天耽误过出摊。而且每天在和面、扯面的时候，他还会听听广播，学习新的知识。如果说是改革开放为段均彦提供了成功的机会，那么最终让他有所成就的是他的毅力。

蓝田县是一个拥有众多美食小吃的地方。段均彦在自己的家乡做着自己喜欢的餐饮行业，也是为了让自己祖上的手艺能够传承下去，毕竟段氏扯面经历了好几代人的传承和创新，不能就这样让它销声匿迹，段均彦为此付出了很多努力。做了将近十年的扯面面摊生意之后，他终于攒够了一定的积蓄，开了一家茂盛面馆。他的每一步都走得很踏实、认真，一分耕耘，一分收获，他在厨艺上的不断进步和生意上的不停发展也是必然的。

解放思想，敢为人先

与时俱进才能不断进步，勇于尝试才会有所成功，段均彦就是这样一个敢为人先、敢拼敢闯的创业者。20 世纪 90 年代的中国正处于改革开放的大好时期，各个行业都在蓬勃发展，段均彦在这个时候毅然选择在蓝田县的一个较为偏远开发区征地，盖起了自己的茂盛酒店。当时的很多人都处于观望状态，认为在这种偏远的地区投资发展很有可能会血本无归。但是段均彦不怕，他觉得这是一个好的发展机遇，一定要好好把握。尽管征地资金不足，他也没有轻易放弃，而是选择了去银行贷款，无论如何他都要把这个茂盛酒店给做起来。在他的不断努力和国家政策的支持下，终于在 1997 年茂盛酒店正式开张，成为一家集餐饮和住宿为一体的酒店。在经营的过程中还获得了“陕西餐饮名店”“中华餐饮名店”的荣誉，成为蓝田县餐饮行业的领路人之一，这也让他的“茂盛扯面”被更多的人所熟知、喜欢。

“破釜沉舟，百二秦关终属楚。”段均彦在创业上的果敢和毅力就注定了他的不平凡，而他在餐饮行业的成功，则是因为他经营酒店的诚信和品质所至。他在培训自己酒店的员工时，告诉他们做餐饮行业最重要的就是让顾客吃得放心。他始终把“民以食为天，食以安为先”放在首位。食品安全重于泰山，杜绝一切霉烂变质的食品，将顾客的饮食健康放在第一位。要学会换位思考，使每一位来到茂盛酒店的顾客，都能感受到他们的认真和负责。时间久了，他的名声自然也就大了起来。在 21 世纪初的非典事件中，很多餐饮行业都面临了前所未有的危机，顾客不断地减少，而段均彦经营的茂盛酒店却依旧红火，这不仅仅是因为它的美食，更是因为它能让广大顾客吃得放心，住得安心。在非典来临之前，段均彦邀请了蓝田县的防疫站对茂盛酒店进行全方位彻底的大消毒，教育每一位员工不放过每一根筷子、每一个勺子，不放过每一个角落，并且每天消毒三次，真诚地为顾客身体着想。不为利益所驱使，坚持自己的本心，真心真意为顾客着想，这就是茂盛酒店成功的秘诀。

段均彦说：“人无信不立，业无信不兴，从事企业经营就应该以诚信为本，为社会经济发展贡献自己的一份力量。”他从未忘记过学习，他的思想一直都在与时俱进，也一直把对家乡的热爱放在第一位，把弘扬和发展蓝田美食作为自己的责任和使命，不断地在餐饮行业前行进步。他常常说：“没有共产党就没有新中国，没有党的好政策就没有我们现在的幸福生活，中国的发展离不开这些民营企业家的发展，而民营企业家的成功也绝对离不开中国好政策的支持。”改革开放的好机遇为像段均彦这样的民营企业家提供了发展创业的黄金机会，让他们的才华能够有所施展，同时在这样的机遇下也要做到解放思想和敢为人先，才能迎来创业的成功。

砥砺前行，勇创一流

多年来，段均彦热心公益，回报社会。从小摊点到现在的茂盛酒店四十年来，他始终秉承“爱国、敬业、诚信、守法、贡献”的方针，坚持不懈地致力于弘扬中华餐饮文化，并且坚持大力弘扬中华民族传统美德，宽厚待人，和蔼谦虚，致富思源、富而思进，积极承担社会责任。在他的带领下，茂盛酒店已成为众多农村青年掌握烹饪技术的重要阵地之一，为他们创造了“榜上无名、脚下有路”的就业机会，通过该企业先后解决就业和向外劳务输出 2 000 余人。被评为“蓝田县脱贫攻坚先进个人”，他热心公益事业，投身光彩事业。多次向贫困地区、灾区、希望工程及困难职工等捐款、捐物，受到社会各界的广泛赞誉，多次受到省、市、县有关部门的表彰和奖励。

生命不息，奋斗不止

60 岁的段均彦从事餐饮行业已经有四十年的时间，回顾改革开放以来的奋斗历程，他经历了风风雨雨，但从未忘记自己的初心，不忘感恩，也从未停止过自己奋斗的步伐。在采访中他说：“我今年已经 60 岁了，但是我仍然坚信，我奋斗我年轻，我奋斗我光荣，我奋斗我幸福，幸福都是奋斗出来的！”无论是在自己家门口摆一个扯面摊，还是经营拥有近两百名员工的酒店，段均彦都始终勤勤恳恳，从不好高骛远，也不满足于现状。

在这四十年的历程当中，中国因为改革开放发生了翻天覆地的变化，社会各个方面都有了新的面貌、新的机遇和追求，也更加注重对于文化和非物质文化遗产的传承。段均彦经过四十年的奋斗，对祖传的茂盛扯面技艺不断创新和发展，终于在 2017 年被列为“西安市非物质文化遗产保护项目”，让自己传承下来的扯面技艺能够被更多的人所熟知，这不是一个简单容易的过程，段均彦荣誉的背后是数不尽的艰辛和汗水。

“有志者事竟成”，只要愿意不停地奋斗，就一定可以不断地向成功靠近。段均彦在过去四十年里，每一个阶段都有一个新的目标，朝着自己新的目标一步步地不停奋斗，从一个身无分文的餐厅学徒到如今拥有上亿身家的成功企业家，他梦想着：不光把茂盛扯面发扬光大，还要让蓝田小吃走出陕西，走向全国，并为此不断地努力奋斗。他的奋斗不仅仅是为了自己，更是为了自己家乡的发展，为了中国餐饮行业的发展。走得越远，看得越高，他的眼界也就越宽，目标更大、更有意义，未来的段均彦也依旧会不忘初心，心怀感恩。

弘扬厨乡美食，传承“勺勺客”精神

“穷则独善其身，达则兼济天下。”段均彦作为一个民营企业家，心怀的是整个蓝田县的餐饮发展和经济发展，希望能够凭借自己的力量为家乡做出贡献。他除了发展自己的产业之外，还不忘支持公益事业的发展，时常会投入到各种公益活动中，真诚地帮助那些正处于困难中的人们，为他们前行的道路打开一盏明灯。

作为过来人，段均彦希望现在的年轻人也能够有吃苦耐劳的精神。他坚信在我国好政策的指引下能够奋斗出一番成就来，能够造福人民、造福家乡。段均彦身上有着宝贵的工匠精神，无论是贫穷还是发达都始终不忘记奋斗，更不怕吃苦，踏踏实实地做好眼前的事情，他的心中更不会忘记是改革开放成就了自己，给了自己成功的机会，让自己能够把茂盛扯面发扬光大。他认为，在我国社会经济发展的过程中，传承精神是必不可少的，只有拥有了肯奋斗、吃苦、创新的精神，那么中国社会经济就会不断地发展。新的时代有新的要求，新的梦想需要年青一代不断地去追求、拼搏。

追梦新时代也是段均彦的目标，当问及他对个人以及公司未来五年的发展规划时，他说："既要让茂盛扯面走进全国连锁经营店，更要让中国厨师之乡、陕菜之乡、'勺勺客'之乡的蓝田小吃迈向全国，走向世界，被更多的人所了解、传承、享用。"段均彦正为此不断地努力着。"不求现在有成就，但愿常在奋斗中"，未来的段均彦会继续奔跑在奋斗的路上，为传承茂盛扯面技艺、弘扬蓝田餐饮文化做出自己的贡献。

项目二　创业计划书的撰写

任务八　创业计划书的撰写技巧

学习目标

1. 掌握创业计划书的基本内涵和主要作用
2. 了解创业计划书的一般组成结构
3. 掌握创业计划书的写作方法
4. 掌握创业计划书撰写的精要及技巧
5. 能够看懂一份创业计划书并掌握其内在精要
6. 能独立完成一份简洁版创业计划书的撰写

任务布置

任务	创业计划书的撰写
目的	掌握创业计划书的撰写结构，能够完成创业计划书的撰写并清晰了解其结构特点和内涵
内容	创业计划书的内涵，创业计划书的存在价值和特点，创业计划书的构成要素和一般格式，创业计划书撰写中的注意事项
时间	8 课时
成果	以小组为单位完成一份创业计划书的撰写

知识导图

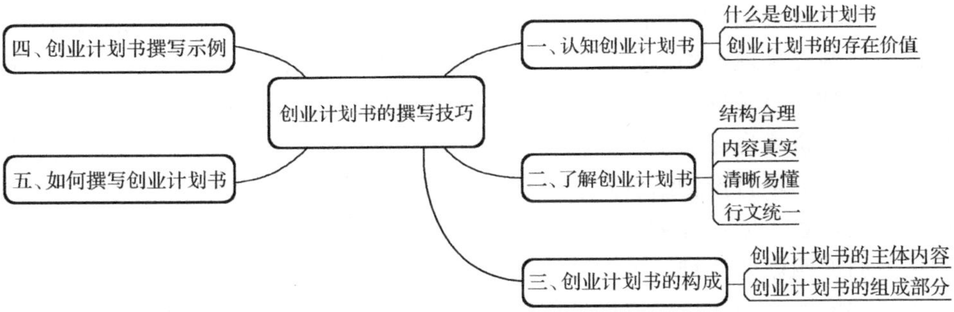

相关知识

一、认知创业计划书

（一）什么是创业计划书

创业计划书是指创业者在项目的初创时期所编写的一份书面商业计划书，用以描述在开创一个新的商业项目前后所有相关的外部及内部要素，即创业者在正式或全面启动创业项目之前，对整个项目的调研论证、市场分析、商业模式构成、盈利分析等一系列与创业项目相关的问题进行的全面说明的计划性文书。

创业计划书是一份全方位的商业计划，其主要用途是递交给投资者或项目评议方，以便于他们能对整个创业项目做出评判，从而使创业项目能够获得资源支持。它是用以描述与创业项目相关的内外部环境条件和要素特点，为项目的发展理清思路，确定目标和发展规划的文书。通常创业计划书是结合营销管理、财务分析、商业模式、人力资源等职能计划的综合体文书。

（二）创业计划书的存在价值

创业计划书对于一个创业项目十分重要，创业者可以用它来理顺项目发展过程中可能碰到的各种问题并证明他们有能力处理好这些问题。如果构思和执行都准确无误的话，创业计划书就成为评估和管理创业项目的核心文件。

创业计划书可以详细阐述一个创业项目的规划理念，它对创业项目的内外部环境、发展思路、各种资源进行了准确的描述。创业计划书是创业者对其项目各环节和要素的一个体系化思考，它指出了项目的优势、前景、资源、威胁等因素，要求创业者做出决策，并促使一个结构合理且重点突出的战略的形成。

在形成创业计划书的过程中，会不断产生不同的方案，应对其一一进行评估，找出各自的缺陷。在对形势进行清楚的分析之后，创业计划书就成为解决问题的一个非常重要的工具，并且会极大地提高效率和效能。

对初创的项目来说，创业计划书的作用显而易见：一个尚处于起步或酝酿中的项目，其中的很多问题都是模糊不清的，这时可以通过创业计划书的编写将可以考虑到的因素、问题等一一罗列，逐条推敲，将创业项目思路逐步展开。这样创业者就能对项目有更清晰的认识，而投资者也能够从中读懂项目的实际内涵。可以这样说，创业计划书首先是把计划中要创立的项目推销给创业者自己。其次，创业计划书还能帮助把计划中的创业项目推销给投资者。创业计划书既可以用于创业者指导自身创业筹备与运营，也可以用于向相关方面说明创业计划，争取合作渠道拓展或获取资金支持等。

基于这些问题，创业计划书必须能够清楚地表明以下问题。

（1）该创业项目的商业目的是什么？为什么要花时间、人力、资源去创办和执行该项目，该项目价值几何？

（2）创办和执行该项目需要投入多少资源？为什么要这么多的资源，依据是什么？为什么投资者值得为此注入资金？

（3）该创业项目的运营周期、盈利状况预计、营销规划及退出方式是什么？

创业计划书可以为项目的发展定下比较具体的方向和重点，从而使参与者了解其基本的发展轮廓，以此激励他们为共同的目标而努力。更重要的是，创业计划书可以使创业项目的投资方或合作方了解项目的经营状况和经营目标，增强创业项目的基础资源，方便彼此合作、协调。

因此，在创业计划书中，不仅要以明确而清晰的思路和战略的眼光讲明项目的背景和未来，论述市场的态势和竞争的优势，而且应该讲清运用的策略、发展的脉络。除此之外，还应该阐明公司的组织架构、团队的人员结构、生产的安排设想、财务的运作和资金的来源、调度及相应的公关战略等。

综观整个创业计划书，既要有战略的思考，又要有战术的组织；既要有团队的建设，又要有生产的安排；既要有市场的开拓，又要有资金的调度；既要有竞争的严酷，又要有公关的潇洒。

正是基于上述原因，创业计划书是创业者所写的商业文件中最重要的一个。

二、了解创业计划书

首先需要明确一点的是，一份出色的创业计划书一定是根据项目的自身特点和该计划书的使用场合而定的，并不是一成不变的。创业计划书的内容应当基于项目本身，要做到思路清晰、描述合理、突出项目特点，这是创业计划书的基础。

同时，在针对不同的使用环境时必须考虑此创业计划书的阅读者特点。例如，阅读者希望从这份创业计划书中得到的信息有哪些？这位投资者阅读一份计划书时一般更关注项目的哪些方面，是否应当在计划书中进行调整？根据不同的时间、环境、行业背景，应当怎样确定计划书中对于项目各方面因素的表述方式等。创业计划书必须有一个稳定的基础体系和能够灵活调整的内容结构。

尽管有这些不同，但创业计划书还是有许多共同点的。例如，它们都是对一项业务所带来的机遇和风险进行明确的综合评估。所以，下面的建议和指导原则将帮助创业者成功制订一份创业计划书。

1．结构合理

成功的创业计划书首要优点即拥有一个清楚的逻辑结构。阅读者应当能够在计划书中找到他们所关注问题的答案，很容易找到他们特别感兴趣的点。这就要求创业计划书必须有一个清楚的结构，使读者能够清晰地理顺阅读思路。

一般来说，能够提起阅读者兴趣的不是数据的罗列和夸张的描述，而是计划书中逻辑结构的顺畅和主要商业观点的集中程度。因此，任何能使阅读者感兴趣的话题，都应该进行充分而准确的论述。内容主要在于精而合理，而不能多而繁杂。一般情况下，创业计划书的合适长度应在 20 页以内。

同时，投资者阅读创业计划书时可能会产生诸多问题，而创业者往往不能进行现场解释，因此不能及时回答问题并解释方案。所以创业计划书的内容必须清楚明了，把能够想到的、必要的并可以陈述的内容完整地陈述，并且能够自圆其说、浑然一体。

2. 内容真实

虽然很多创业项目在编写计划书时可能还只是一种想法，计划书里面的相关内容难免会有某些预测、展望的内容。但这些都必须基于客观事实，计划书当中的任何内容或提法都必须有现实依据，不能够信手拈来、天马行空、脱离实际。

当然不可否认，有些内容如果以较为自信、略带夸张的文字来对投资者陈述的话会产生更强的煽动作用，使创业项目看上去更有投资价值。但是，必须明确的一点是：投资者往往是在这个市场里经营了多年的行家高手，他比创业者可能更了解这个市场，夸张的描述也许并不能带来他的更多肯定，反而会使他对创业者的阅历、态度等产生疑问，从而导致投资者对方案产生怀疑，甚至是拒绝接受方案。所以，计划书中内容应该尽量用比较客观的文字和语气，使投资者更愿意仔细地权衡该项目的成立基础和可行性，并判断是否有说服力。

另外，如果以前曾有过创业的经历，进而对此次的创业项目苛刻要求、力求极尽完美，完全回避缺陷，这也是不合理的，这将使投资者对创业者的创业动机产生怀疑。因此，以尽量客观的方式，将需要和可以展现的内容在方案中清楚地表达出来就行了。

3. 清晰易懂

计划书往往是创业项目的敲门砖，创业计划书的最初阅读者并不一定对该项目有充分的准备和研究，所以计划书的内容如果过于复杂专业、晦涩难懂，就可能会影响计划书的效果。毕竟，很少有阅读者会在初次接触一份创业计划书时，就聘请技术专家详细地评估计划书里提到的数据或技术细节。所以，简单明了的陈述、适度的图片和数据表格才是合理的，更容易理解的内容才能更容易给投资者留下深刻的印象。当然，如果项目中实际涉及了一些专利技术、生产细节和生产流程等较为专业的内容，而这些内容也确实有必要呈现的话，不妨把它们放在附录中进行表述。

4. 行文统一

一般情况下，创业计划书由团队合作撰写而成，这里面会涉及的参与人也许很多。这就要避免不同的人对项目的不同解读、阅历的不同等因素造成所写内容前后不一、风格迥异的问题。创业项目计划书形成之后，必须由专人进行统一整理，以避免计划书内部描述深度不同、风格不一、前后矛盾、混乱不堪的情况。

三、创业计划书的构成

（一）创业计划书的主体内容

创业计划书中应包括以下内容：项目概况、商业模式和产品、市场和竞争分析、营销规划、财务分析、风险控制、团队构成等。

（1）项目概况。项目概况必须浓缩整个创业计划书的精华和要点，开门见山、清晰易懂，以便阅读者能在最短的时间内评审该项目并做出判断。

（2）商业模式和产品。这是创业计划书中最基本的也是最重要的内容，用于介绍项目的商业模式，描述产品或服务的用途、特点、流程、范围，包括创业项目的商业流程、产品形态、项目功能或渠道等。在产品或服务介绍部分必须对产品或服务做出详细的说明。说明既要准确，也要通俗易懂，使任何投资者都能清楚掌握产品的核心内容。最好能附上产品原型、照片等显性化的内容。

（3）市场和竞争分析。这部分包括市场环境描述、行业分析、项目 SWOT 分析、市场竞品分析、创业项目核心竞争力等内容。

（4）营销规划。营销规划包括了解服务市场或产品市场，制定阶段微观销售方式和宏观营销管理规划，基于目标市场的定位确立的营销体系。同时，确立项目规划目标，包括短期目标、中期目标与长期目标，以便让投资方或合作方了解项目发展的可能性，以及各个阶段的目标或成果。

（5）财务分析。提出项目盈利方式或盈利点，详述预估的收入和预估的支出，甚至应该列述一个运营周期预估的营业收入与支出明细表，以便明确收支利润情况，或者以此来支持整个创业项目的商业价值。该部分也可包括相应的资金规划内容，如创业项目的资金来源、各参与方的出资比例、资金总额的分配比例、红利分配方案等。

（6）风险控制。对于在创业过程中可能遇到的问题、困难和挫折等，要有明确的认识和准备，能够总结风险所在，并提出相应的应对预案。这些创业风险对创业者而言往往影响非常大，甚至会导致创业失败。因此，风险控制是创业计划书中不可缺少的一项。

（7）团队构成。这部分内容包括创业团队的基本状况、项目人员组织、预定员工人数、岗位职责、管理体制及团队文化等。

换个角度来说，在撰写创业计划书之前，必须对以下问题展开深入的思考和讨论。

该创业项目究竟在做什么？

涉及什么行业？是什么买卖？

是制造业还是服务业？

卖产品还是提供服务？

解决的是渠道问题还是生产问题？

提供的产品或服务到底是什么？

产品有什么特色？

能带给客户什么样的价值？

核心竞争力体现在哪里？
目标市场在哪里？
谁是主要客户群体？
该行业或产业处于生命周期哪个阶段？
如何能获利？
营销管理怎么做？
项目的发展前景是怎样的？
什么时间开始实施？
什么时间可以收支平衡或获利？
营销规划的时间如何把握？
线上的切入空间或线下的门店地点怎么确定？
如何确定竞争对手？
怎么划定竞争范围？
如何界定与竞争者的关系？
竞争者分析是否准确或到位？
财务需求与运用怎么安排？
筹资融资款项要如何运用？
如何计算确定未来损益、资产负债和现金流动等情况？
如何确定各方在项目中的权益比例？
如何实施有效的项目管理？
能否认清自我的优劣势？
创业团队之间如何互补？创业团队之间的强弱势有哪些？
员工职务及岗位责任如何界定和明确？
人员薪酬如何分配？
如何稳定核心团队？
可能遇到哪些问题？
当风险来临时如何应对？

（二）创业计划书的组成部分

创业计划书一般由以下几个部分组成。

1．项目介绍

（1）项目介绍的内容。

- 项目需求点分析；
- 主要产品和业务范围；
- 创业理念的创新性；
- 产品结构的独特性；

- 主要客户群体范围；
- 项目的基本价值；
- 公司现状或团队的简要介绍；
- 基本营销思路；
- 项目宗旨或目标；
- 资金需求状况。

（2）该部分需要描述清楚的问题。

- 谁会购买本项目的产品？为什么购买？
- 项目的客户价值是什么？
- 客户如何得到产品？
- 本项目比竞争对手领先在哪里？
- 该产品能盈利吗？

2．产品或服务

（1）产品或服务的内容。

- 产品或服务的概念、性能、功能及结构；
- 产品或服务的市场竞争力和价值；
- 产品或服务的研究和开发过程；
- 发展新产品或服务的计划；
- 产品或服务的市场前景预测；
- 产品或服务的品牌和专利；
- 产品或服务的服务地区；
- 产品或服务销售或服务平台；
- 产品或服务的购买或使用流程。

（2）该部分需要描述清楚的问题。

- 本项目的商业模式基础是什么？
- 产品的基本形态是什么？
- 项目目前的进展如何？产品或服务正处于哪个发展阶段？
- 是否拥有专利权或许可证？
- 本项目的产品或服务的承诺是什么？

3．市场分析

该部分作为背景性分析，涉及的内容比较广泛，一般包括以下内容。

（1）市场预测、市场现状综述。

- 该行业发展程度和发展动态；
- 该行业的典型回报率和发展趋势；
- 经济发展对该行业的影响程度；
- 政府对该行业的影响；

- 未来几年的总需求预测。

（2）市场竞品分析。

- 行业竞争的本质；
- 行业进入和退出壁垒；
- 本项目的竞争战略；
- 竞争厂商情况；
- 主要竞争对手的特点和影响力；
- 本项目的竞争策略和优势；
- 产品的价格、性能、质量在市场竞争中所具备的优势；
- 本项目的核心技术、产品研发的进展情况和现实物质基础；
- 本项目的抗压能力。

（3）市场定位。

- 目标顾客和目标市场；
- 本项目的市场地位；
- 本项目的目标市场份额；
- 本项目所针对的市场、营销战略；
- 本项目已获取的各类资源。

（4）该部分需要描述清楚的问题。

- 如何细分市场？
- 每个细分市场将能达到什么规模？
- 在每个细分市场中所占有的市场份额能达到多少？
- 有哪些竞争者提供类似产品或服务？
- 本项目的竞争优势能维持多久？
- 将采用哪些竞争战略？
- 市场进入障碍是什么？如何克服这些障碍？
- 综合比较与主要竞争对手之间的优势和劣势。

4. 营销管理

在创业计划书中，营销管理应包括以下内容。

（1）长期营销规划。

- 阶段目标和预计成果；
- 营销机构和营销体系；
- 营销思路和导入点；
- 营销渠道的选择；
- 营销区域的选择；
- 营销网络的建设；
- 促销策略和推广方式；
- 产品策略；

- 价格策略；
- 市场渗透与开拓计划；
- 市场营销中意外情况的应急对策。

（2）该部分需要描述清楚的问题。

- 将从哪些细分点着手进入市场？
- 如何从立足点出发将业务范围扩大？
- 制定的目标销售量是多少？
- 描述销售产品或服务的典型流程是什么？
- 如何让目标客户注意到你的产品或服务？
- 利用何种推广方式来吸引客户？
- 制定项目营销规划，标出要完成的重要事件。
- 要有效地实施市场营销战略，公司运营中需要哪些资源？

5．财务分析

财务分析包括以下内容。

（1）盈利点分析。

- 项目的具体盈利途径；
- 盈利方式；
- 利润率；
- 盈利预测。

（2）财务数据。

- 预计融资需求及团队出资情况；
- 筹资资本结构；
- 投资者权益；
- 资金需求的时间性；
- 投资收益和再投资的安排；
- 投资者投资后双方股权的比例安排；
- 资金详细用途；
- 资金其他来源；
- 达到盈亏平衡的时间；
- 项目实施的计划进度；
- 相应的资金配置、进度表；
- 项目退出机制。

例如：股票上市，对公司上市的可能性做出分析，对上市的前提条件做出说明；股权转让，投资商可以通过股权转让的方式收回投资；股权回购，项目公司实施股权回购计划应向投资者说明；利润分红，投资商可以通过项目公司利润分红达到收回投资的目的，公司实施股权利润分红计划应向投资者说明。

（3）该部分需要描述清楚的问题。

➢ 项目的盈利渠道是什么？
➢ 要达到预期目标需要投入多少实际资本？
➢ 列出预期的投资项目。
➢ 提供必要的资金数据支撑。
➢ 收入和支出发展趋势如何？
➢ 向潜在投资者提出的是什么样的交易条件？
➢ 投资者可以预期的投资回报是多少？
➢ 投资者将如何实现盈利？

6. 风险控制

（1）风险控制包括以下内容。

➢ 项目在市场、竞争和技术方面都存在哪些预知风险？包括技术风险、市场风险、管理风险、财务风险及其他不可预见的风险。
➢ 风险预估的误差范围到底有多大？
➢ 准备怎样应付这些风险？
➢ 这些风险的存在是否会引入新的附加机会？
➢ 在最好和最坏情形下，项目将会走向何方？如何对此进行有效控制？

（2）该部分需要描述清楚的问题。

➢ 项目所面临的机会及风险有哪些？
➢ 对于这些机会如何把握？
➢ 对于这些风险如何控制？
➢ 如何体现创业团队对整体项目的把控能力？

7. 组织结构与成员

（1）该部分需要全面介绍项目的团队情况，主要包括以下内容。

➢ 项目目前或未来的组织结构以及员工数量；
➢ 主要创业成员；（投资者非常看重创始团队的背景和能力，如果创始团队背景深厚或者创始人特别有能力，相对而言也会比较容易得到投资者的青睐。）
➢ 关键的雇员岗位及相关薪金、劳工协议等情况；
➢ 项目团队文化的独特性、与众不同的凝聚力及团结战斗精神；
➢ 人才战略与激励制度；
➢ 外部支持（如外聘法律顾问、投资顾问、会计审计等中介机构或人员的名称）。

（2）该部分需要描述清楚的问题。

➢ 主要创业者的特征和能力描述；
➢ 创业者是否已经就他们以后在项目中的角色达成共识？团队的合作程度如何？
➢ 创业团队成员分别是些什么人？他们有什么杰出的地方（如教育背景、行业经验等）？

➢ 创业团队缺乏什么样的经验和能力？这一缺陷将如何弥补？
➢ 创业团队成员所追求的目标是什么？

8．附录

支持上述信息的资料。例如，产品的样品图片及说明，有关项目及产品的其他资料。

四、创业计划书撰写示例

无论运用何种撰写结构或手法，在一份合格的创业计划书中，都必须能够清楚地对以下重点问题进行描述或回答。

1．项目介绍部分需要描述清楚的问题

➢ 针对的是什么需求？市场潜力如何？
➢ 项目的客户价值是什么？
➢ 产品形态是怎样的？
➢ 本项目理念先进在哪里？
➢ 需要的融资额是多少？

示例 1：

E 美靓妆项目简介

美业是对美甲、美容、美发、美体等行业的简称。传统美业同业竞争激烈，市场较为混乱，存在诸多问题。比如，服务项目不规范、服务质量得不到保障、夸大宣传效果、实行强行推销、隐性消费、客户权益得不到保障等。同时，中国美业市场每年数万亿元的消费规模也决定了这个市场具有巨大的运作潜力。所以在目前的形势下，借助移动互联网的高速发展趋势，推动传统美业生产变革和行业转型势在必行！

E 美靓妆项目希望借助移动互联网渠道，让普通女性美容消费者通过在线方式获得更为便捷、精准、合算、有保障的各类美容服务，同时对商家提供数据分析、规模化联合采购、行业标准化定制等服务，深入地将移动互联网经营思维与美容行业深入结合，建立美业新标准，并最终对美业商家进行授权，建立一个隶属于 E 美靓妆品牌的融消费、推广、采购、培训、金融等多方位、立体化的 O2O 美业生态圈体系。

E 美靓妆理念：以互联网思维模式为引导、移动美容服务平台为手段，打造一个“线上引流拓展客户+线下资源整合+云端数据服务+整体行业构建”的电子商务平台。对于消费者，E 美靓妆着力培养的是一种更为便捷、精确的在线美容消费方式；对于商家，E 美靓妆希望通过提供相应的服务，解决传统美业商家存在的相关问题，养成其对于整体服务系统的依赖，最终实现对他们的有效控制。

基于此，我们希望能够得到 200 万元人民币的有效融资，以保证上述目标在项目启动后的 18 个月内能够得到有效执行。

2. 产品或服务部分需要描述清楚的问题

- 本项目的商业基础模式是什么？
- 产品的基本功能有哪些？
- 项目商业价值体现在哪里？
- 产品的后期发展潜力如何？
- 本项目的产品或服务的承诺是什么？

示例 2：

E 美靓妆项目平台介绍

1. 产品功能

E 美靓妆主要通过移动 App 软件平台来实现美业商家与消费者之间的拉手，以及针对商家提供各类增值服务。E 美靓妆软件平台分为个人端（C 端）和商家端（B 端）两种。

（1）个人端（C 端）主要功能。

- 美业产品预约。
- 美业产品购买与支付。
- 优惠折扣。
- 服务点评、交流。
- 周边美业资源查询。
- 美业资讯。

（2）商家端（B 端）特色功能。

① 推广引流。通过 E 美靓妆 App 渠道拓展消费者，实现流量大幅增加。

② 订单预约及结算系统。商家通过 App 管理订单交易，快速准确地了解预约、费用结算等信息，并进行用户数据管理。

③ 店铺、服务评价系统。顾客消费后进行综合评价，真实地反映消费者对美容店铺的认可度与需求。

④ 美容店铺 LBS 定位。3km 范围内定向推广，让美容商家辐射周边用户群体，精准触达用户。

⑤ 数据分析。通过对平台数据汇总、分析，多维度帮助商家掌握服务、项目、产品、消费者满意度等多种经营管理资料，对客户需求进行智能分析。

⑥ 联合采购。商家通过与 E 美靓妆采购联盟对接，迅速获得规模化、低成本的商品或设备采购价格。

⑦ 店务管理系统（后期）。包括员工管理、顾客管理、营业记录、物流库存、财务管理等方面。

⑧ 授权与资质认证（后期）。通过建立相应美业协会和美业服务标准，向商家提供品牌授权与资质认证。

⑨ 美业商家整体解决方案（后期）。为商家提供店铺选址与装修、采购联盟、人员

培训、美业金融等一体化商业解决方案。

（3）E 美靓妆的价值。

① 对于商家而言，E 美靓妆让消费者与商家在线上能够实现快速对接、精准定位，进而创造超出以往的用户体验，激活潜在的增量市场，这必然会带来消费流量的高速增长。同时，通过线下实体资源整合，为美业商家提供大数据服务、规模化采购、商家授权资质认证、服务培训等一体化商业解决方案，有效解决以往由于市场分散度太高而造成的客户资料难以收集、客户数据无法有效利用、缺乏有效的规范性行业标准等一系列困扰商家的难题。

② 对于消费者而言，E 美靓妆是一个值得信赖的美容服务平台。消费者可以获得美容项目在线预约订购、优惠折扣、消费金融服务、周边美业资源搜索、区域智能匹配、美容资讯等多种在线服务，为消费者提供全方位、有保障、有品质的美容服务体验。

3. 市场分析部分需要描述清楚的问题

- 市场现状描述。
- 如何细分市场？
- 每个细分市场的特点是什么？
- 针对细分市场的产品对策有哪些？
- 必要的数据可以提供哪些支撑？
- 主要竞品的特点是什么？
- 自身的项目优势所在。

示例 3：

E 美靓妆项目市场分析

1. 国内美业市场现状

截至 2014 年底，全国美容美发行业活动单位总数为 250 万家，化妆品生产企业 3 500 余家，全国美业从业人数约为 1 500 万人，成为全国第三产业中就业人数最多的行业。据《中国美容经济年度报告》统计的数据，中国美容服务业营业总收入突破 4 万亿元。预计未来 5～10 年整个美业的市场规模还会上翻几倍，市场机会巨大。

美容行业目前呈高度分散态势，大型供应商渠道覆盖率没有一家达到 10%，单一门店品牌全国城市覆盖率没有一家达到 8%，美容专业企业品牌全国市场占有率没有一家达到 0.5%。

美业毛利高，获客成本高，线下商家小而分散，很适合通过 O2O 模式来进行整合。美业 O2O 可以通过介入美业商家的多重线下环节，为顾客打造最高端的非标品服务，创造新型消费者体验模式。传统美容行业存在着监管混乱、市场价格不透明、消费者欺诈、行业宣传推广渠道少、没有有效行业标准制约等问题，而这些问题都严重制约着美业的发展。

从长期来看，美业 O2O 将改变消费者的美容消费习惯和美业商家的经营管理理念，而且这种变化会长期持续发展并不可逆转！

2. 市场细分

（1）消费者群体。

消费者群体依据年龄、美业消费金额、活动区域三个主要指标划分为18个细分群体，并按照每个细分群体的具体特征来制定有针对性的营销策略，力求达到精准服务。例如，25岁以下的女性群体一般较为重视价格成本，所以主打以优惠为主题的服务；25～30岁的女性群体一般较为重视时间成本，所以提供以便捷、有保障为主题的服务；30岁以上的女性群体一般较为关注机会成本，所以将会主推高品质、高用户体验的优质服务。

（2）商家。

按照美业商家在划定区域内的不同支撑作用，我们将加盟E美靓妆的商家分为区域扩散商、区域支撑商和区域形象商三个类别。

区域扩散商为划定区域内数量较多的加盟商家，主要特点是实力弱、流量低、消费金额不高，他们存在的主要作用在于保持E美靓妆在消费者身边的广泛存在感。

区域支撑商一般为较有实力的美业商家，在划定区域内数量少于区域扩散商，他们的主要作用是在固定商圈内提供较有保障的美业服务，保证区域服务的稳定性。

区域形象商为标杆性店铺，在一个划定区域内数量为1～2家，将通过核心加盟商家或大美业商家（如美容院）来实现，他们的作用是提供高品质的美业服务，树立E美靓妆的品质形象，特殊时期还可以减弱由于其他加盟商的流失可能带来的崩塌效应。

针对不同类型的加盟商家，我们将会推出不同的支持政策或经营解决方案。

对于各类型的加盟商家，我们会逐步对其进行级别资质授权，以确定其在整个E美靓妆生态圈中所处的地位，以及能够得到的对应服务种类。

（3）产品。

通过消费者对美业不同服务的重视程度，我们将目前常见的美业服务产品划分为轻度决策产品、中度决策产品和深度决策产品。

轻度决策产品一般具有价格低廉、消费周期短、消费频率高、失败补救相对容易等特点，典型产品如美甲等。价格敏感往往是这类型产品的主要特征。

中度决策产品具有消费周期略长、要求技术含量较高、需要专业设备支持、以门店消费为主、失败补救较难等特点，典型产品如美发等。技师沟通和社交特征往往是这类产品的主要特征。

深度决策产品一般具有院线提供、消费者对这类产品的品质要求较高、强调用户体验、消费期可能较长、顾客稳定性比较好等特点，典型产品如美容、美体等。产品的质量和用户体验是这类产品的主要特征。

将上述消费群体、美业商家群体与美业服务项目各细分类型相结合，将会形成一个具体、多维度、精细、准确的市场结构体系，有利于具体营销措施的提出和执行。

3. 主要行业竞品分析

（1）美××加。

该竞品包括免费店铺云管理系统、手机应用软件及美丽诚信平台，为美容院、养生馆、美发、美甲等美容机构提供免费店铺管理功能，并为店铺打通了线上线下平台，让顾客能与店家在线上沟通互动。

（2）河××家。

河××家是较早出现的针对美容行业提供上门服务的平台，是从美甲服务切入的上门 O2O 项目，是目前美甲上门服务宣传推广最为声势浩大的品牌。

（3）小××家。

小××家是一家提供上门美容服务、借助互联网方式提供专业美容师、直面用户美容需求、去除中间介质服务的互联网平台。它提供多种美容项目供消费者自由选择。

4. E 美靓妆的核心竞争优势

（1）理念优势。

和其他国内知名美业 O2O 企业不同的是，E 美靓妆并不是一个简单对于美业服务的某种方式，也不是简单为某类商家或消费者提供的某种服务。它建立的是一个完整、有机、有活力、有影响力、能够持续发展、整合众多美业资源、对其拥有足够控制力的美业生态圈。这个由线上软件和线下实体有机融合而成的生态圈，将会是 E 美靓妆商业模式最有效的保护屏障！

（2）地域优势。

E 美靓妆先期将主要在西安进行运营推广，而其他知名的专业美业电商平台在西安乃至西北地区投入的力量相对有限，面临的竞争不会十分激烈。竞争压力相对较小，因此有望获得较快速的成长空间。待西安地区的生态圈打造巩固完毕，再将成熟模式推广到周边城市。

总而言之，美业和移动互联网结合的有利时机不可能长期存在下去，而 E 美靓妆平台团队已然为这种结合做好了充足的思想准备。

4. 营销管理部分需要描述清楚的问题

- 将从哪些细分点着手进入市场？
- 如何从立足点扩展成为一个规模较广的业务范围？
- 促销方式有哪些？
- 如何让目标客户注意你的产品或服务？
- 利用何种推广方式吸引客户？
- 制定项目营销规划，标出要完成的重要事件。
- 战略性营销规划如何制定？

示例 4：

E 美靓妆项目营销管理

1. 总体营销规划

（1）开发和完善 App 软件平台。

（2）完善商业模式的建设。

（3）正式上线运营，西安作为试点。

（4）深耕西安市场，获取稳定客户群之后拓展周边城市。

（5）成立联合采购联盟，实现规模化采购。

（6）牵头成立互联网美业协会，开展美业标准化建设。

（7）对于符合标准的商家进行授权挂牌和资质认证。

（8）对于零基础商家提供一体化解决方案。

（9）实现对现有客户市场的有效影响和控制。

（10）长期将向其他西北重点城市推广。

一年半的营销计划如表 8-1 所示。

表 8-1　一年半的营销计划

规　划　期	阶段任务	营销目标
一年规划期内	第一阶段：App 软件平台建设、商业模式完善； 第二阶段：发展商家用户端、完成上线前准备工作； 第三阶段：E 美靓妆平台正式上线运营	西安将会是投入主要营销力量的重点区域，通过对西安市场进行深度开发，在本规划期内拥有 800 家 B 端用户和 25 万家 C 端用户
一年至一年半规划期内	主要任务：以西安模式为基础开发周边市场	陕西乃至西北其他重点城市具有庞大的消费者用户群，预计规划期内将拥有 1 100 家 B 端用户和 50 万家 C 端用户

2. 营销策略

E 美靓妆完成的是将消费者和美业商户连接在一起的工作，所以营销的主体思路在于有效协调双方的需求关系。对商家来说，利用互联网拓展流量，通过大数据分析和了解消费者需求与反馈，并在线给予跟踪及指导；对消费者来说，通过互联网收集相关数据，主动关心用户的需求，然后基于用户反馈的需求，做出相应符合用户需要的产品，同时给予跟踪即反馈。

在此基础上提出了“传播裂变化、使用便捷化、产品区域化、服务多元化及营销热点化”的整体营销思路，主张在市场稳定深耕的基础上能跑多快就跑多快！

以西安区域为例，将采取以下方式进行区域营销。

（1）客户导入点。

个人消费者：通过发掘高校女学生群体、职业女性群体、高档社区女性群体三部分作为突破口来实现个人用户的扩容。

入驻商家：通过与美业展会对接、合作伙伴扩展、区域地面推广等方式实现商家用户拓展。

（2）地区选择。

选择西安白鹿原大学城、高新技术开发区、小寨商贸区、钟鼓楼商贸区四个地区作为重点推广地区。此四个地区分别覆盖年轻女性群体、职业女性群体、时尚女性群体和商贸繁华地带群体等细分群体。每个区域商圈覆盖面积约 500 万平方米，结合区域特点发展相应数量的平台美业商家，并结合每个区域的美业商户特点和消费者消费倾向制定有针对性的区域促销方案。

例如，在西安白鹿原大学城将以陕西职业技术学院为重点区域，通过E美靓妆平台宣传推广预计可以吸纳近2 000～3 000名女性学生和100余名女性教职工成为平台会员，并吸引周边区域数十个美业商家加入。该“种子客户群”的形成，进一步可对周边七所高校八万余人的大学生产生强有力的影响，进而在整个西安大学生圈内形成E美靓妆品牌的影响力，以此作为25岁以下女性用户的导入突破口。

（3）促销方式。

针对个人消费者，先期以低价为策划重点，目的是快速扩充用户数量。通过微信传播、团购、限时购、价格优惠券、跨业优惠券、预约返利、组团竞价、首次消费不满意平台赔付、组织专题活动等方式实现。

针对商家，主要以零费用加盟、优惠补贴、跨业推广、数据支持等方式实现。

5．财务分析部分需要描述清楚的问题

- 项目的盈利点有哪些？
- 对于必要财务状况的预测。
- 要达到预期目标，需要投入多少实际资本？
- 列出预期的投资项目。
- 提供必要的资金、数据支撑。
- 投资者可以预期的投资回报率是多少？
- 投资者将如何实现盈利？

示例5：

E美靓妆项目盈利方式

1．盈利方式

（1）服务佣金。对每笔平台内消费，依据金额向商户收取6%的服务佣金。

（2）供应链控制。当E美靓妆平台的商家用户的数量达到一定规模时，建立采购联盟，将美业上游生产厂商与采购联盟对接、采购联盟与美业商家对接，实现大规模商品采购，从而获取差价。

（3）建立美业联盟协会，对商家提供美业服务体系化支撑，收取培训、认证等相关费用。

（4）资金池。推出全平台美容一账通功能，消费者可以对平台专属账户进行充值，进而实现全平台、全项目、全商家、跨地域任意消费并享受相关美容服务，而这部分沉淀在账户中的资金，可以进入资金池用于其他投资项目。

（5）平台广告收入。对客户端App中的客户进行宣传，并收取服务费；对商户端，收取供应商和服务提供商的广告费，向美业商家推送广告信息。

2．盈利预测

盈利预测如表8-2所示。

表 8-2　盈利预测

<table>
<tr><th rowspan="2">时段分布</th><th colspan="2">预 计 用 户</th><th rowspan="2" colspan="3">收 益 预 计</th><th rowspan="2">合　计</th></tr>
<tr><th>个人用户</th><th>商家用户</th></tr>
<tr><td rowspan="6">2017 年 1—6 月</td><td rowspan="6">10%的覆盖率约 25.4 万人</td><td rowspan="6">800 户</td><td>佣金抽取</td><td colspan="2">按照 25%的活跃用户，每周一次，每次 100 元的人均消费金额，以及 6%的佣金率计算：25.4 万人×25%的活跃用户×100 元/次×4 周/月×6%的佣金率=152 万元/月</td><td rowspan="5">203 万元/月</td></tr>
<tr><td>通过采购联盟获取差价</td><td colspan="2">按照 90%的活跃商户中，80%的使用采购联盟采购，每周一次，每次 1 000 元采购金额及 10%的差价获取率计算：
800 商户×90%的活跃用户×80%使用采购联盟×1 000 元/次×4 周/月×10%差价获取率=23 万/月</td></tr>
<tr><td rowspan="2">广告收益</td><td>个人端</td><td>2 轮/周，5 个/轮，2 000 元/个，4 周/月×2 轮/周×5 个/轮×2 000 元/个=8 万元/月</td></tr>
<tr><td>商家端</td><td>1 轮/周，5 个/轮，10 000 元/个，4 周/月×1 轮/周×5 个/轮×10 000 元/个=20 万元/月</td></tr>
<tr><td colspan="3"></td></tr>
<tr><td>预计流入资金池资金量</td><td colspan="3">按 25%的活跃用户中，30%的用户会按月向一账通充值：
25.4 万×25%的活跃用户×30%充值×400 元/月=762 万元/月</td></tr>
<tr><td rowspan="5">2017 年 7—12 月</td><td rowspan="5">20%的覆盖率约 51 万人</td><td rowspan="5">1 100 户</td><td>佣金抽取</td><td colspan="2">51 万×25%的活跃用户×100 元/次×4 周/月×6%的佣金率=306 万元/月</td><td rowspan="4">368 万元/月</td></tr>
<tr><td>通过采购联盟获取差价</td><td colspan="2">按照 90%的活跃商户中，80%使用采购联盟采购，每周一次，每次 1 000 元采购金额及 5%差价获取率计算：
1 100 商户×90%的活跃用户×80%使用采购联盟×1 000 元/次× 4 周/月×10%差价获取率=32 万元/月</td></tr>
<tr><td rowspan="2">广告收益</td><td>个人端</td><td>4 周/月，2.5 轮/周，5 个/轮，2 000 元/个，4 周/月×2.5 轮/周×5 个/轮×2 000 元/个=10 万元/月</td></tr>
<tr><td>商家端</td><td>4 周/月，1 轮/周，5 个/轮，10 000 元/个，4 周/月×1 轮/周×5 个/轮×10 000 元/个=20 万元/月</td></tr>
<tr><td>预计流入资金池资金量</td><td colspan="3">按 25%的活跃用户中，30%会按月向一账通充值：
51 万×25%的活跃用户×30%充值×400 元/月=1 530 万元/月</td></tr>
</table>

以西安市为例，2015 年西安市常住人口为 862 万人，女性占 48.7%，15～65 岁人群比例为 73%，60 岁以上人群比例为 12.5%，换算下来 15～59 岁的女性目标客户群体数约为 254 万人。

总体来说，美业 O2O 市场的培养周期比较长，所以获取规模化的平台用户增长和整体美业生态圈的控制权将是先期最主要的核心价值！

3. 融资规划

融资规划及资金用途如表 8-3 所示。

表 8-3　融资规划及资金用途

融资规划	
融资金额：200 万元人民币	资金使用周期：18 个月
是否股权融资：是	拟出让的股权比例：40%
资金的主要用途	
正式人员薪金支出：50 万元人民币	平台线上推广拓展费：20 万人民币
商家补贴：90 万人民币	地面推广拓展费：30 万元人民币
固定资产及日常运营费用：5 万人民币	其他经费：5 万元人民币

E 美靓妆项目每 6 个月就经营状况向投资者进行汇报。未来四年，该项目将通过研究市场情况、国家法律、政策，与投资者商定确定采用公开上市、企业收购或自己回购等方式，实现投资者的投资增值，使投资者获得应有的投资回报。

6．风险控制部分需要描述清楚的问题

- 项目所面临的机会及风险有哪些？
- 如何把握这些机会？如何控制这些风险？
- 如何体现商业团队对整体项目的把控能力。

示例 6：

E 美靓妆项目面临的风险及应对措施

1．可能面临的主要风险

（1）产品开发理念和市场定位是否符合客户需求？

（2）加盟商渠道能否得到有效拓展？能否保证该模式下运营策略的正确性？能否构建稳固统一的 O2O 服务体系？

（3）内部管理思想是否高度统一？企业内部的凝聚力能否长期存在？核心团队人员能否稳定？

（4）能否延伸出全方位的增值服务？增值服务对客户的吸引力能够达到什么样的程度？

（5）能否维持研发的投入？

（6）能否有效应对来自竞争对手的威胁？

（7）如何应对整个美业 O2O 外部政策、经济环境可能产生的变化？

2．应对风险的措施

（1）保证思维的前沿性，加强市场运营效率，不断强化团队的凝聚力。

（2）保持在技术研发方面的投入，确保技术在行业内的领先地位。

（3）成立专门的市场数据分析团队，力求从市场的实际需求出发设计产品。

（4）制定合理的渠道政策，有计划地拓展渠道，维护好的渠道关系。

（5）与每位雇员签订正式劳动合同，拟计划向核心人员派发期权股。

（6）与公司高级管理人员和关键技术人员签订竞业禁止协议和技术、商业秘密保护协议。

（7）研究新的研发技术及软件系统，尽可能拥有自己的专利技术及产品。

（8）对于核心资源实行严格的保护措施。依据相关法律法规及合作合同的限制条款，加强对知识产权的保护。

7. 组织结构与成员部分需要描述清楚的问题

- 项目主要组织结构是什么样的？
- 主要项目策划团队的特征和能力的描述。
- 项目策划团队是否已经就他们以后在项目中的角色达成共识？团队的合作程度如何？
- 商业团队成员分别是些什么人？他们有什么突出的地方（如教育背景、行业经验等）？

示例 7：

E 美靓妆项目组织结构及主要成员

1. 组织结构

在成立初期，将采用“三个中心+一个综合办公室”的组织形式。该组织形式具有结构简单、机构关系明确、责任清楚、决策迅速、指挥统一灵活的特点，如图 8-1 所示。在人员组成上突出精干、高效、合理的特点，正式员工数量为 7 人左右。

三个中心+一个综合办公室

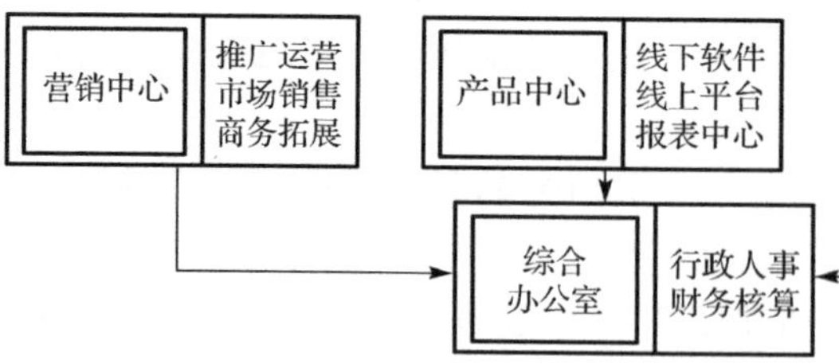

图 8-1 组织结构图

2. 团队核心成员

团队核心成员如表 8-4 所示。

表 8-4 团队核心成员

姓　名	年　龄	职　务	主 要 经 历
蓝××	34	商务/营销总监	具有多年从事市场规划及商务拓展管理工作经验，了解市场需求，能够使用独到的洽谈方法和具备丰富的实战经验，能够搭建并管理销售团队，开辟新的销售渠道

续表

姓　　名	年　　龄	职　　务	主 要 经 历
何××	28	产品/技术总监	具有多年软件技术开发工作经验，参加过国内多家大型电子商务网站及手机 App 设计及开发工作，能够带领团队或独立进行网站需求及架构设计，并能够进行电商项目的开发管理
张××	33	战略/行政总监	毕业于西北大学企业管理专业，经济师/电子商务师/人力资源管理师，长期从事互联网络发展规律和电子商务企业运行领域的研究工作

3. 项目成员

项目成员如表 8-5 所示。

表 8-5　项目成员

姓　　名	部　　门	主要工作范围
王××	营销中心	主要负责市场规划及商务拓展工作，以及对外洽谈工作，能够搭建并管理销售团队，开辟新的销售渠道
黄×× 王×× 宁××	产品中心	主要负责项目需求分析和美容行业系统开发过程工作，了解互联网用户行为习惯，深入研究移动互联网美容用户群体的体验需求
张××	综合办公室	主要负责日常活动和整个团队的内部管理，包括人力资源、财务、后勤保障和重大活动等管理工作

五、如何撰写创业计划书

（1）表明商业意图。在项目介绍板块中，一般没有办法通过高度凝练的语言来展现自己项目的完整商业意图。项目介绍是整个创业计划书的开篇部分，在这里如果没有清晰地提出自身项目的商业模式或流程特点，那么就很难一开始就打动投资者对项目的投资兴趣。如果在最初 5 分钟之内没能打动投资者的心，那么最终取得投资者认可的概率也就微乎其微了。所以，必须使用高度凝练的语言对整个项目进行介绍，包括特点、特色、业务流程、企业愿景目标、口号、公司情况、需求挖掘点等。以求在一开始便开门见山地展现项目价值，有效地激发投资者对整个项目的兴趣。

（2）表明业务重点。在产品或服务板块撰写中，经常会出现不能够明晰地表现产品的基本功能、个性化特色、商品或服务本质，以及操作流程和商业模式等问题，这就大大降低了整个创业计划书的吸引力。要知道，商品或服务是整个创业计划书的基本点所在，再精彩的营销，再独特的商业构思，都必须建立在商品或服务的基础上才能够有效实现，才是有意义的。所以，必须在该板块中清晰地指出业务的重点，包括商品设计、特色、寿命、外观、操作或使用流程等内容。要能够让阅读者清晰地通过对这个板块的阅读，把握整个商品或服务的特点。同时，该部分的描述应尽量浅显易懂、深入浅出，如果涉及一些晦涩难懂的数据或和技术指标等，应尽量用更通俗化的表述方式，便于阅读者理解。同时，能够使用图表、图片的地方，尽量避免使用纯文字来进行描述。

（3）在市场分析板块的撰写中，尽量从宏观和微观两个角度来进行撰写。宏观市场分析应包括政治、经济、自然环境、社会环境等几个大的方面的因素分析。宏观方面的因素往往并不直接影响项目本身的执行，但是会影响项目的潜在发展空间及市场前景。所以，尽量选择一些有效的、有支持效应的数据、方针、政策等内容对项目进行宏观背景支持。而在微观层面上，需要从产品和参与主体两个角度来进行构建，尽量实现对产品的细化分层和品类角色的确定，同时对项目参与的主体也要进行不同身份的定位和确认。例如，哪一些销售参与主体属于消费者定位，哪一些参与主体属于合作商家定位，通过不同身份的描述确定他们在整体项目中所发挥的作用和价值。最后，在宏观和微观两个角度分析的基础上，引出本项目自身拥有的项目优势或核心竞争力。

（4）在营销策划板块中，很多策划人员片面地强调线上营销方式和渠道的运用，忽视了传统或线下营销方式和渠道的运用，这是不合理的。必须客观地看到，传统的一些营销渠道，如传统媒体的宣传、人员地推等营销方式，即便在现代市场环境中，依然拥有相当的宣传推广影响力和大量的受众人群，不能忽视它们能够发挥的相应作用。同时，随着“互联网+”观念的逐步发展，纯粹的线上类项目其占比也在不断地下降，为此更应强调线上线下的相互配合和支持。这样一来，很多线下的推广措施就依然会拥有强大的生命力和使用价值。在一般的项目营销方式中，也比较强调形成一个多元化、立体式的营销体系。当然，这要根据创业项目自身的特点来进行确定，不可一概而论。

同时，要明确创业计划书中的营销策略板块并不能替代一份完整的商业策划案。也就是说，创业计划书的营销板块中，一般不需要长篇大论地进行非常细致的营销方式、举措、经费等相关问题的详细描述，只需要指出相应的渠道、手法、思路、营销逻辑等即可。如果觉得项目的营销方式确实有特点，值得一说，不妨选取某一个时间段或空间点来进行举例即可。

（5）在财务分析板块中，需要描述清楚以下几个问题：成本分析、盈利预算及融资规划。成本分析中尽量采用数据化的方式，通过完整的财务表格向阅读者展现相应的投入预算，切忌使用单纯的文字进行描述。在盈利预算方面亦是如此，最好能够采取比较数据化的方式对目前或者未来一段时间的盈利进行总结或预测。当然，出于一些项目自身的特点，如果没有办法用非常具体的数据来支撑其盈利分析，也不妨指出项目在未来的盈利点、盈利空间或盈利的可能性。在融资规划方面，必须要注意，对于融资金额、资金用途和融资回报方式等问题必须予以明确说明，在很多项目策划书中，没有能够明确地指出对投资者的融资回报方式，这是不合理的。投资者之所以对项目进行投资，最主要的就是要考虑其在未来的回报价值。所以，明确地指出回报方式，对于投资者来说是非常重要且必要的。再者，融资额度、盈利分析、成本分析三者必须是互相统一、相互协调的，三者之间既有联系也有影响，不能够各自为战，互相矛盾。

（6）在团队组织模块，必须要对项目的主要参与者的身份、经历、能力、团队构成的合理性、职责分工等问题进行明确描述。因为绝大多数投资者会从团队成员的角度来判定该项目在未来是否具有落实和执行的可能性。所以，对团队成员的描述是非常重要的。但是，很多人会忽视这一问题，而只对企业在未来的组织架构进行框架式描述，这是不完善的。

（7）从项目的成长经历上来说，一般初创期项目还没有丰富的基础资料对项目自身进行展示，策划者可以对前期所做的调研或探索性工作，挑选其中一些有特色的点或一些里程碑式的事件来进行陈述，用以表明该项目已经处于执行过程中，而并非一个纯纸面化的项目，这对于投资者来说是非常具有吸引力的。要知道，在绝大多数投资项目中，投资者更喜欢的是锦上添花，而非雪中送炭。所以，判断项目现在已经具备的基础，是投资者常见的判断点之一。

（8）对于风险控制板块，大多数创业计划书的撰写人对其不太重视，总是认为风险尚未来临，不好总结，同样也很难提出相应的应对措施。风险控制板块的内容是项目策划团队对整体项目在运营实施过程中可能出现风险的一种预判断，但其实质上是反映整个项目团队对项目的研究、理解和预判。风险板块的内容是否准确、合理，实际上体现整个项目团队对项目的研究和把握程度。虽然篇幅上不一定很长，但却能够准确地表现项目团队对项目的掌握程度，切不可大意。当然，从撰写的角度，也不建议大家对一些非常难以解决的问题进行大量的陈述。因为这一类问题的大量存在，实际上会影响投资者对该项目可执行性的判断。

任务实施

任务一

按照以下步骤完成某创业计划书的研读报告（课前需要确定好创业计划书实例）。

第一步，学生对于创业计划书实例进行研读。

第二步，分组完成以下任务。

（1）提炼该创业项目精要。

（2）梳理计划书脉络结构。

（3）汇总该计划书中的重点内容。

（4）讨论该计划书的优点与不足。

（5）小组代表根据计划书内容复述该项目。

第三步，分组撰写研读报告。

第四步，教师对研读报告进行点评。

任务二

按照以下步骤完成简洁版创业计划书的撰写（可以先搜集一些简洁版创业计划书的模板）。

第一步，设计创业计划书封面。

第二步，提取项目摘要。

第三步，洞察用户痛点。

第四步，提供解决方案。

第五步，说明增长空间。
第六步，分析竞争对手。
第七步，确定盈利模式。
第八步，介绍管理团队。
第九步，告知执行计划。
第十步，给出融资方案。

企业家精神

仁者做“人”

——记新山海源人力资源集团有限公司董事长李元彬

李元彬，男，1977年3月出生，山东嘉祥人，新山海源人力资源集团有限公司（以下简称“新山海源集团”）创始人，现任公司董事长。李元彬是一个颇具个性的企业家，他的创业过程十分与众不同，他的经历、成功经验及做企业的思路和理念值得揣摩与研究。

李元彬的创业道路并非一帆风顺。大学毕业后，他敏锐地觉察到人力资源服务将是一个极具前景的行业，毅然创立了新山海源集团。几经波折，创立了基于人力资源价值增值思维的独特发展模式。

2001年，李元彬创立新山海源集团，成为较早从事人力资源服务的国内企业之一。与中国知名企业海尔集团建立了业务合作关系。那一年，他仅仅24岁。

总部移师古都西安，新山海源集团迎来高速发展期

山东省人力资源服务行业发展较早，但当时中国人力资源服务行业并不成熟。新山海源集团发展到一定规模后，在较长的一段时间内止步不前。李元彬开始思考企业未来的发展道路。“企业要想发展，就必须首先成为区域的明星，以赢得市场认知度”，这是李元彬最后得出的结论。经过深思熟虑，李元彬决定将新山海源集团总部移师西安。

事实证明，李元彬的决策是对的，依靠较为先进的理念和丰富的经验，新山海源集团迅速在西安站稳了脚跟，并奠定了行业的地位，成为西安地区较优秀、较具规模的人力资源服务企业。本着“以人为本，服务为先，与企业、社会共赢未来”的服务理念，新山海源集团为省内外近千家企业提供人力资源服务，受到合作企业的一致称赞，被合作企业授予“优秀人力资源服务商”“金牌人力资源服务商”“优秀战略合作伙伴”等荣誉称号，并被评为“中国人力资源行业最具创新力企业”“西安市最具影响力人力资源企业”，李元彬本人也荣获“山东省优秀青年企业家”“中国人力资源行业创新型企业家”“西安市人力资源行业优秀企业家”“十佳未来之星企业家”“2016年度西安人力资源行业领军人物”“2017年、2018年陕西省人力资源服务业领军人才”“2018年碑林区优秀企业家”等荣誉称号。

不甘红海苦战斗，李元彬开始思考和探索企业的创新发展模式，成功开辟新蓝海。

李元彬认为，新山海源集团要想站在行业的最前端，就要从国家利益和社会价值出发来延伸企业的服务。李元彬决定主动与政府部门联系，希望能够发挥各自优势，就我国公共人力资源管理领域的难点问题联合进行研究。2016 年，李元彬担任项目负责人，带领新山海源集团高质量完成了西安市科协决策咨询课题《基于众包模式下的西安下岗失业人员就业创业资源整合研究》。该项目是唯一有民营企业参与的、企业与政府部门联合研究的项目。该项目的研究成果命名“西安市企业富余人员分流安置智能对接服务平台”，品牌定位“公益人社”，由新山海源集团投资建设和运营。目前已完成一期开发并上线，成功开启民营企业、政府合作新模式。既实现了企业的社会价值，又提升了企业的品牌影响力。

在企业取得快速、健康发展的同时，李元彬放眼整个人力资源行业的发展，创造性地提出“产、学、研+平台”的战略布局。新山海源集团成为国内人力资源行业创新型企业的标杆。

“产”：九大板块高度协同，构建优质产业战略

凭借产品领先和卓越服务，新山海源集团在李元彬的带领下，形成以现代人力资源服务为核心，对外劳务（人才引进）、工程建筑、技能教育、管理咨询、电子商务、科技服务、产业研究、人力资源业务外包九大板块协同发展的产业格局。目前，新山海源集团服务客户规模超过万家，服务员工数量超过百万人，新加坡、意大利、南非、巴西等国家海外业务稳步推进，全力开启“活力型、创新型、产业型、平台型、国际型”企业运营新时代。

“学”：创新型技能培训学校，托底人才储备战略

根据多年实践经验与独到眼光，李元彬围绕失业、就业、创业、跨境合作技能培训等领域，投资建立西咸新区时代技能培训学校，创造性地提出“拉动式”教学及管理模式和“人力资源企业+培训学校+双重管理”的管理经营模式，全面打造“持续创新能力、产业研究能力、资源保证能力、终端市场能力”为主体的“卓越四力”能力体系，构建技能培训教育新标杆，全速迈进“全资源型、高系统型”职业技能教育新时代。

“研”：以研究院为主体，推进产业再升级战略

为了更好地推动企业发展、搭建智力支持平台，李元彬投资建设西安人事科学研究院。西安人事科学研究院着力构建以人力资源领域研究为基础，公共管理、企业管理、社会科学等领域研究全面开展的格局，全力打造我国“软科学”研究成果转化的创新型平台标杆，目前，已为政府、国有企业提供大量的研究咨询和信息服务。

“平台”：四大协会齐发力，实现资源整合型战略

继成立“西安市人力资源行业协会”后，李元彬又牵头成立“一带一路人力资源行业协会”“世界人力资源行业协会”和“世界现代服务业行业协会”。目前“西安市人力资源行业协会”拥有数百家企业会员，累计帮扶数十家中小会员企业实现经营业绩增长和扭亏为盈，并与意大利阿卡迪亚协会、俄罗斯圣彼得堡青年协会等海外行业组织建立战略合作。新山海源集团成为目前国内人力资源行业唯一“企业+协会”伴生发展模式企业。

李元彬常讲，“没有文化的企业只能算作是赚钱机器，不能称之为企业；不讲文化的企业家充其量就是个暴发户，不能称之为企业家”，因此，在做企业的过程中，他始终将企业文化建设放在第一位。

遵大道、识大局，爱国爱党，非公企业党建拉升文化格局

学校工作出身的李元彬深知文化建设对企业发展的重要作用，在中国特色社会主义体制下，只有党建才能作为百年企业的立足之“根”，发展之“魂”，只有将企业文化建设与党建工作有效、有机融合，才能真正筑建起支撑企业发展的钢铁精神堡垒。2016 年，新山海源集团获批成立党支部，成为陕西省最早开展非公企业党建的人力资源企业；2017 年，集团公司党支部被确立为西安市碑林区国税局“纳税人党校”驻地；2018 年，李元彬荣获“改革开放 40 周年优秀民营企业家”称号，集团公司党支部获评“三星级党支部”，同年 9 月，集团“西安矩时代经济技术合作有限公司党支部”与“西安市人力资源行业协会党支部”获批成立，确立了“基础建设步调一致，工作内容各有侧重，点面结合深化创新，互动联动共谋提升”的三支部党建原则，积极探索非公企业党建和文化建设的新思路、新模式、新路径。

心怀大爱，追求社会价值　以身作则，积淀公益文化

李元彬对新山海源集团的定位是做“有情有义、有血有肉”的企业，在社会公益方面以身作则，带领全员积极践行个人和企业的社会价值，培育浓厚的企业公益文化。他参与陕西省各界爱心济困协会，并首批捐款 50 万元；为西安市人力资源行业协会个人捐款超过 800 万元；坚定不移践行“人力资源特色精准扶贫”，组织企业通过公益培训、公益招聘等方式积极作为，受益群体超过 4 万人；受陕西省政协委托，李元彬带领新山海源集团牵头开展“陕西省中草药种植精准扶贫试点项目”可行性调研；联合西咸新区空港新城人社民政局、西安市国际港务区管委会人社局等部门，举办多场精准扶贫专场招聘会，有效解决数百名贫困人员就业；企业近年来开展就业困难群体公益培训 1 000 余场次，累计安排下岗失业人员、农村富余劳动力就业 2 万余人；企业荣获“扶贫帮困先进单位”称号，李元彬荣获“2018 年度‘两联一包’扶贫工作先进个人”称号。大爱文化赋予了企业高度的文化活力，助力企业阔步迈向更好的未来。

李元彬董事长做企业的原则是要做成“有责任，有担当，有原则，有情有义，有血有肉”的企业，做成“让员工幸福、让社会认可”的企业，他也一直在努力坚持和践行着这一原则。

任务九　创业计划书案例分析

学习目标

1. 学习和分析三份互联网+大学生创新创业大赛获奖项目创业计划书
2. 准确掌握创业计划书范本中项目各方面内容
3. 分析三份获奖项目创业计划书的特点和问题
4. 能够结合案例特点对各组撰写的计划书进行总结和修改

任务布置

任务	创业计划书案例分析
目的	通过对创业计划书实例进行分析，了解创业计划书在整个项目建设过程中发挥的作用，以及创业计划书撰写应当注意的问题
内容	阅读创业计划书案例，分组讨论案例内容
时间	4 课时
成果	创业计划书修改稿

知识导图

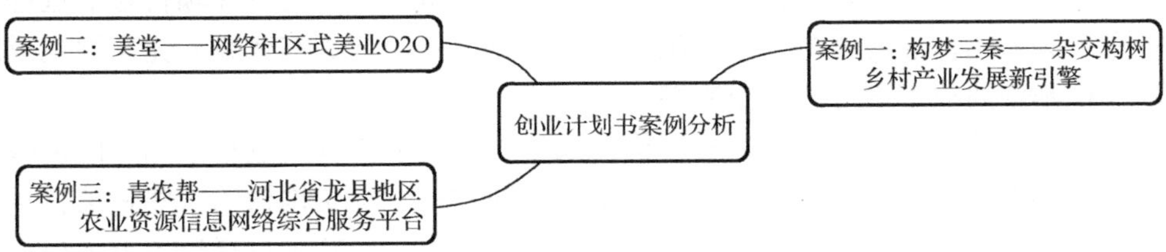

相关知识

案例一：构梦三秦——杂交构树乡村产业发展新引擎

“构梦三秦——杂交构树乡村产业发展新引擎”（以下简称“构梦”）项目是第四届互联网+大学生创新创业大赛陕西省赛区金奖获奖项目。该项目是一个以杂交构树的种植、加工、营销等为一体的，基于特色产业扶贫理念的项目，它是集线上推广和线下销售，科技兴农、供应链构建的综合性构树产业运营项目。其致力于建立一个有效的渠道，将杂交构树产业向陕西及周边地区进行推广，将原本碎片化的杂交构树产业资源有效联系起来，并在此过程中对相关地区实施有效的特色产业扶贫（该项目的商业计划书可扫描附录中的二维码阅读）。

构梦项目通过实施农户种植、企业回购加工，以及线上线下销售构树类产品的方式，推广杂交构树产业的发展。同时，结合国家相关政策要求，实现科技兴农目标，提升农村自我“造血”功能，进而在解决三农问题的同时，实现社会效益、生态效益和经济效益的统一。

从项目定位和需求选择上来看，构梦项目无疑是准确、科学和合理的。构梦项目不仅关注相应的商业经济效益，更重要的是还关注相应的社会效益。同时，构梦项目创新性地提出了以杂交构树产业为基础，建立相关的数据信息系统。该系统可以为大数据分析、农业资源联合采购，甚至相应的产业标准的制定提供服务，将互联网大数据思维与构树产业进行深度融合，整体项目商业逻辑十分清晰。

构梦项目创业计划书包含以下 10 个主要模块。

（1）项目摘要。

（2）商业模式。

（3）市场分析。包括背景分析、产品介绍和客户群体分析。

（4）效益分析。包括社会效益、经济效益、成本分析和生态效益分析。

（5）项目优势。

（6）营销战略。包括战略布局与阶段规划、营销策略和扶贫战略等。

（7）融资规划。

（8）风险控制。包括可能面临的主要风险、应对风险的措施等。

（9）组织结构及团队介绍。包括组织结构、团队成员、指导教师、项目专家顾问等。

（10）构梦之旅。

从撰写结构来看，构梦项目创业计划书比较全面地将项目摘要、商业模式、市场分析、效益分析、项目优势、营销战略、融资规划、风险控制等内容在项目融资过程中较为受投资者关注的重点问题进行了准确合理的描述。整份计划书体系的完整性也反映出构梦项目在基础商业思路方面相当完善。

从构梦项目的商业模式板块来看，构梦项目首先对杂交构树进行了相应的讲解，使聆听者或投资者可以较早地了解该项目的实施标的物——杂交构树的一些种植特点和经济效益性，消除认知空白区。在其整体商业系统结构中，构梦项目提出了五大板块，包括构树的销售和回购、构树产品的营销拓展、构树种植农技培训、构树产品加工研发及构树周边项目发掘，深入地对构树产业运营种植的每一个环节进行了集约化、自动化的高效业务运作流程规范，既可以帮助种植户解决销售的后顾之忧，也可以为构树产品生产企业提供稳定的原料来源，还可以帮助构树产品销售商掌握销售统计信息。尤其是构梦项目将要建立的构树产品线上营销体系，将通过微信公众号、微信小程序、线上商城、App 软件等方式，打造一个多方位、多功能、使用性强、操作便利的线上推广销售体系，充分利用线上资源，建立属于构梦品牌的构树类产品销售体系，以保证和稳定产品销售和利润，同时也有利于促进构梦项目产业生态圈的建立，可谓一举多得。

在市场分析板块中，构梦项目通过对我国绿色食品年销售额、绿色食品销售品类及对绿色食品市场规模的预测等大量数据，说明了构树产品在未来可能拥有的广泛市场前景和发展空间，同时通过构树饲料养殖肉类与传统商品肉类的微量元素比较，使人们快速了解构树类饲料在养殖和用于食品方面上的优势所在。

同时，从国家政策角度来看，构梦项目创业计划书中明确指出：在 2015 年，构树扶贫工程就已经被列入我国指向精准扶贫工程之一，而且是由国务院牵头的重点扶贫工程。从而从国家政策的角度为项目发展找到了有力的支撑点，并使得构梦项目的实施可以上升到国家战略层面的高度。

从市场微观条件上来看，构梦项目通过对其不同产品在整个构树产业链条中的不同定位和作用，将其进行不同分类，并对具体的产品内容和特点进行详细描述。结合构梦项目对客户群体的细分，进而形成了一个全方位、多维度、精细化的市场结构体系。

从项目优势角度来看，构梦项目分别从市场先入、优势合作伙伴、政府政策扶持、与高校合作和海外推广等多个方面进行论述，充分展现构梦项目作为一个初创期项目，已经取得的成绩和已经具备的优势。

从营销规划板块来看，构梦项目进行了非常完整的战略布局描述。不仅对未来 1～2 年的项目发展进行了明确的阶段规划和目标设计，还提出了远期的项目发展愿景，整个商业发展脉络由小至大、由近及远、由窄至宽、由商业至公益，环环相扣，衔接合理，使得整个项目可信度变得非常强。同时，构梦项目创业计划书从营销内涵、市场策略、营销思路、营销重点、线上营销、线下销售等多个方面对整个营销管理进行了系统、全面的安排，使得其营销管理板块看上去非常充实、饱满和具有可操作性。尤其需要指出的是，构梦项目还单独列出了其战略扶贫计划，通过在对未来三年整体扶贫计划的安排，以及八项具体扶贫帮扶措施的实施，明确地展现了该项目的社会扶贫效应，凸显了构梦项目的社会公益性。

在效益分析板块，构梦项目将构树种植与传统的经济作物种植的相关经济收益进行了对比，进而用数据化的手段展现构树种植更强的经济性特点。进而充分展现了构梦项目的经济效益价值。同时，构梦项目还规划性地提出了在远期可能会存在的诸多规划收益点，包括自有品牌构筑产品的销售、供应链控制、建立产业联盟，以及大数据系统服务等。这些都可能是非常诱人的利润来源，都属于投资者重点关注的领域。同时，构梦项目还以未来 12 个月为基础，进行了相对细致的成本分析。这样一来，就使得整个项目分析看上去非常合理、实际和具有可操作性。

从融资规划角度来看，构梦项目结合自身项目的发展需求，提出了在未来一年内的所需融资额度、股权出让比例及资金的主要用途。略显缺憾的是，构梦项目在此处没有明确指出对于投资者的投资回报渠道和方式。

从风险控制的角度来看，构梦项目也详细地对整个项目在未来可能碰到的一些主要风险进行了分析和总结，例如，可能碰到的农作物自然灾害、商业渠道能否得到有效拓展、整个外部产业经济政策可能变化等带来的风险。同时，也在此基础上提出了相应的应对风险措施，如强化同农户、养殖场、政府、合作伙伴的合作范围和深度，以及正确把握政策方向，提升专利技术能力等。

从组织结构及团队建设方面来看，构梦项目做得相当完善。构梦项目创业计划书在该板块中首先提出了整个项目的组织机构、部门设置和岗位职责，同时也对团队核心成员进行了非常详细的介绍，包括每一名核心成员在项目中的地位、职责及个人过往的经历和性格特点等。构梦项目还详细地介绍了其企业顾问，通过几位在相关行业内具有广泛影响力的学者和企业家项目顾问的引入，使得整个构梦项目的现实性和层次性得到了非常大的提高。要清楚，在很多融资过程中，对团队的介绍是投资者非常看重的部分。因为任何项目都要依靠人去落实和实现，如果一个项目团队不够强大，或者存在明显的短板，就会使投资者怀疑该项目在未来取得成功的可能性。

构梦项目商业计划书拥有非常完整的商业体系结构，各个板块内容设计得非常合理，各阶段的内容讨论也设计得非常明晰和科学。整个项目计划书讨论范围适中，讨论深度适宜，逻辑清晰，相关问题的陈述有理有据，令人信服。整个项目策划对融资过程中较为受投资者关注的重点问题，进行了准确合理的拿捏，也由此反映出构梦项目整体商业思路十分清晰。

在整个项目创业计划书体系中，对于市场分析、效益分析、项目优势等投资者通常较为关注的地方，构梦项目均展开了比较详尽的描述和分析，大量图表和数据工具的使用，使得整个论述有理有据，可信可靠。同时，整个项目创业计划书整体语言较为精练，使用较少的笔墨使读者在相对短的时间内对项目基本内容和核心价值进行了解，整个行文体系上下连贯，一气呵成。

总体来说，构梦项目的创业计划书具有以下几个突出特点。

第一，结构较为完整，重点内容解释详尽。

在商业模式板块，计划书首先对杂交构树进行了相应的讲解，之后提出了具体业务板块，并重点介绍了构树的销售和回购业务。

在市场分析模块，构梦项目通过以我国绿色食品年销售额，以及绿色食品的市场规模预测等具体数据作为例证，说明了构树产品在未来可能拥有的广泛市场前景和发展空间。同时，从国家政策角度上寻求突破点，进而大大提升了项目的战略层面高度。

在项目优势板块，构梦项目分别从市场先入、优势合作伙伴、政府政策扶持、与高校的合作和海外推广等多个方面进行了论述，充分展现构梦项目作为一个初创期项目，已经取得的成绩和具备的优势。

在营销规划板块，构梦项目描述了非常完整的战略布局。不仅对中期项目发展进行了明确的规划和目标的制定，同时还提出了远期项目的发展愿景，整个发展脉络由近及远、由小至大、由窄至宽，环环相扣，衔接合理。

在效益分析板块，构梦项目将构树种植与传统的经济作物种植效益进行对比，进而用数据化的手段展现构树种植所体现的更高经济价值。同时，还规划性地提出了在远期整个构梦项目可能会存在的其他收益点，包括自有品牌产品的销售、供应链控制、建立产业联盟及大数据系统支持等。同时，构梦项目相对细致的成本分析使整个项目分析看上去非常的合理和饱满。

在组织结构及团队建设板块，构梦项目首先提出了整个项目的组织机构、部门分配和详细的岗位职责，同时也对团队核心成员进行了非常详细的介绍，包括每一名核心成员在项目中的地位、职责及个人过往的经历和性格特点等。此外，还详细地对项目企业顾问进行了介绍。

第二，有详有略，笔墨得当。

在构梦项目创业计划书中，对市场分析、效益分析、项目优势、营销战略等投资者通常较为关注的问题展开了比较详尽的描述和分析，大量图表和数据工具的使用，使得整个论述有理有据、可靠可信，这有利于阅读者清晰地了解项目团队对这些重要问题的看法和逻辑思路。而对竞品分析、资金主要用途等可变性较大，或者说目前暂时还难以进行精准描述的部分则相对简略，只进行了框架性描述，这样的编排突出了一般商业沟通中“可说可不说的内容尽量少说”的原则，同时也为后面要进行的现场答辩或与投资者的沟通留出了一定空间和余地。

第三，行文流畅、用词准确。

构梦项目创业计划书中很少出现空话、套话等“注水”内容，整个计划书用较为精练的语言对创业项目进行描述，用较少的笔墨使阅读者在相对短的时间内对项目的基本内容和核心价值、项目愿景和终极目标、解决的客户痛点、市场潜力、市场进入门槛、培养周期、投入产出比、如何盈利、发展规划、营销思路和营销渠道、团队成员经历等多方面的内容予以掌握，整个行文体系上下连贯、前后呼应。

第四，图表应用较为充分。

整个构梦项目创业计划书中共使用图表、照片等 50 余处，平均分布在商业模式、市场分析、效益分析、营销规划、项目优势等多个环节中。创业计划书的阅读者不一定是该细分领域的专家，图表、照片由于比文字描述有更直观的表现力，能够更容易使阅读者快速抓住内容核心点。所以，文中较多的图表使用量大大提高了计划书的阅读吸引力，使得整个计划书内容更加聚焦、通俗易懂。

案例二：美堂——网络社区式美业 O2O

美堂——网络社区式美业 O2O 项目（以下简称“美堂项目”）选择的是比较常见的美业行业作为项目实施背景，其试图利用移动互联网渠道让普通的美业消费者通过在线的方式获得更为便捷、精确、合算、有保障的美业产品。同时，出于网络社交化的考虑，希望能够提出以区域化为基础，建立相应的美业网络社区——美堂，以此来加强消费者之间的沟通与交流，以提高项目的用户黏性。通过线上和线下的交互式发展，最终形成一个网络社交平台，以有效地实施美业商务活动的组织与推广。从远期来看，该项目为美业商家的大数据分析、美业联合采购，甚至行业标准制定等深层次的商业服务提供了保障。美堂项目的愿景是建立一个隶属于自有品牌的融美业消费、交流、推广采购、培训金融业务等为一体的立体化 O2O 美业生态圈体系（该项目的商业计划书可扫描附录中的二维码阅读）。

在此基础上，美堂项目也提出了自身的创新型理念——以互联网思维为引导，以移动服务平台为渠道，打造一个网络社区交流加线上引流拓客、线下资源整合加云端数据服务，以及将整体行业进行构建的电子商务平台。

从创业计划书结构上来看，美堂项目的创业计划书包括项目介绍、平台功能、市场分析、竞品分析、营销规划、风险管理、盈利方式、组织结构和主要成员、资金投入以及成长记录十个板块，计划书整体结构非常完整。具体结构体系如下。

（1）项目介绍。

（2）平台功能。包括平台功能结构、功能实施渠道、主要功能介绍、美堂的价值等。

（3）市场分析。包括国内美业市场现状、市场细分等。

（4）竞品分析。包括主要行业竞品分析、美堂项目的核心竞争优势、美堂项目目前已获得的外部支持等。

（5）营销规划。包括平台运营规划、营销策略等。

（6）风险管理。包括可能面临的主要风险、应对风险的措施等。

（7）盈利方式。包括盈利方式、盈利预测等。

（8）组织结构和主要成员。包括组织结构、团队主要成员、企业指导人员等。

（9）资金投入。

（10）成长历程。

下面分别来分析该创业计划书的各个板块。

（1）项目介绍。美堂项目比较清晰地介绍了自己的业务流程，以及自己的商务体系和商业逻辑，并用简单、凝练性很高的文字说明了项目的发展目标。同时，讲明了该项目对消费者及合作商家的价值所在。尤其是美团的口号——“美堂，移动互联网时代的美丽专属！”更是点明了该项目的时代背景和项目的思维方式。

（2）平台功能。美堂项目对其软件平台模块、模块功能、各模块之间的联系和系统分工等进行了非常详细的描述和讲解。使人能够非常清晰地掌握美堂项目的产品特点、业务流程、体系结构、产品发展步骤等。同时，美堂项目也阐明了项目的存在价值——对于消费者而言，美堂项目为每位消费者提供了一个集美容咨询、交流在线及美容项目在线预订优惠折扣、周边美业搜索等众多在线服务，为消费者提供了全方位、有保障、有品质的美容体验服务；对于合作商家而言，美堂项目为其提供了包括产品销售、营销管理等多种支持方式在内的服务，包括从线上到线下、从前端到后端，从而有效支持各类型美业商家实施专业化店铺管理的商业化服务体系。通过这几个部分的互相紧密结合，勾勒出整个美堂项目比较完整和精确科学的商业逻辑体系。

（3）市场分析。美堂项目从较为宏观的角度对中国现有的美业市场进行了容量分析，通过提供大量数据，明确地表明美堂项目所发掘的领域有着广泛的市场基础和市场容量，进而证明美堂项目的可行性非常之高。同时，从微观的角度，美堂项目将自己的客户群和商品进行了详细划分。美堂项目根据消费者的年龄，每月的消费支出及常见活动区域等几个主要指标，将整个顾客人群划分成18个比较详细的细分群体，并按照每个细分群体的具体特征来制定有针对性的营销措施。同时，对商家及产品线也进行了系统的划分。最终，使得美堂项目可以按照每一个细分群体的具体特征，有针对性地制定具体的营销措施，达到产品、营销、市场三者的精确对接。

（4）竞品分析。美堂项目选择了与美丽家、河狸家、小美到家等几个国内比较知名的美业在线平台进行相关的对比，在客观描述的基础上提出了自身的核心竞争优势，包括内部的理念优势和外部的支持优势等。需要特别说明的是，作为初创期电子商务项目，一般都能发掘非常多的核心优势，大家在进行总结的时候能够提到 1～2 条比较有特点的、凝结度比较高的核心优势即可，不必盲目地追多、求多。

（5）营销规划。美堂项目将未来一年的发展划分为三个阶段：第一个阶段主要实现平台建设和推广；第二个阶段在主要核心城市进行市场推广；第三个阶段开始大范围地实现市场数据支持。三个发展阶段环环相扣，逐步发展，显得非常科学，富有商业逻辑。同时，美堂项目还预测了未来 18 个月的发展目标，包括在第一规划期内，将拥有超过 800 家入驻商家和 10 万个人用户。而在第二阶段中，将会拥有超过 1 100 家入驻商家和 50 万个人用户，用预测的方式显现了项目未来的发展空间和项目价值。

（6）风险管理。美堂项目以西安市场为例，通过选择不同的四个典型业务区域，提出了相应的风险管理措施和办法。

（7）盈利方式。由于美堂项目是相对典型的线上项目，所以策划者在这里只是比较概念化地提出了未来可能的盈利点，包括化妆品的销售、服务佣金、供应链控制、平台广告收入，以及到后期建立美业联盟而收取的培训、认证等相关费用。与一号美容平台不同的是，美堂项目还选取了西安市作为标志性推广区域，对未来一年内的收益进行了数字化预计，通过对直销化妆品、佣金抽取、采购联盟差价及广告收益四大板块的收益预计，极大地加强了该项目的收益描述，使得项目看上去非常具有诱惑力。

（8）组织结构和主要成员。美堂项目确定了以“三个中心、一个综合办公室”为主体的基本组织结构，同时还提出了“机构简单、结构关系明确、责任清楚、决策迅速、指挥统一灵活”的前期组织管理核心点。在组织主要成员的介绍方面，美堂项目不仅确定了几个核心的项目参与者及其工作职责范围，而且还写明了自己的外部企业指导专家，并对其工作职责也确定得比较清楚，这个是值得绝大多数项目计划书撰写者进行学习的地方。

（9）资金投入。美堂项目在资金投入及融资规划方面的表述也是比较清晰的，包括融资额、融资周期、股权出让比例、资金主要用途和投资回报方式等。

（10）成长历程。在最后一个板块中，美堂项目提到了自己的成长历程，从项目团队成员的组建，到他们所做的一些具体工作，记录了美堂项目成长过程中的一点一滴，这使得整个项目立刻变得生动、有血有肉起来，更加能够令人信服该项目的真实性、可靠性。

需要明确的是，创业计划书必须详细阐述一个创业项目的规划理念，必须能够对创业项目的内外部环境、发展思路、各种条件和资源等进行准确的描述。创业计划书是创业者对其自身项目各环节和要素的一个体系化思考，必须能够指出创业项目的优势、前景、资源、威胁等因素，并在此基础上促使一个结构合理且重点突出的项目战略形成。美堂项目创业计划书在这些方面的把握是非常不错的。

从美堂项目的创业计划书分析当中，我们了解在创业计划书的撰写过程中，应当对以下几个问题予以重点把握。

（1）创业计划书的写作不应内容过多而缺乏中心看点。内容过于庞杂，看似内容很“丰富”的创业计划书，反而会减弱投资者的翻阅兴趣。文字应尽量精练，突出项目特色，以求能够快速让投资者抓住项目精要所在，能使用图表的地方应尽量避免使用文字描述。

（2）措辞务必准确，要能够清楚、明晰地说明项目特点和商业模式等核心内容。大多数投资者会根据创业计划书的内容来初步判断该创业项目的商业价值所在，所以计划书中的措辞一定要准确和谨慎，必须将相关主要问题说清楚、说准确，同时最好能够说得精彩。

（3）创业计划书必须将项目核心内容完整表述，包括项目价值、业务流程、商业模式、核心竞争力、市场营销、财务分析、核心团队等。同时，最好通过图文并茂的方式将整个项目结构呈现在投资者或阅读者面前，要能够和路演 PPT、现场解说、答辩互动的相关内容互相补充、互相支持、上下统一、前后呼应。切忌描述模糊、层次混乱、逻辑错误、内容不完整。

（4）需要提供必要的数据来对创业项目予以支撑。通过大量的数据来展示创业项目的可发掘潜力、项目执行的可操作性，以及对未来发展的预估判断，以便让整个创业项目表述做到有理有据、依据充足、令人信服。

案例三：青农帮——河北省青龙县地区农业资源信息网络综合服务平台

“青农帮——河北省青龙县地区农业资源信息网络综合服务平台”项目（以下简称“青农帮项目”）是 2017 年全国首届农村电子商务创业竞赛三等奖获奖项目。青农帮项目针对河北省青龙县地区相关农业产业规模优势不明显，难以实现高收益的农产品销售现状，提出通过互联网渠道让各类农产品经销商，通过在线的方式来获得更为便捷、精准的农产品信息，并通过互联网进行销售。青农帮项目意图将移动互联网的经营思维与现代农业深入结合，在未来能够建立一个融农产品销售、推广采购、农业培训和金融服务等为一体、多方位、立体化的 O2O 农业生态圈体系（该项目的商业计划书可扫描附录中的二维码阅读）。

从创业计划书结构上来看，青农帮项目的创业计划书包括以下几个板块：

（1）项目简介。

（2）业务介绍。

（3）竞品分析。

（4）营销综述。

（5）发展规划。

（6）盈利分析。

（7）融资规划。

（8）风险控制。

（9）组织结构和主要团队角色。

（1）项目简介。在项目简介板块，青农帮项目开门见山、明确提出了自己的项目理念——以互联网思维模式为引导，以移动服务平台为渠道，打造一个信息裂变式传播，加线上引流拓客、线下资源整合、云端数据服务、整体行业构建的农业信息化服务平台。并进一步提出了项目发展愿景——建立一个专属于移动互联网时代的区域农业信息综合管理服务平台，比较完整、准确地说明了项目的商业意义和存在价值。

（2）业务介绍。从业务介绍板块上来说，青农帮项目由四大基础板块构成，包括青农云智能大数据系统（主要功能在于实现农业行业信息化）、网络裂变式传播系统（主要功能在于实现农产品网络推广信息传播）、农产品销售服务系统（主要能应用于在移动端市场进行农产品的销售），以及青农智营销助手系统（主要功能在于建立相关的农业销售大数据营销体系）。通过对这四大板块业务的整合，青农帮项目希望能够实现相关的农业行业化标准的建立。可以看出青农帮项目各业务板块功能是非常清晰明了的，几个板块之间的逻辑关系也是非常顺畅和合理的。各板块设置和功能内容也是科学可行的。例如，在营销助手板块内，青农帮项目设置了呼叫中心、库存管理、商品管理、消费管理、营销管理、物流管理、订单管理、店内管理、客户管理、财务管理、业务申请方案提供等多个重要的功能板块，比较全方位地覆盖了传统农业销售活动所涉及的日常业务，同时也解决了相关业务管理的痛点。各业务功能板块的合理设置，使得该项目策划的可靠性、可信性及可行性有了大幅度的提高。

（3）竞品分析。从竞品分析板块来看，青农帮项目并没有选择过多的竞品来进行直接比对，而是指出了在该领域内目前存在的问题和不足，进而推导出青农帮项目可能基于此而获得非常快速、高效、稳定的发展空间，并进一步提出了青农帮项目的核心优势。青农帮项目在这个地方，非常合理地实现了大多数互联网项目“先入即为优势”的商业竞争理念。同时，也由此引出了青农帮项目的自身保护壁垒——和很多农产品线上销售平台不同，青农帮项目希望能够建立一个由线上信息传播和线下营销实体有机融合而形成的农业生态圈，而这种生态圈将会是该项目最有效的保护屏障。

（4）营销综述。在营销综述部分，青农帮项目创业计划书从营销思路和发展规划两个方面进行了陈述。从营销思路上看，从数据平台建设角度提出了“产品区域化、资源聚集化、服务多元化及营销热点化”的整体营销思路；从信息推广系统角度提出了“任务传递简易化、任务获益快速化及任务发布热点化”的营销导向；从市场先期导入点角度提出了对消费者用户和企业客户两大客户群体的不同促销方式。其结合项目运作特点提出了营销思路，整个营销思路的选择明确且适当。同时，从市场先期导入点角度提出，使得整个营销思路有了很强的具体操作性。

（5）发展规划。从发展规划上看，青农帮项目在未来一年之内，将自己的发展分为两步：第一步主要是进行平台的推广宣传，并实现软件平台的完整上线和整个运行体制的顺畅运转，并激发项目用户，最终使得平台能够进入实质性运营；第二步则是系统扩张阶段，青农帮项目希望能够建立一个对相关区域的、在综合性农产品大数据基础上的农业信息管理基地，并以此对相关的农业产业信息进行有效的归总、整合、传播，进而对线下实体产业进行有效的支持与控制。整个战略布局有粗有细、有详有略、有缓有急，商业逻辑非常清晰合理。

（6）盈利分析。从项目盈利分析角度上看，青农帮项目和绝大多数互联网项目类似，比较系统、概念化地提出了项目在未来的诸多盈利点，包括任务发布的分成、增值服务、供应链控制、资金池积累及农业产业联盟等。当然，由于青农帮项目是一个涉及线上线下诸多业务整合的大型产业项目，所以策划者在盈利点预计方面相对来说做得比较保守，事实上他们可以拥有更多的盈利空间。同时，青农帮项目还通过一个收益预算表格，向创业计划书阅读者展示了平均每个月的收益预算情况，用非常显性化的数字有力地支撑了项目的可行性和可靠性。

（7）融资规划。在融资规划方面，青农帮项目比较清晰地提出了自己的融资需求、资金的使用周期，以及资金各项的使用途径和分配比例。不足之处是没有明确地提出对投资者的资金回报方式。再者，如果能够辅以比较详细的成本分析就更好了。

（8）风险控制。从风险控制角度上看，青农帮项目计划书从其项目所处的空间特点及内外部环境出发，列出了一些可能面临的主要风险，比如产品开发理念是否贴合实际、企业凝聚力是否稳定及内部管理是否科学等，这是对整个项目在未来可能碰到发展障碍的一种重要预测。同时，项目在此基础上还提出了相应的应对措施，包括保证思维前沿、持续保持在技术方面的开发等，比较合理地完善了自己的风险管理。

（9）组织结构和主要团队角色。从组织结构和主要团队角色这个板块上看，青农帮项目比较明确地提出了在初创时期的项目架构和部门设置，同时也明确地提出了创业团队早期主要成员的工作职责范围。例如，有的人主要负责项目需求分析、农业行业系统开发、理解互联网用户习惯等工作；有的人主要负责市场规划、商务拓展、对外洽谈及专题策划等工作；有的人负责搭建管理销售团队、开辟销售渠道等工作；有的人则负责日常的行政活动和整个团队的内部管理工作。整体岗位职责非常清晰。这也充分证明了青农帮项目策划者对整个项目后期运营方面有着充分思考和周密准备，这一点是比较值得肯定的。当然，如果能够再详细地说明几位核心成员的学习背景、工作履历、个人特点等情况，那么会更有效地说明整个项目团队的价值和能力。

我们要知道，创业计划书必须详细阐述一个创业项目的规划理念，它必须能够对创业项目的内外部环境、发展思路、各种条件和资源等都进行准确的描述。创业计划书是创业者对其自身项目各环节和要素的一个体系化思考，必须能够指出创业项目的优势、前景、资源、威胁等因素，并在此基础上促使一个结构合理且重点突出的项目战略形成。青农帮项目创业计划书在这些方面的把握是非常不错的。总体来说，青农帮项目在整个商业策划结构上是完整的，商业逻辑较为清晰，内容也较为科学合理。

从青农帮项目的创业计划书分析当中了解到，在创业计划书的撰写过程中，应当对以下几个问题予以重点把握。

（1）必须重视对团队的介绍。

投资者在看一份创业计划书时，非常重视对创业者自身能力、阅历等内容的审核。团队架构可以看出一个公司的能力是否完备。例如，一家即将商业化的销售型公司需要融资，它的创始团队能够满足组织结构方面的要求，却没有非常突出的销售人才，这在团队结构上就是不完善的。所以对于团队成员（尤其是主要创始人员或持股人员）、核心团队人员背景、团队架构、外部人力支持等因素，必须重点加以介绍和展示。

（2）市场痛点及解决方式。

创业者要在商业计划书中清晰地展现自己对市场的认知，说清楚项目指向的时间范围、空间地域、人群特点、客户需求等内容，进而明确导出市场痛点有哪些？针对客户痛点能提出什么样的解决方案？需要注意的是，如果提出了多个市场痛点，那么创业者就要针对不同的痛点提出不同的解决方案。

（3）描述清楚项目市场规模。

通常在描述市场规模时，创业者可以引用第三方的相关报告或数据，但引用时要注意引用格式，对数据进行筛选并标明信息来源。需要注意的是，创业者没有必要在报告中夸大市场规模的具体数字，因为市场规模本身就是一个模糊的统计，在不同的统计方法下会千差万别，创业者只需要知道这个数字背后的大致意义就可以了。同时，对市场规模的描述必须和市场痛点描述统一起来，因为市场规模大并不代表就一定有需求，关键还是看项目自身有没有抓住市场的痛点。很多领域市场规模看起来都很大，但不代表投资者会认为其有发掘价值。如果投资者对某个领域非常感兴趣，他们本身就对该领域有一定的测算。

（4）说清楚业务模式。

业务模式是创业计划书中最重点的内容之一，但同时也往往是创业计划书中难以一下子说清楚的部分。很多撰写者在撰写创业计划书时，倾向用纯文字形式去解释项目的业务，并且认为越详细越好。其实不然，业务模式这部分应该尽量采取图文并茂的方式进行叙述。比如，当业务模式涉及产品，那么最好用产品截图或是服务体验来展现自己的业务范围和模式。如果公司的业务比较复杂，那么创业者最好采用结构化图表的形式。一家公司往往都会有重点业务和非重点业务，也可能出现目前仍在布局阶段，而未来会朝多方向发展的情况，那么图表会更容易将这种横向和纵向的内容梳理清楚。

（5）竞争分析。

一份完整的创业计划书里至少应该要列出 3 个竞争对手。一个市场中不可能完全没有竞争对手，如果说一个创业者认为自己没有竞争对手，那只能说明他对整个市场的认识还不到位。商业模式上也许你是创新者，但市场需求上你不可能是独一无二的需求方案提供者，从整个市场角度去看竞争对手是一定存在的。事实上，竞争对手既可以是业务模式大致相同的直接竞争对手，也可以是业务模式不同的间接竞争对手。

任务实施

按照以下步骤对创业计划书案例进行分组讨论。

第一步，认真阅读上述三份创业计划书内容。

第二步，认真思考三份创业计划书的特点及问题所在。

第三步，根据范文内容分组进行讨论，创业计划书的主要内容是否都有涉及？叙述得是否深入？为什么？

第四步，进行总结，根据讨论结果修改各组的创业计划书。

企业家精神

生存的力量

——记西安十三朝城坊旅游文化传播有限公司董事长王浩

2005 年，我还只是一个懵懂少年，还只是社会浪潮中一粒尘埃。

2010 年，树苗萌芽，开始接受复杂社会的洗礼和理想职业的雕琢。

2018 年，这片沉默的土地开始孕育，一棵充满阳光、满怀希望、饱经风雨却依然屹立在崎岖山路的春树慢慢开枝散叶。

但是它却不知道，这块沉睡的土地马上就要苏醒，熊熊的烈火在燃烧，它在燃烧生命的激情。

从乡村走向城市

为了给自己的人生画一幅美丽的艺术作品，开辟生命中一片属于自己的领土，实现自己的人生价值，我乘风破浪，扬帆起航，走进理想中的大学校园。

2005 年，我从秦岭深处的大山里走出来，怀揣着少年的执着和激情，携带着大山的宽厚与质朴，骨子里充满着大山赋予山里孩子的吃苦和坚韧，毅然决定走向这座历史沉淀出来的城市——十三朝古都西安。当时，我并不知道学成归来自己能走多远，能实现多大的价值，只是怀揣着一颗纯朴善良而宽厚的心，像山里的太阳温暖而热情，用年轻人的活力和特有的人格魅力努力寻找，不断探索。

为了追逐梦想和理想，不安于现状的我开始尝试和付出努力。我相信只要自己努力付出，就一定会有收获和回报。2006—2007 年大学期间，连续两年参加陕西省大学生运动会，获得男子 10 000 米竞走第五名和第八名的好成绩。其实，每一次经历都是锤炼，每一次付出都是在汗水中收获不同的人生体验，让生命无悔于青春，蓬勃向上。2007 年 9 月，我得到了学院和领导的一致肯定和认可，提前留校任教。当时的我真的是既开心又担心，开心自己的付出得到了相应的回报，担心自己是否可以培育更多优秀的学生。功夫不负有心人，2009 年我被评为“年度优秀辅导员”。

这一段丰富而精彩的人生经历让我感悟到：人生的路，没有固定模式和绝对规则，路就在脚下，每个人都应该让自己的人生在平凡中突破，在精彩中沉淀。虽然成长是一个痛苦而漫长的过程，但成长必然经过蜕变，这种蜕变就是在经历痛苦中完成的。大学生涯的美好时光练就了自己百折不挠的精神，开拓和奠定了自己事业品质的基础。起点看似简单，但是往往很多人都是在起点中迷失了方向。所以，起点前的思考才能准确地规划起点上的方向，最终才能在过程中沉淀人生经验，这种经验只有串联起来才能成就一番成果。

从体制中走出来

人生就是在不断归零后重新开始，寻找更好的自我。勇于挑战和不断的自我更新，才能让失去的和拥有的，在生活过程中学会华丽的转身和谢幕。每个人有相对阶段性的舞台，每个舞台的戏份不一样，但同样都需要历练和智慧，才能呈现舞台上完美的演艺效果，展现全新的自我。这样才能在不断自我认知和探索中躬身前行，迈步远方。

2010 年，我决定离开学院，像很多大学生一样满怀抱负地开启了自己的职业生涯旅程，正式迈入这个充满无限幻想的社会熔炉。但我高估了自己，也低估了社会的包容心。当时自己还算是有一点工作经验，毕竟当了两年大学老师，人们眼中的铁饭碗，自己天真地认为可以立足职场生活。但是大错特错，重新开始的第一段日子是我人生无比迷茫的时刻，我甚至开始懊悔，开始怀疑自己的选择是错误的。一时间既不知道自己想要什么，也不知道社会职场对我来说是不是正确的选择。只能慢慢地摸索，给自己打气，告诉自己：我是幸运的，哪怕迷茫，我也不能放弃。现在回首往事，我真的要感谢自己当时的进取心，也感谢我对自己所做的正确的自我评估，让我在后来重新振作，精准定位。后来，我进入曲江文旅集团，任职景区管理。这份工作对我日后的职业规划起到了很大的作用。在此任职期间，我真切地学习到集团体制下的管理标准和管理思路。同时，也奠定了后来创立西安十三朝城坊旅游文化公司的基础。在职同时经历了曲江文旅集团的上市、内部建设、转型发展的过程。之后的几年时间里，根据不断积累的经验，以及学习重新更新自己的职业规划，先后从事了陕西紫苹果装饰集团行政人事总监(高管职务)，全国集团公司杭州招财猫商务咨询公司西部大区总监(西部五省)、陕西集群物联网服务管理股份有限公司集团行政人事总监(准上市集团公司)。而也正是因为这些不断丰富的经历，开阔了我的眼界，也逐渐让我意识到自己的目标。在2017年，我开始以高级职业经理人的身份，咨询辅导运营管理西安浐灞商务秘书有限公司、中汇集团、东瑞集团、北京惠中惠网络科技有限公司等。

2018年，任国务院国资委商业饮食服务业发展中心专业人才储备工作委员会西部中心副主任和西安韶华教育科技有限公司的执行校长。这些一步一步踏踏实实的经历，最终慢慢沉淀下来，成为我将来要做的事业的坚实后盾。在我做好了所有的准备工作之后，我开始规划了我人生中的一件大事。2018年5月，我创办了西安十三朝城坊旅游文化传播有限公司和西安大麦娱乐传媒有限公司。与此同时，我也在不断提升自己的政治思想，我坚信每个人都应该有一个“不忘初心、方得始终”的信念，无论是自己的职业观还是价值观、社会观，都应该依靠祖国赋予我们的繁荣昌盛的环境，而且，对于十一年党龄的老党员的我来说，我的情怀就是练就自己、塑造自己、完善自己，让自己做一个有价值和有意义的人，为社会、为国家、为民族、为百姓奉献自己的一份力量。2019年，应西安行知文旅企业家协会上级党组织的要求，成立了党支部，并很荣幸地被选举作为第一届西安行知文旅企业家党支部书记。这份荣耀和信任，让我肩上的责任更大了，我更自愿想成为党和国家忠实的践行者，为组织和人民群众奉献自己的一切。

但我深知，从发展迈进创业是一个艰辛的过程，没有人知道对错，只有不断充实自己并修正自己的职业目标，才能慢慢地拨开迷雾见天日。在社会上奋斗的这几年，让我更加坚信，一个人如果在职业的道路上没有野心，不懂得修正自己，即使靠运气获得了成功也只是昙花一现，终究是一个平庸的人，也终将会过一个平庸的人生。所谓的开始只是给结束做了一个定义罢了，这也仅仅只是一个开始，“大唐盛世不是一天就能建成的”，一个企业的发展建设也不是随随便便就能完工的。更何况是一个农村孩子，一个没有任何社会背景、没有家族财富支持的情况下从一个职业人转变成创业人。我非常喜欢一首歌《在路上》，为了自己的梦想、为了自己挚爱的亲人前行。用我敏锐的市场洞察力和敢想敢为的闯劲，在瞬息万变的商海大潮中生存。

作为一个社会工作者，我的发展方向和我的人生目标其实就是布局，如果我不布局，我的人生势必会被外在环境左右。无论出于什么角度去提升自我，首先要有社会情怀和社会责任感，这样即使失败了，我也相信失败只是暂时的。做人、做事、做企业都是同样的道理：先做好自己，再做事；先有责任，再有荣耀。

创业感悟

关于希望，关于梦想，关于我的人生，关于我注定不平凡的未来。

其实我在创业生涯之中，体会到有两种人是注定不平凡的：第一种是职业资源型，第二种是梦想追求型。而我属于职业资源型，没有之前的十多年的职业经历，成就不了我的商业思维和创业思维。任何创业成功者都有他必然成功的因素，但是任何创业成功者的成功因素都离不开自我奋斗和自我修正。

两年教师生涯、八年企业职场生涯、两年创业生涯，我比其他人有更多的感悟。心有多大，人生的舞台就有多大，你的格局就有多大。每一次选择都是超越，每一次跳跃都要竭尽全力，每一次的承负都是潜能的掘进。人生需要全力以赴，激情是梦的枝干，而努力和奔跑是让梦实现的保证。精彩既是把自己一次次点燃，也是一次次承受和压力后的绽放。成功永远是一条充满艰辛和荆棘的路，穿越和忍受才能获得成绩和辉煌，相信浴火的凤凰一定会在痛苦挣扎中重生。

人生的经历和过程，是积淀和成长，更是千锤百炼后的坚毅和丰盈。十多年的职场生涯和职场素养塑造，使我清晰地知道自己是什么类型的职业人才；十多年的企业管理和人才管理，使我更具有丰富的企业管理经验和企业结构治理经验。其中，对人才培养/人才评估/人才发展有个人独特见解，也更具备体系化和系统化。对于人才招聘、组织设计建设有着丰富的经验和完善的策划手段，能高效快速地独立完成公司制度建设和体系标准文化建设。借助非常完善精准的职业体系培训经验，助跑企业发展，为企业插上腾飞的翅膀。

所以奇迹的诞生往往都是抓住了我们身边的每一次细微的机会，机会是我们自己创造出来的。一次正确的抉择，也许会改变一个人的一生。而我的一次次的自我抉择和自我提升，既改变了自己的人生轨迹，也改变了自己的整个事业线。

告诫自己：让心归零，把过去定格在昨天，锐意进取、不忘初心、砥砺前行；在未来的路上，我永远是个勇敢的拓荒者，披荆斩棘，开辟更广阔的路，拥抱蓝天；我应不断追求山高人峰，在攀爬和求索的路上，一路向前，太阳永远在前进的路上。

告诫所有的朋友们：在职业生涯之中，个人规划、个人定位、个人进取、个人发展，都离不开我们自己的奋斗和努力；高效的执行力是我们获得更多机会经验的原动力，当我们在文山会海，繁文缛节，层层汇报的层级管理中弄得头疼郁闷的时候，我们应该养成职业素养并确定自己的目标，然后一步一步实现；合理维护好自己在职场中的每一个工作细节和工作成果；做好服务客户、服务团队、服务他人。

项目三　创业项目的路演

任务十　路演 PPT 的制作

学习目标

1. 了解路演 PPT 制作中常见的问题
2. 掌握路演 PPT 制作的思路
3. 掌握路演 PPT 制作的技巧

任务布置

任务	创业项目路演 PPT 的制作
目的	掌握路演 PPT 制作的思路，掌握路演 PPT 的制作及演示
内容	搜集创业计划书路演 PPT 模板，梳理创业计划书内容，确定路演 PPT 的内容、数据及图标等信息
时间	4 课时
成果	学生创业项目路演 PPT 的制作

知识导图

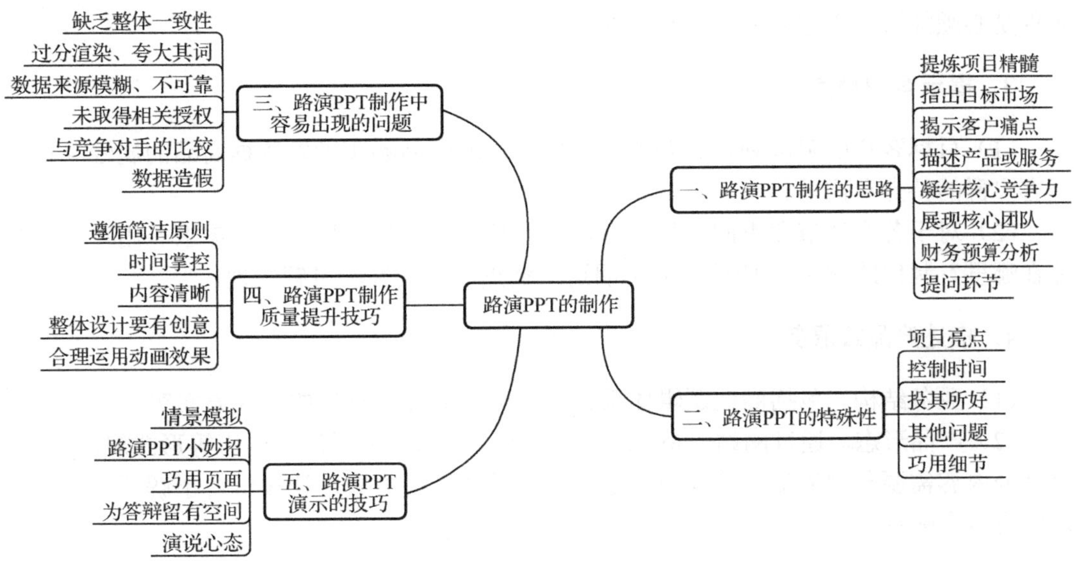

相关知识

路演 PPT 是在融资路演中展示项目精华的重要工具。一份制作精良的路演 PPT，往往会使投资者在较短的时间里获得相对准确、实用的创业项目信息。

一、路演 PPT 制作的思路

初创级企业融资的路演时间一般控制在 8～15 分钟。其中，大约 60%～70%的时间是展示阶段，其余则是问答环节。所以，一般的路演 PPT 页数不要篇幅太长，7～12 页即可。通过撰写以下这八个方面内容，可以帮助路演 PPT 制作者熟悉其基本架构。

1．提炼项目精髓

介绍创业项目的整体背景及产生来源，用几句话概括项目内容，用简短的语言介绍创业项目的特色，以求在最短时间内使聆听者产生兴趣。例如，创业项目满足消费者什么需求？通过什么营销渠道进行销售？重要数据和目前市场形态是什么样的？目标客户是谁？为客户解决了什么难点和痛点？项目具备的理念优势和前景目标是什么？

2．指出目标市场

（1）项目情况。这其中包括行业的现状、现存的问题、市场的发展空间及未来行业发展的趋势等。

（2）同业竞品。目前及潜在占领和参与市场竞争的有哪些企业和组织？竞争程度如何？竞争范围和地域优势是什么？政府政策和社会舆论导向是否支持该行业继续发展下去？

（3）成长空间预测。项目将通过什么样的方式实现？耗费多长时间？可以取得的市场份额有多少？可预测的市场规模有多大？这里的数据可以适当地放大或夸张，但前提条件是必须能够经得起后面提问环节的考验。

3．揭示客户痛点

（1）目标客户的范围划定。即哪些群体是你的商品购买者？依据商品的属性寻找不同客户群的特点和需求。

（2）对于各个环节和不同类型的客户，产品解决了什么样的实际需求？用户痛点具体在哪里？制作路演 PPT 应该具体阐明这些痛点的真实性和可解决性。

4．描述产品或服务

（1）业务结构。包括商业逻辑体系、业务基本流程和具体的解决方案等。

（2）产品形态。通过网站、App、商业服务、实体产品或线下门店等形式展示产品。这部分内容需要条理清晰、简明扼要地介绍产品的实现方式，让投资者了解项目将会实现的内容有哪些。

（3）商业模式。包括商品如何定价？消费者需求是否稳定？消费者需求频率是高还是低？企业如何盈利？消费者购买的逻辑是什么？企业是当下盈利还是未来盈利？资本运作体系是什么模式？

5．凝结核心竞争力

（1）内在价值主张。主要包括企业是如何解决客户的痛点？这种解决方式的特点有哪些？项目的实际意义是什么？

（2）项目现有的优势和支持。通过展示项目技术的壁垒、技术拥有的专利和知识产权、区域特有保护政策、已经拥有的用户数量和企业已经开拓的产品渠道等进行说明。

（3）团队文化。这部分需要展现自己的团队成员之间特有的阅历、具备的资源、超前的理念和创新的意识等。

6．展现核心团队

（1）团队现状。针对包括核心团队人数、个人的从业履历、曾经的商业经验或参与过的成功案例等方面在内的关键点进行展示。

（2）简要介绍公司的关键岗位及从事该岗位人员的业务能力。

（3）项目顾问。包括种子或天使投资者、创业、融资、技术等多方面团队聘请的顾问。

7．财务预算分析

（1）盈利点分析。包括项目是如何盈利的？盈利点分布是什么样子的？预计受益率是多少？项目预计资金使用情况是什么样的？

（2）融资说明。包括融资金额、使用周期、股权比例等。

8．提问环节

在路演过程中，针对投资者可能的提问，可以事先将答案、数据等内容提前放入 PPT 之中。如果碰到相关的提问，可根据 PPT 的内容回答投资者提出的问题。一般投资者都会问：产品的实际用户是谁？项目是如何开展运营的？目前项目的业务量有多少？产品的营销方式有哪些渠道？企业目前拓展的市场在哪里？项目融资后是如何使用的？资本退出方式和已达成的合作是什么样的？

二、路演 PPT 的特殊性

制作路演 PPT 的重点在于如何吸引听者注意力，要从观众的角度去设计和构思，要展现的一定是对方想听的内容。

1．项目亮点

一般来说，投资者大多数阅历广泛，见识过各种各样的商业模式和各种类型的创业者。所以，路演者必须将项目最大的亮点在路演 PPT 中予以展示。通过展示创业项目最大的亮点来唤起投资者对项目的兴趣。路演 PPT 可以重点介绍项目的盈利模式、团队成员、专利技术和产品特色等。开始 5 分钟的时间如果不能引起投资者的兴趣，那么后面的陈述意义就很有限了。

2. 控制时间

路演 PPT 是为路演服务的，是辅助路演的主要工具之一。所以，其篇幅内容必须紧密结合路演项目本身。一般来说，长篇大论容易使投资者关注点分散，影响对项目的兴趣。15 分钟的路演，PPT 页面数应当控制在 15 页左右。同时，路演者需要考虑路演过程中翻页、动画、忘词、播放视频等因素耽误的时间，所以要分秒必争。

3. 投其所好

（1）项目要有针对性。

路演 PPT 当中涉及的内容一定要和路演项目高度一致，并且一定是投资者想听和乐意听到的内容，不能够太以自我为中心，仅仅描述自己认为的那些重要内容。

（2）要容易被听者接受。

第一，路演 PPT 在设计和内容上要简洁明了，重点突出。例如，普屏原稿，涉及信息多，看起来吃力。宽屏改进后，信息相对集中，配色比较合理，使人视觉上更容易接受。第二，路演 PPT 不一定需要涉及过于专业的术语、数据等内容。投资者不一定是这方面领域的专家，过于晦涩难懂的专业知识会使投资者在理解项目时出现障碍。路演者最好能深入浅出地进行项目描述。也就是说，不妨运用最直白的方式来表达你想要做什么？做了什么？目前已做到了什么程度？想要融资多少钱？这些钱怎么用？

4. 其他问题

很多突发性问题在路演前是想不到的。例如，使用的软件版本有问题，演示时超链接失效，音频、视频文件无法打开，复杂的动画效果影响了路演时间，等等。这些问题都要提前想好解决办法。这里有一个小技巧：前面的创业者进行路演时，你可以细心观察和思考可能会发生在自己身上的问题。

5. 巧用细节

在路演 PPT 制作过程中，可以在页面上使用的图片中加入团队成员的电话号码，充分利用“黄金广告位”。台下的有心人也往往通过这一细节规避中介人员，直接联系团队成员。同样，结束页面也是黄金位置，建议页面上放置二维码。观众中的投资者或中介人员会通过扫描二维码添加团队成员的联系方式，这样有助于项目获得二次投资机会。注意小细节，每一分、每一秒都要做到准确无误。

三、路演 PPT 制作中容易出现的问题

对于创业者而言，路演 PPT 是用于路演投影演说的工具。路演的时间本身有限，PPT 内容也就要求简明扼要，呈现方式与观点直截了当。

路演 PPT 对于融资的作用毋庸置疑，但是有很多问题容易被路演者忽视。在其制作过程中，有些问题看起来虽小，却会对路演结果产生至关重要的影响。路演 PPT 制作过程中经常出现的问题有以下几点。

1. 缺乏整体一致性

路演 PPT 中的材料要和路演陈述的内容保持一致。有些路演者会直接从商业计划书中复制、粘贴相关内容来制作路演 PPT，但是对于不同的路演内容，这样的做法往往会造成数据僵化和缺乏针对性。同时，也不乏一些激进的路演者们，他们希望额外讲出精彩、夸张的故事以吸引投资者，但天马行空的描述却和路演 PPT 上的内容出现了不符，甚至冲突。

2. 过分渲染、夸大其词

用生动的语言介绍自己的项目，使项目看上去更丰满、更具诱惑力本无可厚非。但是，过分对某些内容进行夸大就可能会出现问题。比如，计划书中是“优秀团队”，路演材料却描述为“强大的团队”；计划书中明明说“领先地位”，路演 PPT 却硬生生地被改成“绝对领先”等。这些往往会被眼尖的投资者发现，且大多数时候并不会引起他们的好感。

3. 数据来源模糊、不可靠

路演 PPT 除了摘抄计划书中的内容以外，还应当包含一些行业信息或数据。这些信息数据需要标明信息来源，通常用脚注的形式。一来表示对数据来源方的尊敬和对他人工作的认可，二来也可以表明所引用数据的真实性。例如，公司上市通常会聘请独立第三方行业顾问撰写报告。这些行业顾问们会根据公司的要求，撰写一份证明公司是行业的领头羊或佼佼者的报告。

4. 未取得相关授权

有时路演者希望披露一些合作伙伴的相关信息，从而表明该创业项目已得到的支持和进展程度，以宣扬自己的实力。因此，他们会将与自己已经产生或将会产生业务往来的企业名称甚至 Logo 等信息放进路演 PPT 中。但是要注意，在公共场合中，所有披露的信息均需取得相关方的同意。

5. 与竞争对手的比较

在路演 PPT 中一定少不了竞品分析，少不了与竞争对手的产品进行一番对比。很多路演者的内部律师或风控人士是严禁与其他竞争对手进行对比的，因为很容易产生不公

正或误导性的结论。如果必须进行比较，可以采用独立第三方行业顾问报告的数据，或者是各上市公司年报的数据，前提是必须保证信息的真实性和可靠性。

6. 数据造假

路演者往往会使用各种手段来吸引投资者，数据造假是其中的一种方式。例如，修改数字以提高公司总收入，或者修改员工人数量来制造繁荣假象，制作柱状图中，“柱”的高度与实际数值完全不成比例。另外，路演 PPT 相当于一本销售手册，有些路演者会使用不真实的图片，达到使封面更醒目、插图更鲜艳的效果。这些不真实的信息一旦被识破，就会对创业项目和团队产生毁灭性打击。所以，一定要避免数据造假。

四、路演 PPT 制作质量提升技巧

下面介绍 5 种技巧，以促进路演 PPT 制作质量的提升。

1. 遵循简洁原则

路演 PPT 里的文字只写必需的，切忌引入大段文字。在路演中，PPT 是用来给观众做展示的，不是给路演者做发言稿的，不可以照本宣科。再者，路演是在短时间内的快速讲解，所以 PPT 上展示的内容不能出现太多文字，要注意文案的精练。PPT 的本质在于可视化，就是要把原来看不见、摸不着、晦涩难懂的抽象文字转化成图表、图片、动画及声音构成的生动场景，以求通俗易懂、栩栩如生。也就是说，一定要形象，一个形象的路演 PPT 至少要具备以下三个特点。

（1）通俗易懂。因为文字往往是高度凝练过的，人们需要经过默读将其转化成自己的语言，需要上下联想，需要寻找其中的关键逻辑。所以，路演 PPT 的语言一定要生动、简单，能让投资者在最短的时间内将其转化成自己能理解的语言。

（2）容易接受。连续看几个小时的小说会使人腰酸背疼，但是，如果把同样的内容拍成电视剧，即使看一天，大多数人也不会觉得疲惫，可见路演 PPT 的内容必须要做到吸引投资者，利于他们接受内容，让他们对项目有关注的欲望。

（3）容易留下印象。传统的路演需要投资者记住大量的文字，然而没有多少人能够有耐心做到这件事。形象化的路演 PPT，可以让投资者轻松记住其中的图形、逻辑及结论。所以在制作路演 PPT 时，一定要视觉感受明了，内容高度凝练，亮点优势突出。一定要把项目重点内容放大，让投资者一眼就能看清楚，从而减少演讲时的失误。

2. 时间掌控

一般来说，创业者讲得越详细，就越能体现创业者对路演项目的重视与熟悉，但这种想法已经不适合现在的路演融资环节。在时间经济的时代，不管是投资者还是普通用户都不喜欢长篇大论，大家都喜欢以最快、最有效的方式完成工作。因此，要将投资者容易困惑的内容进行详细说明，而其他地方做一些简要说明即可。路演时长十几分钟较为合适，既可讲清问题，又不易让聆听者感到疲倦。不过在此，对路演者有一个前提要

求，就是一定要了解哪些内容是投资者较关心的，哪些内容是非讲不可的，哪些内容是能带来震撼效果的，据此对内容进行调整。

3．内容清晰

路演 PPT 虽然是一种常见的展示性文档，但是投资者难以把握路演内容。因为 PPT 需要一页页地翻，一次只能展示一页内容，前面的内容只能依靠投资者自己记忆。解决的办法：一是可以给每位投资者发一份演说纲要，也就是商业计划书；二是为 PPT 建立清晰的导航索引，导航索引主要包括片头动画、封面、PPT 内容目录、切换页、正文页、结尾页等一套完整的索引；PPT 每页都有标题栏，除了主标题，还要表明本章节的标题、本页的主题；如果方便的话，页码也尽可能加上。

4．整体设计要有创意

大部分人认为制作路演 PPT，只要简单排版就可以。但是，随着审美标准的提升，这一观点被越来越多的投资者摒弃。创业者更要在路演 PPT 制作上体现自己的设计才能，这样才能通过路演 PPT 显现团队具备的创新精神。

一个设计精美的路演 PPT，至少可以起到四个方面的作用。

（1）让投资者视觉愉悦；

（2）让投资者认可你的态度；

（3）赢得投资者的信任；

（4）赢得成功的机会。

路演 PPT 内容上的好坏一时难以评价，但形式上的优劣却显而易见。

设计路演 PPT 其实是一件复杂的事情，但也有一些捷径可供我们参考利用：

（1）善用专业素材。专业素材既可以让 PPT 拥有外在美和内在美，也可以让 PPT 充满生机。

（2）掌握路演 PPT 排版的基本原则，即合理对齐、画面统一、强烈对比、层次分明。

5．合理运用动画效果

绚丽的动画效果能大大提升路演 PPT 的档次，但这不是绝对的。只有合理的动画效果，才可以让路演 PPT 变得生动。因此，路演者要注意以下几个问题。

（1）片头动画或视频可以使路演 PPT 快速吸引投资者的注意力。演示开始时，投资者往往需要一个适应期，也许还在想着没处理完的工作，也许还在和其他投资者交谈。因此，需要把投资者的注意力拉回来，而精美有创意的片头动画或视频能立即给投资者带来震撼的效果，迅速吸引他们的注意力。

（2）清晰的逻辑动画。路演 PPT 缺乏逻辑引导，使投资者难以把握重点，看完路演 PPT 之后，还要思考其中的逻辑关系。因此，给路演 PPT 加上清晰的逻辑动画是非常有必要的。路演者可以控制对象出现的先后、主次等顺序，引导投资者按照自己的思路来理解 PPT 的内容。

（3）强调动画。以往很多路演 PPT 使用颜色的深浅、形状的大小及字体的不同来突出某些重要的内容，这会导致强调的内容一直处于被强调的位置，当讲述其他内容时，会分散投资者的注意力。动画可以通过大小、缩放、闪烁、变色等动作实现强调效果，能够让路演者控制自如，强调之后自动回到初始状态。

（4）片尾动画。加一个简单的片尾动画，可以起到意想不到的效果：一是可以礼貌提醒投资者演示结束，并给投资者一定的缓冲时间，让他们准备接下来的活动；二是与片头动画相呼应，做到有始有终，避免给投资者留下虎头蛇尾的印象；三是通过贯穿始终的形式，提醒投资者回忆内容，强化记忆。

（5）情景动画。情景动画就像在讲一个故事，故事总是有情节和过程的，如果只用一张静止的画面去表达一个完整的过程几乎不太可能。相反，一套连续的动画则能把这些过程表现得栩栩如生。

（6）图表是路演 PPT 的筋脉。因为路演 PPT 的基本内容就是数据，所以图表是必不可少的。最常见的图表包括柱图、饼图、线图、雷达图等。把数据图表转移到逻辑关系的表达上，就出现了并列、包含、扩散、综合的各类关系图表。图表不仅可以让投资者更容易阅读大段文字，而且可以让投资者一眼看到文字内容的核心。

五、路演 PPT 演示的技巧

1. 情景模拟

路演者在路演前必须不断进行演练，包括熟悉内容、翻页配合、语音语调、肢体动作、板块时间分配、应急问题处理等。很多时候，在路演现场视频无法播放，建议使用视频之前一定要经过测试。

2. 路演 PPT 小妙招

路演者在路演 PPT 中，可以使用以下小妙招，提高路演的质量。

（1）使用演示者视图。

（2）播放快捷键 Shift+F5。

（3）使用翻页笔。

（4）使用排练计时功能。排练计时功能可以记录演讲时的单页用时和整体用时。

（5）新增节：可以用这个功能显示每个部分的内容。

3. 巧用页面

路演 PPT 不仅仅是利用好首尾页，答辩页也很重要。15 页路演 PPT 页面之后增加一个回答问题页面，这样不但可以在短时间内应对许多问题，而且也算得上是一个亮点。

4. 为答辩留有空间

演说时间一般只有几分钟，很多内容不可能说透，点到即止，能够吸引投资者即可。亮点可以留到答辩时再详细讲解。

5. 演说心态

（1）路演的目的不是非要融资。

（2）几分钟搞定投资是不现实的。

（3）不要在自己的优势上过分谦虚。

（4）你可以失败，但必须留下光芒。

路演的目的除了融资外还有其他，比如获得媒体曝光、得到专家的建议等，每一次失败都是一种经验累积，都能为成功铺路。抱着一颗平常心去参加路演，重要的不是路演 PPT，而是你的态度！

任务实施

按照以下步骤完成路演 PPT 的制作（可以先准备一些设计精良的创业计划书的 PPT 模板）。

第一步：设计封面，封面包括的内容如下。

封面

项目名称用一句话描述，如“小米电视，打造年轻人的第一台电视”

参赛组别

参赛省份

所属学校

联系信息（姓名/联系方式/公司名字）

建议：项目名称不要直接用公司名字（尤其是尚未成立公司的项目）

第二步：设计并制作正文内容，包括五个部分，内容如下。

正文

第一部分（1～2 页）

分析行业背景和市场现状

主要内容：

（1）项目相关行业背景、市场发展趋势、市场空间。行业市场分析要具体且有针对性，与所要做的事要紧密相关，避免空泛论述。

（2）描述在目前市场背景下用户存在一个什么样的痛点（市场需求点/机会点）。在分析时，如果已有相关的产品或服务，请对已有的产品或服务做简要的对比分析，表明当前项目的差异点和机会。

（3）说明目前是该项目正确的时机。

建议：多用数据或案例进行说明。

正文

第二部分（1 页）

讲清楚要做什么？

主要内容：

请用一两句话讲清楚准备做什么事（最好能配上简单的产业链上下游图、产品功能示意图或简要流程框架图等，让人对要做的事一目了然，不要整页 PPT 都是大段文字）。

建议：

（1）发挥专业特长，有创新点，不要简单追随投资热点。

（2）要专注聚焦，不追求大而全。

正文

第三部分（6 页左右）

如何做，以及目前所处状态

主要内容：

（1）讲清楚有什么样的解决方案，或者什么样的产品能够解决什么样的痛点（市场需求点/机会点），方案或者产品是什么，提供了怎样的功能等。

（2）明确产品将面对的用户群是谁？要有清晰的目标用户群。

（3）说明产品或解决方案的竞争力（为什么这件事你能做，而别人不能做？或者为什么你能比别人干得好？你的特别的核心竞争力是什么？项目与众不同的地方是什么？比如具备科技成果转化背景或拥有有价值的知识产权等）。

（4）说明商业模式及未来如何实现盈利？（如果商业模式还处于雏形阶段，或者是早期的面向企业项目，请说明产品及解决方案对用户确实有价值，且能做大规模）。

（5）横向竞品对比分析（选取关键维度进行对比分析，对比分析时要客观、真实）。

（6）说明产品及解决方案的研发、生产、市场、销售等环节的相关策略（如果项目处于创意阶段或早期，该部分的市场销售策略等不是重点，简要说明即可）。

（7）目前阶段已经达成的关键指标（产品研发、销售等环节的进展，尽量用数据进行说明）。

正文

第四部分（1～2 页）

项目团队

主要内容：

（1）团队的人员规模和组成。

（2）团队主要成员的分工、背景和特长，并说明个人能力与岗位的匹配度。

（3）团队的核心竞争优势。

建议：

科技成果转化项目需要说明科技成果的专利权人及其与团队的关系。

<table>
<tr><td>
正文

第五部分（1 页）
财务预测与融资计划

主要内容：
（1）未来一年左右项目收支状况的财务预测。
（2）未来 6 个月或 1 年的融资计划（需要多少资金？释放多少股份？用这些资金干什么？达成什么样的目标？）。
（3）目前的估值及估值逻辑（估值逻辑请说明估值方式）。
（4）之前的融资情况（如果有的话）。

建议：不必写未来 3 年甚至 5 年的财务预测，除非是已经非常成熟的项目。
</td></tr>
</table>

第三步：设计封底

<table>
<tr><td>
封底

结束语
</td></tr>
</table>

企业家精神

为责任减肥　为生命加分

——记科教网总编李伟伟

李伟伟，男，汉族，出生于 1981 年，陕西安康汉滨区人。现任秦商总会理事、秦商联合会副会长、西安明泽创意文化发展有限公司董事长、西安安康商会传媒顾问、西安市紫阳商会传媒顾问、西安市汉阴商会传媒顾问、天目集团传媒顾问、隆基集团传媒顾问、怡豪投资控股集团传媒顾问、陕西职业技术学院校友会副会长。

2018 年 12 月 23 日，在西北饭店长安厅，科教网创始人李伟伟进行了 40 分钟的演讲。舞台两边两米多高的红色背景上写着："为天地立心，为生民立命，弘扬中华君子文化；为责任减肥，为生命加分，引领科学生活方式。"也许是从小习武的缘故，减肥 40 多斤的李伟伟挺拔健硕。

这一天是科教网创办十年的庆典，同时也是李伟伟的女儿出生百日的感恩仪式。37 岁，有儿有女，事业也有了些成就。"回首向来萧瑟处，也无风雨也无晴。"当晚，李伟伟发了一条微信朋友圈："新的开始来临了。"

初心：难忘与樊代明院士的一次对谈

谈起为何创建科教网？这一切缘起中国工程院院士樊代明在 2009 年和李伟伟的一

次谈话："我当时是国家某报记者，有幸采访了时任第四军医大学校长樊代明院士，几次接触中，我们建立了信任，而且我能够适应部队的工作作风，招之即来，来之能战。有一天，樊院士告诉我：'伟伟，现在报网融合，特别是互联网创业这块都做得很好，我觉得你还有更大的进步空间，如果你在互联网方面创业，我想你应该有更多的机会。'所以在樊院士的指导和鼓励下，我就踏上了创业之路。"

"我深深地记得樊院士曾经分享过这么一句话——过去我们是在替人讲故事，而现在正在讲别人的故事，最终是让别人讲我们的故事。希望有一天别人在讲樊代明的故事的时候，也会讲到樊代明和李伟伟的故事。"李伟伟那年28岁。

西安不是国家金融中心，也不是政治中心，但却有丰富的科教资源。随着西安成为"一带一路"倡议的核心区，更加证明当时的选择是正确的。他表示："科教网总部就放在了西安，科教网在下个十年，还要投资高校师生的科技成果、创意项目。"

恒心：减肥66斤，将事情做到极致

李伟伟的朋友们记忆中，他是一个灵活的大胖子。最胖时，体重达到218斤，跆拳道、散打、摔跤，他却样样能来。李伟伟还会双节棍，他甜蜜地透露，一位叫张静的女孩欣赏他表演的双节棍后，成了他的爱人、两个孩子的妈妈。

20岁出头时，李伟伟一直保持着130斤的体重。创业时巨大的压力和无规律的生活，让他逐渐胖了起来，而且一发不可收拾。"创业之路没有容易的，可以说一路都很艰难。"李伟伟叹道。

婚前，虽已意识到体重的问题，但很少有朋友会正面提醒他。他的爱人却是那个异见者。"她曾经拿着我23岁和30岁的两张合影照片给我看，她说23岁时的我是合影的人中最帅的，30岁时的我成了几个人中最丑的。"真正让李伟伟下定决心减肥是因为女儿。"我们有一个可爱的4岁儿子，老婆这次怀孕，我们都感觉可能会是个女儿，确实也如我们所愿，生了个漂亮的女儿。老婆刚刚怀孕时，我就在想，儿子已经很'嫌弃'我这个胖爸爸了，如果女儿将来也觉得这个胖爸爸太丑怎么办？从2018年1月开始，我下定决心减肥，当时的体重是210斤，8月底已经减到了156斤，减掉了54斤。"

对生命的敬重让李伟伟加深了对减肥的认识。创业十年来，当年追随他的人，有的已因肥胖离开人世，还有两个身材肥胖的朋友，在2017年春节时，饮酒过度脑梗、心梗去世了，这让李伟伟感到非常沉重。"对一个创业者来说，要践行行善、担责、尽孝、感恩。如果没有一个好的身体如何去担责？如何担负起社会责任？如何照顾好自己的小家庭？这些问题值得我们认真思考。现在，肥胖人数逐年增加，肥胖问题，已经影响了中国人的身体素质、心理素质和精神状态。所以减肥不仅是个人的小事，更是国家的大事。"李伟伟说。

不少人咨询李伟伟减肥秘诀，他说只有两点：一是坚持；二是对自己狠一点儿。在李伟伟看来，减肥与创业的道理是一脉相承的："首先，科学调整饮食结构，要清楚什么能吃，什么不能吃，吃多少；其次，适量的运动，变啦、微信运动、Keep等很多软件都非常好，监测我们的运动；还要有良好的作息时间。另外我再加一点，就是对自我意志和信念的磨砺和训练。一个能够靠科学的方法减肥的人，精神和身体都会变得强大。"

真心：最优秀的人是最诚实的人

李伟伟的故乡在安康市汉滨区小南沟村，父母都是普普通通的农民。这片土地教给他知行合一、勤劳质朴的价值观。“最优秀的人不是最聪明的人，而是最诚实的人。没有人会拒绝一个真诚的人。我们要成功必须向成功者靠拢，他们的财富、智慧、经验比我们都要强，所有的小聪明在他们眼中都是多余的。付出真心，自然会赢得更多人对我们的尊重和赞赏，给予我们更多出彩的机会。”

李伟伟家所在的山叫凤凰山，在西安住在凤栖原。为此，他自嘲是“凤凰男”。他说：“不要忘记自己的老师，不要忘记自己的父母。当年，为了供我上学，妈妈到河里面去挑沙子给我凑学费。小时候过生日，我总会得到一个期待已久的鸡蛋。我说妈妈为什么不吃鸡蛋，她总说不爱吃。后来我渐渐明白，是因为鸡蛋太少了，妈妈舍不得吃。那年回家时，我给妈买了很多鸡蛋，她说患上冠心病、高血压，胆固醇较高，吃不了鸡蛋。那一刻我情不自禁双膝跪倒在妈妈面前。”

“大家看我很坚强，实际上我是一个很感性的人，有时候我看到一些抗日剧也会禁不住热泪盈眶，为此老婆总说我泪点太低。当然，她是能够理解我的，说这样的话无非是希望我的情绪不受影响。”李伟伟说。

作为知名的青年演说家，很多国内外大型活动都有李伟伟主持或演讲的身影。为此，也有人说李伟伟很高调。他回应称：“我确实是一个高调的人，高调做事，低调做人。”

同心：并肩奋战的传媒特种兵

对于李伟伟来说，创业之路始终是与困难相伴的。在层层磨砺中，他总结出来的心得是：“任何困难和麻烦，都是与解决方法同时诞生的。所以坚信危险中一定有机遇。机遇、机会中可能有遭遇，所以说要做到宠辱不惊，同时要享受困难。”

这一路走来，最让李伟伟难忘的，还是那些与他风雨同舟的伙伴们。李伟伟的第一个合作伙伴叫李衬玲，是陕西省军区退伍女兵。那时候，办公室里只有一台电脑、一张桌子和李衬玲一个员工。“后来她到一个台资企业去工作了，如果有机会我希望我们仍然在一起工作。”

现在科教网的团队越来越壮大，在北京、广东都有办事处。作为掌舵人，李伟伟对这个团队颇感自豪。“创业团队分大团队和小团队，大团队有成千上万人，这方面我自愧不如，也没有发展到那个程度。带领小团队，我还是有自己一些见解的。第一，初创型企业的价值不在于它本身的商业模式，也不在于它创造了多少价值和利润，而在于联合创始人团队。一件事谁来做很关键，所以得有一帮志同道合、并肩作战的铁哥们；第二，要有特种兵精神，科教网团队像传媒特种兵，每个成员能够招之即来，来之能战，战之能胜，所向披靡。你看我们的那些小伙伴们，90 后、95 后，能演讲、能主持、能写作、能策划，这些能力都是经过反复训练的，每个新人都要通过这样的培训，没有规矩不成方圆，这就是团队。第三，慈不养兵，对你的团队既要好一点，也要狠一点。好一点是把利润、好处、出彩的机会分享给大家，狠一点是指奖惩有别，正负激励结合。我们应该是一个虎狼之师，而不是一只母老虎，带着一帮不会捕食的小老虎。谁再问我这个事怎么办，我说你自己看着办，办好了就奖励，办不好就把你“办”了。独立、主动、协作解决问题的能力至关重要。”

信心：做科学生活方式的引领者

十年来，对李伟伟来说，每天萦绕于心的是科教网的未来应该往哪里走。

“当年创业我是凭着一股勇气，一颗持之以恒的心。在这个过程中逐渐明白，眼界非常重要，要站在未来谋划今年。真正的创业不是我有什么，我会什么，再去创造什么。而是市场需要什么，我们再研究如何配置多方面的资源，不研究市场的创业纯属自娱自乐。”

科教网十年，李伟伟将这个节点定位为二次创业。科教网的未来要做的是科学生活方式的引领者。科教网随之从资讯传播转向产业互联网。在李伟伟看来，内容为王的时代已经过去了，现在是产品为王的时代，一切不发生交易的内容都是无效的。为责任减肥、为生命加分，引领科学生活方式，就是科教网未来之路！

李伟伟有一个心愿，将科教网做大、做强，让陕西互联网从业者更受世界尊重。做强科教网，就从自我科学的减肥开始，绝不做语言巨人、行动矮子。通过科教网复制学习科学的减肥方法，要让所有肥胖者坚信减肥是可以的。解决中国人的肥胖问题，科教网的社会价值和创富价值不言而喻。

任务十一　路演讲稿的撰写

学习目标

1. 了解撰写路演讲稿的四大要求
2. 了解撰写路演讲稿的表述形式
3. 掌握撰写路演讲稿开头的技巧
4. 掌握撰写路演讲稿的七大核心内容
5. 掌握撰写路演讲稿结尾的技巧
6. 能运用所学知识完成一篇路演讲稿的撰写

任务布置

任务	创业项目路演讲稿的撰写
目的	掌握撰写路演讲稿开头的技巧及七大核心内容，能运用所学知识完成一篇路演讲稿的撰写
内容	根据已完成的创业计划书内容，确定路演讲稿的开头、结尾及核心内容的表述方式
时间	2 课时
成果	撰写一份创业项目路演讲稿

知识导图

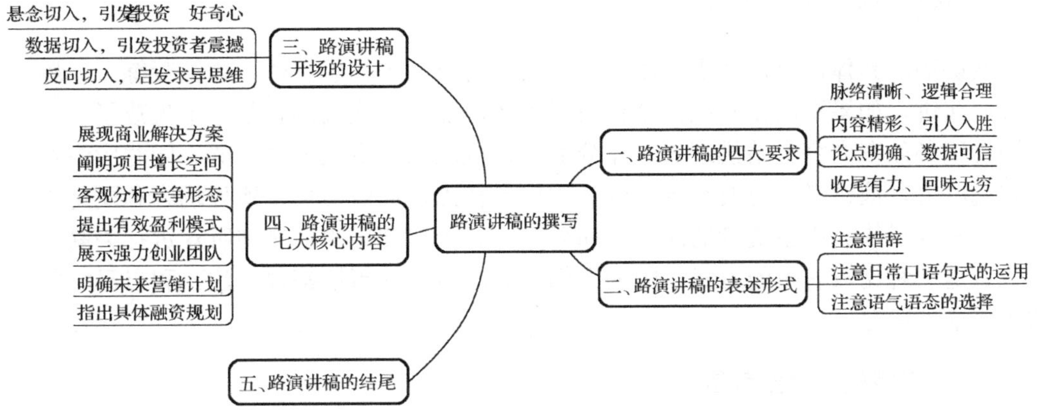

相关知识

一、路演讲稿的四大要求

路演的目的是通过富有表现力的现场演讲来触动投资者，引起投资者的兴趣和关注，以此展现创业项目的商业价值，进而达到为项目融资的目的。所以，能否展现一场内容充实、张力十足的演讲至关重要。

路演演讲稿在撰写时有一个基本要求：结构观点不能少，开篇结尾都有道。很多人认为已经有了路演 PPT，足以作为演讲蓝本，所以演讲稿准备与否就无足轻重了。另外，演讲成功与否还要看演讲者临场发挥，成功的演讲往往是高度艺术感的展现。但这种认识是不正确的！成功的演讲确实看重演讲者个人素质和艺术表现力，但也必须看到他们背后往往都需要很长时间的准备和练习，成功绝不可能是灵光一现的偶然出现。演讲稿作为演讲活动的一部分，必须事先准备好。一般来说，一篇出色的路演讲稿应当具备以下几个特点。

1．脉络清晰、逻辑合理

路演演讲的时间一般不会特别长，路演场所的复杂性也一般较高，所以演讲者必须拥有一个清晰的演讲框架结构，能够让聆听者在短时间内快速掌握演讲的主题内容，紧随演讲者的思路，进而把握演讲的核心意图，从而达到良好的演讲效果。

演讲稿在结构方面的逻辑顺序有许多种，包括话题顺序、时间顺序、空间顺序，以及“提出问题—分析问题—解决问题”的顺序等，演讲者应根据不同的项目特点和内容来选择演讲稿的逻辑顺序和行文结构。

2．内容精彩、引人入胜

演讲稿的具体内容往往需要演讲者花大量的时间去构思整理、总结凝练。一场十几分钟的演讲，如果不能在开头几分钟吸引听者，那么这次演讲就基本上失败了。这就要求演讲稿必须在内容上精挑细选、充分加工，以求语言令人入耳即醉。同时应注意，在内容选取上，演讲者一定要结合投资者的投资特点、商业习惯、所处场合和既定主题等因素，争取尽快吸引投资者的注意力和兴趣点。可以使用“话题与听众进行关联”的方式，这是一种比较有效的方式，因为人们一般对自己的事情都很关注，和自己相关的事情也会格外留意。

3．论点明确、数据可信

在演讲中，大段的文字表述虽然显得信息量十足，但很容易让投资者失去聆听核心点。因此，必须清晰地阐释创业项目演讲的内容要点，以求观点明细、特点突出。同时，演讲者还要合理运用相关数据或事实来有效地支撑已经阐述的各个论点和要点。这是演讲稿主体内容写作时要把握的关键点。

4. 收尾有力、回味无穷

演讲的结尾往往需要起到画龙点睛的作用。好的结尾可以使人对整个演讲印象深刻、引起思考和回味。开篇和正文再好，如果结尾语言平淡，整个演讲的精彩程度也会大打折扣。那么，要如何做到结尾有力呢？可以采用引文结尾方式，达到引人深思的效果。

二、路演讲稿的表述形式

路演演讲一般属于近景、面对面沟通，所以在遣词造句、语气口吻的选择上都要尽量口语化，不可以过于学术腔。演讲是一种口语表达的艺术活动，口语化则是让演讲产生吸引力的诀窍之一。如果演讲者不顾口语表达的实际需要，一味地咬文嚼字、堆砌专业词语，很容易让演讲变得枯燥无味、晦涩难懂，进而使投资者失去听下去的兴趣。演讲者只有在运用词语、句式及修辞方式等方面注意与口语表达相适应，用词顺口入耳、通俗易懂、朴素自然，演讲才能在潜移默化中产生效力，使投资者接受。演讲口语化的三大要求如下。

1. 注意措辞

演讲尽量选取有利于口语表达、能充分体现通俗流畅风格的词语。要适应口语表达“即说—即听—即接受”的特点，以能够让投资者快速理解为准，不要出现太多生僻、专业的词语。

2. 注意日常口语句式的运用

通常情况下，形式简短、修饰成分和连带成分少的短句比长句更适合口语表达，更利于聆听者抓住重点。路演演讲内容以突出产品特点、体现企业优势为核心。这种形式的演讲无须辞藻华丽、长篇大论，而是要简洁有力、短小精悍。同时，路演时间极为有限，也注定无法让路演者讲太多话。

3. 注意语气语态的选择

演讲者说话的语气及其表达方式对实现口语化内容很重要，采用亲切商量的语气和与听众谈心的方式来演讲，话语就会很自然、真切，就容易缩短与听众的距离，达到声入心通的效果。

三、路演讲稿开场的设计

要实现良好的演讲效果，演讲人就必须找准开场切入点。切入点找得好，能起到事半功倍的效果，可以驱动和调控听众的心理，使投资者更容易接纳路演项目的特点，也可使路演项目所传递的信息更加鲜明集中。

路演讲稿开场可以采用以下三种设计方案：

1. 悬念切入，引发投资者好奇心

设置悬念能抓住投资者的注意力，引起投资者兴趣。在演讲开篇中设置与主题相关的悬念，通过恰当地烘托和渲染，让投资者急欲了解谜底，然后再点出悬念，顺势将其引入自己的演讲主题中，使之完全顺从演讲者的逻辑方式。

2. 数据切入，引发投资者震撼

演讲者以极具诱惑力的商业数据（如市场规模、价值总量等）为开场，一下子将投资者最关注的问题在最开始就摆上桌面，敏锐的商业嗅觉和强烈的商业趋利性会使投资者不得不被你的演讲吸引，进而顺利将其引入你的商业逻辑中。

3. 反面切入，启发求异思维

正面切入演讲主题是顺理成章，而反向切入会出奇制胜。反向切入就是脱离听众熟知的视觉和普遍共有的想法，出乎意料，独树一帜，让听众的思维和经验的惯性受到挫折，切合投资者的求异思维，调动投资者的积极性，使演讲达到自己预期的效果。

无论哪种开场方式，演讲者一定要把握好路演开场的30秒钟，让听众在最短的时间内消除疑问，即提出用户痛点或商业价值。

案例分析

路演开场反面和正面案例示范

1. 开场反面案例示范

尊敬的各位投资者老师，亲爱的各位朋友，大家早上好!

我是×××，今天很荣幸能代表我们公司来给各位做项目呈现，如果有讲得不好的地方，请各位多多包涵，如果我没讲清楚的地方，等会议结束后，我们可以进一步私聊。感谢各位！我们公司的主要产品是……

问题分析:

（1）“尊敬的、亲爱的、很荣幸”等废话太多。

（2）“讲得不好，多多包涵”表面上看似态度虔诚，实际上是自寻死路，在今天效率至上的微时代，没有人会为你的错误买单。

（3）“没讲清楚，私聊”，那是你一厢情愿，私不私聊取决于你的项目演绎能否激起听众的兴趣，不取决于你说不说，听众没兴趣，你说了也白说。

2. 开场正面案例示范

据权威数据，中国有1 200万的汽车爱好者。当他们倾其积蓄买到自己爱车的时候，发现市场上没有一家可以为爱车提供个性化配件的公司，这就等于一个伟大的母亲无法为爱子购买一件适合的衣服一样痛苦。因此，爱车控应运而生。

特别提示：

1. 开场白的长短，要根据路演时间长短而定，一般不要超过总时长的 6%。

2. 开场用词一定要言简意赅、直指中心，最好能用确切的数据、犀利的问题来代替无聊的形容词。

四、路演讲稿的七大核心内容

1. 展现商业解决方案

商业解决方案的 3 个维度如下。

（1）用户的痛点在哪里？

（2）该方案如何精准解决用户痛点？

（3）该方案可执行度有多高？

方案的呈现一定要明确具体，切忌描述虽多却笼统不明，或者看起来文字密密麻麻，实则有价值的内容却寥寥无几。

2. 阐明项目增长空间

项目增长空间的 4 个维度如下。

（1）该市场总量有多大？

（2）你能发掘的市场份额有多少？

（3）整体增长的稳定性如何？

（4）驱动增长的因素有哪些？

这里的关键词是“增长空间”。你需要让投资者看到市场对公司产品或服务的需求，并相信该项目有足够的发展可能性。

3. 客观分析竞争形态

竞争形态的 3 个维度如下。

（1）主要竞品有哪些？

（2）竞争对手的优势、劣势分别是什么？

（3）项目的核心竞争力体现在哪里？

竞争分析一定要站在客观的角度，让投资者了解你在和谁竞争，为什么你的解决方案更好？为什么你能赢得胜利？

4. 提出有效盈利模式

有效盈利模式的 4 个维度如下。

（1）行业价值链是怎样的？

（2）利益在价值链中是如何进行分配的？

（3）有哪些可靠的收入来源？

（4）未来的收入将如何延伸？

项目初期，盈利一定要单点发力！如果暂时不能提出合适的盈利模式，创业者必须强调项目的其他价值，如市场控制力、有效保护壁垒等予以弥补。

5. 展示强力创业团队

强力创业团队的 3 个维度如下。

（1）你内部的核心团队成员都有谁？

（2）你外部的核心团队成员都有谁？

（3）他们与项目相关的经验、资源及渠道有哪些？

演讲稿撰写的重点要让投资者相信这个团队对公司有信念且值得信赖，能将公司带入下一个里程碑。注意，团队介绍时没必要每个人都提到，只需介绍主要人员即可。要用数字突出业绩，用经历及背景来展现实力。

6. 明确未来营销计划

未来营销计划的 3 个维度如下。

（1）现在已经达成了哪些目标（如产品迭代、用户数据、财务状况等）？

（2）下一步目标是什么？

（3）目标达成的具体措施或策略是什么？

演讲稿撰写时，要注意时间跨度不能太长，计划数据要切合实际。总之，要让投资者清晰地知道你上一阶段的成果，以及下一阶段的目标及执行策略。

7. 指出具体融资规划

具体融资规划的 4 个维度如下。

（1）计划融资多少钱？

（2）拟出让多少股份？

（3）资金的具体使用计划是怎样的？

（4）对于投资者的回报方式有哪些？

演讲稿要描述清楚融资金额的合理性和必要性，使投资者感觉物有所值，告知投资者投入计划和拟得的股份的具体数字，同时须描述资金的合理去向。

切记，创业者不可将项目估值定得过高、项目用途说得太广，实际情况和计划书描述得不能出入太大，投入资金和出让股权比例要合理拟定。

五、路演讲稿的结尾

理论上来说，一场路演令听众最为记忆深刻的内容往往是开场和结尾。开场一般始于数据和理想，而结尾往往收于愿景或情怀。现今社会的商业项目一般最为重视商业价值和社会价值。数据和理想容易展示商业价值，而愿景或情怀更易于表达社会价值。

一个唯利是图、只为满足商业价值而完全不顾社会价值的企业创始人无法成为一代大商人。所以，创业者在结尾处如果能灵活利用愿景或情怀来做总结，就更容易让投资者产生共鸣、加深对项目的认可度。正如马云说的："做企业赚钱，赚很多的钱，是很多人的想法，但这不是阿里巴巴的目的。让员工快乐地工作成长，让用户得到满意的服务，让社会感觉到我们存在的价值，这才是阿里巴巴的社会责任所在。至于赚钱和社会回报，那是水到渠成的事。"

任务实施

按照以下步骤完成路演讲稿的撰写。

第一步：设计开头，内容如下。

1．你的用户痛点是什么（一句话说明白，最好能用一句话讲个场景故事）？ 2．你所提出的痛点，用户急需消除吗？

第二步：撰写正文，包括五大核心内容。

1．你的解决方案及方案优势是什么？ 2．你的市场规模及市场存量是多少？促使增长的内在驱动因素是什么？ 3．你的下一步目标及达成措施是什么？ 4．你需要融资多少及出让多少股份？ 5．你团队的核心成员有哪些与项目运营相关的经验及资源？

第三步：路演结尾，包括以下两点。

1．除了金钱之外，我为什么要做这件事（一句话说明白）？ 2．做这件事除了能赚钱之外，还有哪些社会价值（最好是你解决用户痛点的场景故事）？

企业家精神

坚持慈善事业　积极奉献社会　走在创业路上的公益大使

——记“最美巾帼志愿者”马盼

马盼，女，生于1984年，延安市宝塔区甘谷驿镇东镇村人，毕业于延安大学继续教育学院。现系陕西宾悦文化传媒有限公司法人，“凤凰礼仪”培训品牌创始人，陕西省慈善联合会推广大使、志愿者工作委员会主任，陕西省红凤工程推广大使、副会长，陕西省慈善协会形象大使，陕西省红凤工程志愿者协会副会长，陕西省巾帼志愿者联合会副会长，延安味道形象大使……

马盼一贯待人热情，乐于助人。在生活和工作中，始终坚持“谦恭、自强、感恩”的信念，在公益岗位做出了卓越的成绩，先后获得多个荣誉称号：“陕西省优秀巾帼志愿者”“延安市‘五一’劳动奖章”“延安青年五四奖章”“陕西省最美巾帼志愿者”“中国慈善年会纪念改革开放40周年慈善贡献奖”“陕西省首届慈善年会最佳文化传播奖”等。

“痛苦能够毁灭人，受苦的人也能把痛苦毁灭……”

——维也纳古典乐派代表人物之一，欧洲古典主义时期作曲家路德维希·凡·贝多芬

德国著名音乐家贝多芬曾经说过这么一句话：“痛苦能够毁灭人，受苦的人也能把痛苦毁灭。创造就需苦难，苦难是上帝的礼物。卓越的人一大优点是：在不利与艰难的遭遇里百折不挠。”我们的主人公，来自陕北黄土地的80后女孩马盼，恰恰就印证了这句话。不向命运低头，逆水行舟，迎风破浪。创造出生命的辉煌，唱响一曲《命运》交响曲。

陕北是块贫瘠的土地，贫瘠给人带来了苦难，但是也使这块土地的人与生俱来就有一种坚韧的毅力和战胜苦难、不屈不挠、争取美好生活的奋斗精神。而广袤辽阔、壮美起伏的高原，又赋予他们浪漫乐观的性格和宽阔的胸怀。而陕北、延安成为一代知识分子的聚集地、先进思想的发源地。这无疑给这片土地平添了更多的文化内涵。

初见马盼，你根本想象不到这个扎着马尾辫、活泼开朗、充满阳光、始终笑呵呵的她，会是一个经历了那么多挫折、承受了那么多与她年龄不相称的女孩子。

你也许想不到，马盼当年考上了延安师范音乐教育专业，家里人由于经济原因，根本拿不出学费，有点重男轻女思想的父亲甚至劝她放弃学业。这个从小爱唱爱跳、对外面的世界充满幻想的女孩硬是苦苦乞求家人，借了钱走进了大学的校门。懂事的她知道，上学已经给家里增加了负担，想实现自己的理想，就得自己负担自己的学费和生活费。就读师范的三年里，她没有钱买衣服，一年四季都是一身校服。看到同宿舍的家境好的女生无忧无虑，穿着靓丽，动不动上街购物，吃美食。马盼也曾经羡慕嫉妒过，也曾经哀叹埋怨过。但现实不容她有丝毫的埋怨。十六岁，她开始了打工挣钱的生活。每个周末，她外出当家教；每逢正月，当地企业组织闹秧歌，她去参加挣劳务费。

人的精力是有限的，出去打工必然耽搁学业。为此，她想出了很多办法。为了练习普通话，她常常在去打工的路上听新闻，跟着节目主持人练习普通话。舞蹈课下课了，同学们都兴高采烈地去吃饭，她一个人留在教室里，一面压腿，一面一遍遍地重温老师授课的内容。

马盼说："一个人的教室，一个人嘴里轻轻哼着乐曲，忘记了饥饿，忘记了烦恼。因为每次到食堂不是咸菜馒头就是馒头咸菜。晚点去，也能避免同学诧异的眼神下的窘境。"

就这样，这个倔强的女孩又考上了延安大学鲁迅艺术学院，求学五年，铸就了她坚韧拼搏的个性，也打下了坚实的专业基础。

伟大的事业是根源于坚韧不断的工作，以全副的精神去从事，不避艰苦。

——哲学家、数学家和逻辑学家之一伯特兰·阿瑟·威廉·罗素

大学生就业难，对当时延安这个偏远的城市来说，那就是难上加难。毕业了，她清楚知道自己没有可依靠的关系，有的仅仅是一个发挥自己专业特长，给自己争取一个展示自己的舞台的梦想。为了这个梦想，她再次出发了。马盼先后在旅游公司当过舞蹈演员，在延安一个大商场当过管理员。虽然兢兢业业，但是总得不到转正的机会。为了圆梦，这个延安甘谷驿的姑娘来到了西安。

初闯西安，她租住在城中村。炎热的夏天，她给矿泉水瓶子灌上凉水消暑；寒冷的冬天，她给矿泉水瓶子灌上热水取暖。初来乍到，举步维艰。她在街上发过保健品广告单。偶然的一次机会，她接触到陕西电视台的《都市碎戏》《百家碎戏》《西安故事》的拍摄。她当演员，参演、主演了千余部方言短片，如《龙争虎斗》《迷途》《不值钱的爱情》《情迷农家乐》《十万火急》《救救麦琪》，客串了电视剧《恋了爱了》。干场记、做制片、当演员、做副导演，艺术梦在慢慢向她靠近。五年打拼，她成为几百部方言短剧的制片人、导演。她的敬业和专业得到同行的好评，还被陕西电视台评为"最佳制片"和"最具人气导演"。

2009 年，马盼应邀给一家装饰公司做商务推广节目主持，她的能力得到认可。随着邀请单位的增加，知名度的提高，2011 年 4 月，马盼创办了陕西宾悦文化传媒有限公司。商业演出活动不断，公司在艰难中逐步走向正轨。然而，一场车祸让她一下子掉入冰窟。

2014 年元月，公司去商洛成功举办了一个庆典活动，返回西安途中，车穿过秦岭山隧道，进入蓝田县地段，天上下起了雪。一个下坡路段，因前面的大卡车打滑，司机急速向路内侧打转向，一连撞了 7 根高速护栏才停下来。车撞坏了，除司机轻伤以外，其他人伤势不轻。大雪中，又冷又怕，马盼的心缩成一团。她安慰着流泪的同事，又一遍遍呼唤着另一个即将昏迷的同事，还要给救援车打电话。

半夜把人送往医院，安顿好同事，她这时才感觉头部隐隐作痛，一摸，头上鼓了一个大包。

仅仅这场事故她损失了 40 多万元，对于刚刚起步的宾悦传媒来说，已经濒临破产边缘。

伟大到渺小只有一步之遥。

——维也纳古典乐派代表人物之一，欧洲古典主义时期作曲家路德维希·凡·贝多芬

面对巨大的打击，这个坚强的小姑娘没有被吓倒，她不仅让宾悦传媒艰难地挺过来了，还利用互联网、微信等现代化传媒手段，组织成立了西安悦女人俱乐部、中国西部首支商务主持团悦雅慧，成为古城一道亮丽的风景线。

人们常说，心存善念，阳光就会照耀。心存大爱，崇高就会伴随。心存感恩，贵人就会青睐。在生活的磨砺中，马盼也在不断地感悟生活，感恩生活。

当年上大学时，延安群众艺术馆的周老师得知马盼家境贫困，免费给马盼“开小灶”加班辅导。半年后，马盼的各门功课在班里名列前茅，获得学校大型晚会主持节目的机会。为此，善良、阳光感恩，在她的心里播下了种子。

当年父母因为家贫阻止她上学，她从来没有埋怨过父母，反过来认为，谁不爱自己的儿女，不想让孩子有出息。因为生活的困顿，他们才痛苦地做出这种选择。因此，她从内心体谅父母的艰难。上学期间，回到家做家务、干农活，从不闲着。学校的苦累从不告诉父母。在学校期间，自己本身已经很拮据，但还是省吃俭用，用节省下来的钱支持弟弟上学。到了西安，父母病了，家里盖房子，弟弟结婚，她都倾力支持。

哪怕自己苦一点，少买一件衣服，少吃一个荤菜，也不要让父母受艰难。马盼就是这样一个懂事、继承了吃苦耐劳、顾家爱家优良传统的陕北女人。

在公司日常工作中，她把同事当成姐妹兄弟，其乐融融。商洛车祸，一个同事骨折了，表现得很坚强，看到焦虑的马盼为她们跑来跑去，她心疼。马盼要给她父母打电话，这个女孩说：“盼姐，千万不要让他们知道，不然，他们会找你的麻烦。”直到现在，她的父母都不知道这件事。

多年的历练不仅让她收获了满满的正能量，也让爱更博大，更有深度。她想通过公益活动用自己羸弱的力量帮助更多需要帮助的人。2012 年开始，马盼就积极地投入慈善公益事业中，经常捐款捐物，或者去养老院、孤儿院帮助老弱病残，或者组织义演晚会，或者给高校大学生进行礼仪口才等公益培训。

有人说，马盼，你那么困难，家里、公司那么艰难，搞公益需要时间，耽误你挣钱，还要贴钱，你图个啥？马盼说，帮助别人的时候，我才觉得我融入了这个社会，我的价值才能体现出来。她心怀感恩、不忘回报社会，在创业的道路上一直把公益作为成长和创业的重要组成部分，将公益精神融入企业管理中，身体力行地带领公司团队全身心投入公益事业。在马盼的带领下，陕西宾悦文化传媒有限公司多年来获得诸多公益组织的赞誉。陕西省“优秀巾帼志愿示范团队”、“三秦女大学生创业就业实习见习基地”、纪念红凤工程 20 周年“突出贡献奖”、壹基金温暖包暖冬行动“爱心企业”、西安交通旅游广播 1043 冬日温暖 · 山里孩子喜乐游“爱心企业”、共青团延安市委“爱心企业”等。

古人说，上善若水，水澄澈，洗涤着尘埃污垢，水流动，推助着别人，水宽容，包容着一切。还有一句话说，女人若水。好女人是因为善良才像水。对马盼这个来自陕北的女孩子来说，除了清纯、柔顺、心地澄明，她面对困难，却更像一股奔流不息的河流，穿越险滩、山涧的阻隔，向着自己的目标迈进。中国梦是民族复兴的梦，而这个来自延安市宝塔区甘谷驿的 80 后女孩子的梦，应该是“中国梦”在实现过程中的一个梦。

任务十二　路演技巧的介绍

学习目标

1. 了解“互联网+”时代路演的本质和内涵
2. 确定自己的路演演讲风格
3. 了解提升路演演讲感染力的方法
4. 掌握常见路演现场的控制技巧
5. 常见路演问题的解决方案
6. 能运用所学知识进行创业项目的路演

任务布置

任务	创业项目路演技巧的掌握及运用
目的	明确路演的本质；了解如何确定自己的路演演讲风格及提升路演演讲感染力的方法；掌握常见路演问题的解决方案及路演水平提升的技巧；能运用所学知识进行创业项目的路演
内容	根据已完成的创业计划书及 PPT 的内容，运用所学路演演讲的技巧，进行本组创业项目的路演演讲
时间	6 课时
成果	学生创业项目路演演讲视频

知识导图

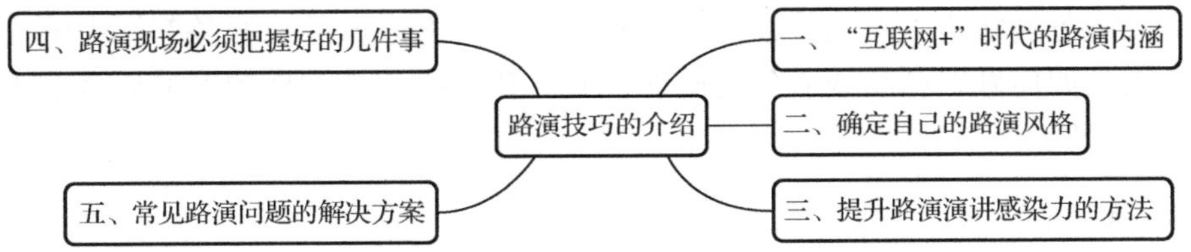

相关知识

一、“互联网+”时代的路演内涵

1．“互联网+”时代价值最大化原则

价值最大化主要包含两个层面：一是内部客户价值的最大化；二是外部客户价值的最大化。内部客户主要是指员工，必须让员工在工作环境、职业生涯规划、职业认同感

等方面获得满足，这样他们才会有更大的动力服务企业。外部客户主要是指消费群体、合作伙伴，甚至是竞争对手。对于消费群体只有一个目标，即尽其所能满足他们的合理需求，比如个性化定制等；对于合作伙伴，需要实现的是双赢，比如给予供应商或者代理商优越的政策条件等；对于竞争对手，重要的是拥有一颗平常心，避免双方陷入恶性竞争的局面。

2．“互联网+”时代的精神

“互联网+”时代的精神体现在以下几个方面。

（1）简单——指操作简单，主题明确，但后台运作复杂，保护壁垒高。

（2）直接——解决刚需是准则。

（3）粗暴——简单高效。

这也要求“互联网+”时代的路演必然拥有了新的内涵。

（1）路演是手段不是目的，我们不是为了路演而路演。路演不是表演，路演是为说服投资者开展融资行为而存在的，路演是要达成和对方的共识，是基于相同的理念才能迎接苹果落地的一个自然过程。

（2）建立以听众为中心的行为和思维模式。必须预先对路演的核心听众做好功课。所有的商业行为都是以“人”为落脚点的，路演的听众就是未来最直接的合作伙伴或客户，很多路演失败的原因就是缺乏对听众的研究，未能给听众足够多的选择、足够闪耀的亮点和足够精确的兴奋点。而这里面最重要的是，路演是一个了解的过程，给投资者留下良好的印象，这将有利于双方未来建立更为融洽、稳固的关系。

（3）理念清晰、内容简单。从理念到执行，准确梳理路演项目与资本、客户、市场之间的关系，突出核心优势，避免一次性托盘而出。

（4）路演成功的核心在于信心。信心来自结果，而非起点。要让台下的聆听者从一开始就感受到你强大的信心。

（5）掌握互联网企业的一般描述方式。比如，演讲稿先讲用户的痛点，即你为什么做？产品或服务能解决用户的什么需求？然后是做什么？产品或服务怎样去解决这些痛点？接下来是如何做？产品或服务的商业模式、盈利模式是怎样的？最后是谁来做？即团队配置如何？

3．路演核心内容

路演必须围绕以下几个核心内容进行组织和设计。

（1）本项目是做什么的。阐述商业模式、商业逻辑、商业流程、核心产品是什么。

（2）本项目解决客户的实际问题。这个问题必须是对需求进行明确洞察之后得出的结论，必须具体、有力。

（3）本项目的核心竞争点。强调本项目与其他竞品的不同之处，本项目核心商业价值有哪些。

（4）本项目对投资者的意义所在。这是最重要的问题，告诉投资者项目的路演内容与他们有什么关系，投资者为什么要关注本项目。

二、确定自己的路演风格

路演演讲的内容必须要与自己的身份、性格、特长、情绪等相匹配。要时刻注意使自己的言谈举止切实符合自己的身份，符合自己企业的产品风格。形成独特的路演演讲风格需要注意以下四点。

1．切合自己的定位或身份

任何演讲都是处于某种特定环境或氛围中的，所以演讲者遣词造句必须符合自己的身份，这样才能形成独特的个人风格。例如，马云在商业演讲中代表的是整个阿里巴巴集团，他的演讲势必表现出作为一个大企业大气的一面。在内部演讲中，马云是管理者，他的演讲势必要让员工获得激励，让他们能够很好地工作。

2．切合自己的性格特点

人与人的性格都是不同的，如有的人稳重内敛，有的人谦虚谨慎，有的人活泼机警。如果你是一个稳重内敛的人，那么最好把这种稳重的、喜欢深思熟虑的特点带到演讲中来，以看问题的深刻性来说服投资者。如果你是活泼机警的人，那么最好把这种直爽豪放、能活跃气氛的特点带到演讲中来，以热情洋溢的风格来感染投资者。

如果不是一个在演讲台上控制力极强的人，那么请不要轻易为了营造演讲效果而刻意矫揉造作，这样往往会适得其反。

3．切合自己的长处

善于演讲的人都是根据自身条件扬长避短，最后形成自己独特风格的。如果你擅长哲理性的思考、严峻的幽默，那么演讲时就要保持这种特色，分析深刻、幽默诙谐、富有哲理，细微处见真功夫。

4．赋予真实的情绪

在演讲时，不要让投资者觉得你要把自己的观点强加于人，或者表现得过于激动，让投资者来不及反应。不过，你完全可以让自己的情感自然流露，只要是真情实感，都可以宣泄出来。要相信，再煽动性的语言也没有自然的情感有说服力。

三、提升路演演讲感染力的方法

路演演讲应以宣传鼓动为目的，面对广大听众，以口头语言为主要形式，非口头语言为辅助形式，为自己的产品发表一系列的意见，或者系统、鲜明地阐明自己的观点和主张。下面是提升路演演讲感染力的六种方法。

1. 排比让演讲更有气势

排比是用句式结构相同的段落、句子或词组，把两个或多个事物并列组合在一起加以比较，借以突出它们的共同点和不同点。很多时候排比的段落或句子都是以递进的方式排列的，目的是营造出雷霆万钧的气势。

2. 使用第一人称更有亲切感

使用第一人称会让演讲更加有亲切感。使用简单生动的主动语态，而不是复杂乏味的被动结构，会让演讲者直接与观众对话，拉近双方的距离，促使双方相互交流。在介绍创业团队时，如果时间允许，再加上自己的一些亲身经历，这样的路演就不会像一场赤裸裸、冷冰冰的产品发布会。

3. 语调上的抑扬顿挫

演讲者语调的起伏不仅能使演讲更加生动，而且能表现丰富的感情信息。如果总是用一种平缓的语调来演讲，不仅演讲者本身显得无精打采，投资者也会很快产生疲倦和厌烦的心理。一般来说，升调传达激昂的情绪，如兴奋、愤怒、谴责、疑问；降调则表达灰暗的情绪，如悔恨、伤心。演讲者要善于运用语调的变化，抑扬顿挫、张弛结合地表达，尤其是在演讲的后半部分，通过语调的激越高亢和反复，将演讲推至高潮。

4. 方言及网络流行语的使用

网络流行词非常适合具有创新性的互联网企业使用，用一个形象生动、能产生良好效果的网络流行语来表达演讲者的内容，会使路演演讲效果更加生动。

5. 肢体语言

肢体语言包括面部表情、手足动作、站立姿势等，好的手势和表演会给你的路演演讲大大加分。演讲时，演讲者表情要自然，面带微笑，不要紧张得面部肌肉都僵硬了。眼睛要直视听众，与他们做眼神上的交流。

6. 幽默让现场气氛更轻松

生活中没有幽默是乏味的。人们一般都不喜欢严肃的话题，如果话题太专业，大家就会觉得无聊至极。所以，在演讲现场，演讲者适当加一些幽默内容，创造一种轻松的气氛，会提高投资者对演讲者的接受率，让现场气氛更加轻松。

四、路演演讲必须把握好的几件事

1. 说出痛点，讲出特点

讲故事要有亮点，听众才喜欢听；项目要有特点，听众才愿意接受。创业者可以结合所在行业的特点来突出项目优势，可以从产品技术、核心团队、市场渠道、商业模式等方面来讲。比如在高科技行业，你的技术领先，比竞争对手强，这就是最大的亮点。再如互联网企业，你的产品解决了用户的哪些痛点，是如何解决的，演讲人可以尽情展示产品细节和独特价值，这也是最大的亮点。

2．项目核心人员亲自上台陈述

一定不要因为畏惧路演而请人代劳，核心人员是项目的灵魂，由他亲自来做路演演讲是保证路演有结果的重要前提之一。演讲人一定要精神饱满，将项目精神、创业激情展现出来，不单纯是从头到尾平铺直叙一件事情，而是你的故事一定要生动有趣。讲故事除了直白的语言表达，还可以加入一些动作，甚至简短的互动。比如将你的产品在现场直接呈现给投资者，做一个小展示，如果投资者能现场体验最好，听故事的人会有切身的体会。很多时候，路演演讲的逻辑已经在投资者脑海里，演讲只是一种形式。往往最打动人的不是在台上的夸夸其谈，而是那些懂专业又务实的人。

3．突出团队优势，尤其是核心人物

投资者不只关注你的项目，同时更关注做企业的人。一般来讲，投资其实就是投入，一个有实力的团队在项目融资过程中是至关重要的。在路演时，演讲人要尽可能突出团队的优势，可能没有太多时间让你去细讲每一个团队成员的背景、从业经历。那么就把最核心的、与企业竞争力紧密相连的讲出来，比如最核心人物的经历，团队里有什么样的资源，能解决哪些问题等。不要简单罗列公司人员的构成，或者把简历直接粘贴上去，然后对着路演 PPT 去念，而是使用简单的图、词句等呈现到商业计划书中，更多地依靠演讲者直接表达故事给投资者。

4．设置兴奋点，引发现场关注

设置兴奋点的四大技巧如下。

（1）设置兴奋语言，满足投资者心理。

能够引起投资者兴趣的事例、名言、佳句和精辟独到的见解都属于兴奋点的范畴。在演讲时，按照演讲内容的需要，演讲者有计划、有目的地选出一些兴奋语言，延绵不断地埋设在演讲过程中，让它拉近演讲人和投资者的心理距离，满足投资者的心理需要。但是这个兴奋语言的设置，要做到顺理成章、水到渠成，千万不能不顾对象而故弄玄虚、刻意求工。

（2）敢于打破定式思维，善于标新立异。

每个人都有好奇心，满足人们的好奇心和求知欲本身就具有兴奋作用。打破常规、标新立异是设置兴奋点很好的方法。为了让演讲吸引投资者，要在尊重传统的路演演讲文化和思维的基础上，对演讲进行必要的创新。打破定式思维，敢于创造，让现场的投资者体会到一种与众不同的路演气氛，从而加深对路演企业的印象，提高获得投资的概率。

（3）加大语气力度，提高刺激强度。

从生理角度讲，在特定域值之内，人的感官接受外来刺激的强度越大，神经兴奋的程度就越高。心理学研究表明："人们最容易记住对自己有重大影响、对自己有利、自己主观愿意记住的或给自己重大刺激的信息。"投资者对路演企业演讲内容反映强弱，或是路演企业对投资者兴奋程度的影响，在一定程度上取决于演讲语气的力度。

演讲者演讲语气的力度，取决于演讲人对演讲内容的熟悉程度、对事物的感悟程度，以及对问题分析的透彻程度和现实立场的鲜明程度。所以，在演讲时要尽最大努力把问题看得透彻、准确、鲜明，始终给投资者一种刺激感。

5. 调动现场气氛

（1）演讲要简短有力。

很少有人喜欢听别人长篇大论，时间有限的投资者更是如此。如果你一讲就半个小时，而且没有和现场的人互动，那么投资者肯定会觉得不耐烦。路演演讲不是讲得越多越好，而是要有价值，尽量用最简短的语言把自己想要表达的意思表达清楚。路演演讲偏向单向交流，而这种交流越简短越好。如果时间太长的话，就很容易造成冷场。

（2）变换话题，抓回投资者的注意力。

演讲时，演讲者遭遇冷场可通过暂时变换话题的方式，重新吸引投资者的注意力，如通过穿插趣闻逸事来活跃现场气氛以吸引投资者的注意力。这样投资者的注意力也能迅速集中到演讲内容上。这时，演讲人要回到话题的轨道上，避免偏离。如果是双向交流的路演演讲，话题的变化是不定的，演讲者要根据现场情况随时应变。

（3）适当赞美投资者，求得好感。

如果投资者发现演讲内容和自己关系不大，或者激不起自己的投资兴趣，自然就不会对项目产生太多的关注。在这种情况下，就会出现冷场的情况。此时，演讲人可以采用恰当的方式，拉近与投资者的心理距离。贴近听众的一个有效方法就是发自内心地赞美投资者，用"动之以情，晓之以理"的方式获得他们的共鸣，使他们重新产生对演讲者演讲内容的兴趣。

（4）制造悬念，激发投资者的兴趣。

好的悬念不仅能使演讲人再度成为投资者注目的中心，而且能够达到活跃现场气氛的目的，激发投资者聆听与参与的兴趣。因此，演讲者在路演演讲过程中制造悬念，可以有效吸引听众的注意力，使演讲内含的信息得以准确传达。演讲人能够在出现冷场的情况下，适时地制造一两个悬念，确实是重新吸引投资者注意力的有效方法。

6. 画面、语言、利益设置要到位，现场气氛更要到位

（1）画面植入。

所谓的画面植入，就是让人了解的画面无形地植入投资者的大脑里，让投资者下意识地承认演讲者想要表达的观点或内容。

路演者完全可以运用这种心理，利用画面植入让投资者相信他说的话，跟着他的思路走。这样表达的信息就更容易被投资者接受，投资者的表现就会显得更加热情。

（2）定义式语言。

所谓定义式语言，就是能够给一个事物下一个定义，然后用一段语言将其描述出来，甚至这段语言还可能成为座右铭。但并不是随便用一段语言形容一个事物，这一段语言就能成为定义式语言。它还必须满足一定的条件，即语言要精练、形象、准确。

路演的过程中，路演者用较少的文字表达，这样既能精准表述项目的特点，还能节省时间。但有时路演者做到这些并不能吸引别人的注意力，这时需要在语言的形式上做文章，比如颠倒文字顺序，让路演形式更有吸引力。

（3）相关利益。

在路演中，路演者需要将与投资者相关的利益点罗列出来。将与投资者相关的利益点告知他们，他们就会形成相关利益的有效记忆。运用这个技巧，让投资者记住对他们有利的地方。

7．机智应对突发事件，维护现场秩序

路演演讲一般是为了更好地展示自己的企业或产品，让投资者看到项目最优秀的一面。但有时候难免会出现一些意外，让你的演讲处于尴尬的境地。那么，路演演讲人应该如何化被动为主动，机智应对路演突发事件，更好地转变自己的立场呢？应对路演突发事件的四大技巧如下。

（1）随机应变，将不利转变为有利。

在路演现场，不管路演者说错了什么，都要在第一时间让自己的脑袋迅速转动起来，随机应变把自己的不利转变为有利。这样不仅不再那么尴尬难堪，还为自己提供了不可多得的自我表现机会，让自己不但不会形象全失，还能更好地赢得投资者对你的肯定，认为你有处事不惊的应变能力。

（2）勇于进行自我解嘲。

路演演讲本来就是展示自己企业和产品的第一个地方，无论好坏，都是对企业和产品的全面剖析。如果在演讲中出现尴尬局面已经不可避免，路演者就应当拿出足够的勇气来面对现实，甚至直接向尴尬挑战，用自我解嘲的方式应对演讲中的突发事件，化险为夷。

（3）将计就计，化被动为主动。

每件事情都有两面性，我们看到的可能只是其中的一面，换种思维方式，就可以让我们的立场变得更加有利。利与不利都是相对而言的，路演者只要找到其中的关键点，化不利为有利是大有可能的。

（4）自我调节，转移尴尬。

医学上有一种所谓的移痛法，当一种难以征服的痛苦被另一种较易征服的痛苦代替时，前一种痛苦往往在后一种痛苦的作用下失去原来的痛感。这种移痛法也同样适用于路演现场。因为突发事件而出现的尴尬，就当是自己的一个热场的玩笑话一样，一笑而过。自己为自己准备台阶，换位思考。这样不仅可以调动现场的气氛，还能让自己放松心态，更好地应对下面的演讲。

8．成功的路演演讲应注意的问题

成功的路演演讲，应当关注于以下五个方面的问题。

（1）提前了解听众需求、项目特点和市场环境。

路演者在路演之前就要确定路演的目标，并据此预测听众的直观感受和价值体验，把这些预测整理出来，根据预测来准备路演资料。

路演者必须先对市场进行调研，确定目标用户，否则路演泡沫就会破灭，投资者与客户是不会对未经市场证明的企业买账的。

（2）要懂得营造现场氛围。

路演的表达方式既可以是场景描述，也可以是互动，最重要的是要把投资者带入你营造的情境里。如果路演者怕冷场或遇到技术故障，预想几个可能尴尬的场景，抛出你的段子，化解尴尬、缓和气氛。

（3）清晰的演讲逻辑。

路演的逻辑结构不清晰，重点不突出，都难以打动投资者。路演者可以在脑海中规划自己的演讲图，找到关键点，把演讲的结构弄清楚、明白，思路和脉络自然就清晰了。这样既可以克服忘词的恐惧，也能让听众一目了然。

（4）想办法让投资者记住你。

投资者听了太多的演讲，无法一一记住。路演者可以用一句足够吸引人的口号、句子或观点，并在展示过程中多次提及，让投资者牢记，如果能给他们留下印象，你就成功了一半。

（5）重视最后的提问环节。

路演结束时，如果有点评环节，演讲人要认真倾听投资者提出的项目改进意见，要避免与投资者争辩，尽量给对方留下一些良好的印象。演讲人在回答投资者的问题时，应避免犹豫、迟疑等现象发生。

（6）多经历，不断积累。

路演者不要惧怕在众人面前展示自己的项目，不论是模拟还是正式路演，要充分展示自己对项目的专注和对项目的自信。随着项目路演次数的增加，路演者就会发现自己在路演时出现的问题会变得越来越少，路演水平也会不断提高，同时在演讲时也会得到更多积极的反馈。

当项目的“魂魄”开始能够在路演中得以展现时，投资者就会自然而然产生兴趣。

五、常见路演问题的解决方案

1．缓解对路演的恐惧

路演者路演时，到底应该如何有效地克服路演恐惧呢？以下三种方法可以帮助路演者克服恐惧的心理。

（1）专注所讲述的内容。

无论发生任何事，只要路演者能时刻专注路演内容，给投资者提供信息，且用心讲好它，就可以产生不可思议的正面效果。

（2）稍等讲话。

路演者准备演讲时，不要着急讲话，先稍微停顿一下。你的停顿可能是 3 秒钟或 5 秒钟，也有可能是 10 秒钟，但这不重要，重要的是自己感觉缓解了这种紧张和恐惧，再开口讲话就可以了。静心等待，自我调控，时机成熟时再开口不迟。

（3）调整呼吸。

路演过程中，路演者通用的恐惧应对策略是 1 : 4 : 2 呼吸法，即吸气 1 秒钟，闭气 4 秒钟，吐气 2 秒钟。当你吸气后再闭气时，你的身心会处于高度紧绷状态。所以，缓缓吐气时，你会发现整个身心都会在那一刻放松。当然你也可以把 1 : 4 : 2 呼吸法调整为 2 : 8 : 4 呼吸法，就是吸气 2 秒钟，闭气 8 秒钟，吐气 4 秒钟。

2. 巧对忘词和卡壳

（1）停顿。

从经验来看，忘词和卡壳都是瞬间的。路演者如果能安静数秒，即可顺利记起。过度紧张反而会失去思考时机，甚至造成再次忘词和卡壳。所以，路演者停顿、平静、思考是应对忘词和卡壳的关键。

（2）回顾。

假如路演者讲的有三点内容：第一，痛点问题；第二，解决方案；第三，市场规模。可是，当路演者讲完第一、第二点之后，突然忘记了第三点。这时行之有效的方法是路演者带听众一起复习或回顾前面提到的两点内容。

（3）跳过。

路演中，如果你忘记的内容让你实在无法记起，不必纠结，直接跳过即可。当然，如果路演跳过的这部分内容很重要，在结束时你还是要做一下补充的。如果不是，则连补充的必要都没有。特别提醒，如果你路演时老是忘词，或是忘词无法在数秒内记起，只能说明你的准备不够充分，或者说本身逻辑就存在挑战性。记住，路演最忌讳的就是当你还没做好完全准备之时就开口路演。

3. 精准掌控时间

路演中，如果时间结束你还没有讲完，或者时间没到你提前讲完了，这些失误甚至比你在路演中的演绎不够出彩还要糟糕。那么，路演中如何才能精准地掌控时间，做到刚刚好呢？如果是内容多、时间少，那么路演者就忽略掉细节，加快语速。反之，如果时间多、内容少，就可以采取以下措施。

（1）回顾重点。

假如路演者的路演时间仅有 8 分钟，你实际用时 6 分钟。那么，剩余的 2 分钟可以把你讲过的重点内容重新回顾一下，一来是填补剩余时间的尴尬，二来可以加深听众对你所演讲内容的印象。

（2）放慢语速。

当你知道你的时间多而且内容少时，你就可以适度放慢语速。

（3）加强细节描述。

路演者加强一些细节性的描述内容，也是一种拖延时间不错的做法。

4. 处理各种干扰

路演中，意料之外的事总是在所难免。例如，听众思想跑题，蓄意干扰等，这些插曲有时甚至会令你措手不及。那么，路演者如何提前规划及布局这些干扰，让成功触手可及呢？以下的三大方法会是你的救命稻草。

（1）向前一步。

路演时无论现场发生任何事情，路演者都要千万记住，要向前一步，勇敢面对，切勿后退。相信你只要能向前一步，无论是用眼神注视着他，还是站在他的身边，他的不屑或干扰定会消失不见，毕竟在路演时你才是主角。

（2）重音提示。

一般在路演或公众演讲时，为了让声音效果最佳，麦克风通常都会与嘴巴之间留有一拳距离。当你发现听众有人思想跑偏或眼睛打架时，你就可以把麦克风突然拉近。这种突然的声音会瞬间刺激听众的听觉神经，从而造成消除干扰的效果。

（3）停顿提示。

停顿是路演中常用的技巧。一个善于运用停顿技巧的路演者，路演时总能扣人心弦，让听众聚精会神。

5. 谈判注意事项

与投资者谈判时需要注意什么呢？

（1）说到做到。

投资者不蠢，他清楚地知道天天谎言不断的人会有什么结果。更重要的是如果你失信一次，他将会对你所有的承诺生疑，因为他不知道你还会失信哪些承诺？

（2）不卑不亢。

你和投资者的关系是合作共赢的关系，不是施舍和被施舍的关系。因此没有高低之分。所以，在谈判中，投资者向你提出一个问题，理论上你也可以向他提出一个问题，他让你写下对他的承诺，他自己也要写下对你的承诺。

（3）实事求是。

项目不是一天做大的，投资者的钱也不是想拿就能拿到的。因此，无论投与不投均属正常。创业者应该放大格局，深究项目，这样拿到钱就是迟早的事。相信你保持平常心，一切皆会水到渠成。

6. 冷静回答提问

路演中，无论你的路演布局多么缜密，路演演绎多么极致，投资者的提问都在所难免，除非你的项目根本无法引起他的兴趣。那么，针对投资者的提问，路演者如何回答是个值得探究的问题。毫不夸张地说，路演功底的好坏就在这一问一答之间表露无遗。

想要获得投资，不仅要尽力展示自己，还要仔细判断琢磨投资者会从哪些方面着手提问。路演者如何回答才能有的放矢，击中他心？

（1）预设问题。

你的项目只有你自己最为熟悉。因此，建议你站在投资者的角度预设投资者有可能问到的问题。通常，投资者提问无非就是怎么赚钱、空间如何、有无壁垒等，针对问题精心准备答案并且熟记。除此之外，别无他法。

（2）提前准备。

针对提出的问题，路演者需要提前准备答案，越详细越好。如果有必要，路演者同一问题可以站在不同的角度准备多种答案，正所谓有备无患。

（3）彩排练习。

彩排练习这种看上去非常笨的方法，的确是解决问题的本质。真正的大师都不单是术的突破，更是道的修炼。以道御术才能步步为营！

任务实施

按照以下步骤进行项目路演的模拟训练。

第一步：完善路演 PPT。

第二步：完善路演讲稿。

第三步：模拟路演并拍摄小视频。

第四步：发现问题并修改 PPT 及讲稿。

第五步：现场路演，交流总结并制作一个路演小视频。

企业家精神

聚焦“中华父亲山”秦岭的保护和发展

——记陕西秦岭世界文化传播有限公司董事长席威斌

席威斌，男，1972 年出生，湖南省双峰县人，毕业于长安大学，资深传媒人，先后供职于华商报社、新文化报社、汽车自驾游杂志社、陕西日报社秦岭世界周刊，曾多次获得各种新闻奖项。2016 年创办陕西秦岭世界文化传播有限公司，聚焦“中华父亲山”秦岭的保护和发展；2019 年，联合华阴市城投集团成立西岳文旅产业有限公司。

凡事都要脚踏实地去做，不驰于空想，不骛于虚声，而唯以求真的态度做踏实的功夫。以此态度求学，则真理可明；以此态度做事，则功业可就。

——李大钊

席威斌为大家所熟知的，更多的是他资深传媒人的身份。这方面他确实有些资本，虽然他大学学的专业是地质勘探，与新闻专业根本不沾边，但在新闻媒体行业，他干得并不比那些新闻学研究生、博士生逊色。

1998 年 3 月，他进入西北地区发行量最大的华商报社工作，当年即获得了报社第一个“年度陕西好新闻一等奖”。

2000 年，他参与策划、组织了西安第一个国际车展、第一个车模大赛；同年 11 月的全国首个记者节期间，他当选“华商报社首届明星记者编辑”。

2006—2009 年，他先后转战华商传媒集团旗下的新文化报社、北京华商圣锐、黄马甲，长春、北京……留下了他奋斗的足迹。

2010—2015 年，他担任全国发行的自驾类汽车期刊《汽车自驾游》杂志总经理，策划、组织了一系列的大型跨国考察探险活动：2010 年的“长安到罗马　丝绸之路复兴之旅”，时任陕西省副省长的景俊海为他授旗；2011 年的“西安到鹿特丹　新筑欧亚大陆桥”，他们以横跨欧亚两大洲的博斯普鲁斯大桥为背景，在游轮上与土耳其的合作伙伴签约；2012 年的“长城哈弗　领舞北极”，他们在芬兰洛瓦涅米的圣诞老人村，策划“老子与圣诞老人的对话”，也让中国的民族自主品牌汽车首次登上北极斯瓦尔巴群岛，并通过冰雪漂移等特技动作展示了“中国制造”的卓越性能；2015 年的“欧洲熊猫粉丝四川探亲之旅”，他组织了英、法、德等六国的熊猫粉丝及专家、记者，驾驶“成都制造”SUV，从巴黎的埃菲尔铁塔下出发，穿越欧亚 13 国，经行南丝绸之路，抵达四川的熊猫故乡。当时的四川省省长为这些欧洲熊猫粉丝颁发“四川旅游国际推广大使”证书。

2015 年 10 月，他策划的“英雄熊猫‘明’雕像重返伦敦动物园”，成为习近平主席访英的重要配套活动。

……

说到这些阅历，席威斌很淡然。他说，他特别喜欢李大钊这句名言——“凡事都要脚踏实地去做，不驰于空想，不骛于虚声”。他说：“我不是新闻学科班出身，但我信奉脚踏实地、笨鸟先飞。”

他分享了一个难忘的经历：1998 年 3 月，刚到华商报社上班时，作为新员工，他每天早早抵达办公室，扫地、擦桌子、打开水、接电话，很勤快。就是这个勤快，给他带来了一个机会——他接了一个电话，对方说是被骗到了湖南长沙一个新型开发区搞传销的陕西人，被限制自由，还被逼给自己亲友打电话，骗更多人过去做传销。对方希望报社能曝光此事，提醒更多陕西同乡不要上当受骗。他灵机一动，写了个报道计划，报社领导马上批准，派他和另外一位女记者假扮恋人赶赴长沙卧底报道。很快，他们的报道引起了高度关注，那些传销商甚至扬言要把他们作为“病毒”找出来清理掉，国家也开始清理整顿。半个月后，国务院下发了《在全国范围内禁止任何形式的传销活动》的通知……后来，这组报道获得了《华商报》诞生以来第一个省级好新闻一等奖。

雄心壮志是茫茫黑夜中的北斗星！

——罗·勃朗宁

这些看似花哨实则坚实的足迹，对于席威斌这样一个 1972 年出生在湘中的农家小子而言，实为不易。

湖南双峰，一个湘中小城，这里出过曾国藩、蔡和森等名人。1972 年，席威斌出生在这里的一个农民家庭，兄弟姊妹四个，他排行老二，幼年时期即表现出对文学的热爱：小学三年级时的作文被拿到五年级的课堂上当范文读；学校甚至把他的作文做了整整一面墙“迎国庆特刊”。所幸的是，他的父母也很支持他的文学梦，想办法给他买了不少文学书……

1991 年 1 月，台湾女作家三毛自杀。这一年，席威斌也迎来了他的第二次高考。喜欢三毛、收集了三毛出版的每一本图书的他，做了一个决定：三毛最浪漫的就是她和丈夫荷西在非洲撒哈拉沙漠的那六年时光，物质生活极其贫乏，但是爱情和精神上却很富足。他也许去不了非洲撒哈拉沙漠，但至少可以去新疆塔克拉玛干沙漠。去沙漠得有一份可以生存的工作吧，撒哈拉沙漠旁边有海，荷西可以当潜水员；新疆塔克拉玛干沙漠没有海啊，那就当一名地质员吧。

这个决定的结果是：1991 年 9 月，他出现在古城西安大雁塔北侧的西安地质学院（后与西安公路学院、西安建筑学院合并成了长安大学）的新生队伍中。大学四年，他的专业课学得平平，但是文学梦却一直在延续，先后担任了院学生会宣传部部长、院报记者团团长，写了不少文稿。

毕业后，他回到了湖南，在一家地质研究所工作了三年，终于决定正儿八经做一名文字工作者。于是，1998 年 3 月，他应聘进了当时刚刚改刊不久的华商报社，一直到 2013 年正式离开华商报社，他说，他把生命中最青春、最年富力强的 14 年时光献给了华商报社，见证了它逐渐强大的过程，分享了它的荣光，然后在它最巅峰的时期悄然离开。

席威斌说，一提到湖南人，总爱说到岳麓书院门口的对联：“惟楚有才，于斯为盛。”实际上湖南人最为人称道的是“霸蛮”。所谓“霸蛮”，不是外在的凶狠，而是内里的执着与坚守，是“明知不可为而为”“知难而上”的勇气与淡定。

2010 年开始，他成为《汽车自驾游》杂志社的负责人，先后策划了“丝绸之路复兴之旅”“新筑欧亚大陆桥”“万里走黄河”“长城哈弗 领舞北极”“哈弗首登三沙”“共铸钢铁长城”“环越珠峰”“欧洲熊猫粉丝四川探亲之旅”“自驾联盟穿越撒哈拉”等大型活动，用车轮丈量了四十多个国家的国土。

“志向和热爱是伟大行为的双翼”，歌德的这句名言给了席威斌支撑。他说：“在《汽车自驾游》杂志社的这几年时光里，我先后驾车游历了 50 多个国家，用车轮丈量了北方丝绸之路、南方丝绸之路、欧亚大陆桥，闯过北极、环越了珠峰、穿越过撒哈拉沙漠……我用这几年时光，向我心中的女神三毛致敬，兑现了我的诺言，诚如三毛出版的一本图书名《万水千山走遍》。”

先静之，再思之，五六分把握即做之。

——曾国藩

2016 年，席威斌决定创业。他说：“我已经 44 岁了，还有很多梦想，我希望能用自己的方式，去实现这些梦想……”他的双峰老乡曾国藩这句名言给了他极大的信心。这一年，他创办了陕西秦岭世界文化传播有限公司，聚焦“中华父亲山”秦岭的保护和发展。

2017 年，他策划的中国华山国际围棋大会，实现了柯洁、李世石等中日韩顶级围棋高手“华山论剑”，也让中国第一个围棋世界冠军马晓春与三只分别来自中国、韩国、法国的人工智能“狗”（英文中“围棋”为“go”）“互殴”……

谈起大秦岭，席威斌眉飞色舞：秦岭，是中国的龙脉、中央公园、华夏儿女的父亲山，中华民族的精神标识和地理标识，是“上帝赐给地球的礼物”。它是中国南方和北方的气候分界线，也是长江和黄河两大水系的分水岭，还是动植物基因宝库，熊猫、朱鹮、金丝猴等珍稀动物在这片热土上繁衍生息。当全世界的朱鹮濒临灭绝时，1981 年 5 月在汉中洋县发现的 7 只野生朱鹮拯救了整个族群，如今，朱鹮已繁衍到了 3 000 余只……

谈到未来，已届“知天命之年”的席威斌，有一种“只争朝夕”“与时间赛跑”的紧迫感，他晒出了 2019 年的计划表。

完成中日合作拍摄的艺术电影《朱鹮之恋》，参与角逐“东京国际电影节”“金鸡百花电影奖”“金马奖”，争取有上佳表现，并在中国和日本同时公映。

2019 年 1 月 9 日，他的秦岭世界与华阴市城投集团旗下的国企大华文旅共同成立混合所有制公司——西岳文旅产业有限公司，围绕华山的 IP，策划一系列大型文体艺术交流活动，研发一系列文创产品，并联合国内的大型文旅企业和影视企业，在华山脚下共同打造有生命力、可持续健康发展的特色小镇和田园综合体，拍摄制作堪与《那年花开月正圆》对标的电视连续剧……

为天地立心，为生民立命，为往圣继绝学，为万世开太平。

——张载

最近，席威斌又多了一个心愿：北宋大儒张载以他的“横渠四句”所传世，“为天地立心，为生民立命，为往圣继绝学，为万世开太平。”这四句在今天的中国仍然有着极强的现实意义和当代价值，与国家大力倡导的“弘扬中华优秀传统文化”“人类命运共同体”高度契合。张载出生于 1020 年，2020 年正好是诞辰 1 000 周年，他正在联合知名编剧创作剧本，准备拍摄一部以张载为主角的纪录电影，在 2020 年播映。

让自己的内心藏着一条巨龙，既是一种苦刑，更是一种乐趣！

——雨果

谈到未来，席威斌很淡然：“相比其他企业家来说，我 44 岁才开始创业，财富和社会名望远远不及他们。但是，我有自己的目标——致力于秦岭的保护和发展。如果通过我们的推动和参与，能让‘中华父亲山’秦岭山更青、水更绿，我想我就没有什么遗憾了。”

附录　课程教学资源配套二维码

知到 App 登录及使用方法

下载知到 App 并进行注册，搜索“创业策划及项目路演实训（中俄版）”“创业素养提升之魔力口才”或“电子商务项目策划”，点击“加入学习”按钮，即可观看相关课程内容或升级版课程内容

序　号	名　称	视频时长	二　维　码
0.1.1	走进创业课程	00：05：42	
1.1　商业天才的秘密			
1.1.1	商业天才的秘密——巴纳姆的故事	00：18：27	
1.1.2	巴纳姆思想	00：16：15	
1.1.3	巴纳姆商业思想的“解构”（上）	00：24：33	
1.1.4	巴纳姆商业思想的“解构”（下）	00：17：50	
1.1.5	企业家访谈：陕西坤大集团董事长专访	00：35：55	
1.2　认知创业			
1.2.1	创业的定义和类型	00：16：17	
1.2.2	大学生创业具备的条件	00：06：23	

续表

序　号	名　称	视频时长	二　维　码
1.2.3	大学生创业的五大方向	00：10：57	
1.2.4	大学生创业的优势与劣势	00：08：03	
1.2.5	企业家访谈：陕西森弗集团董事长专访	00：24：16	
1.3　创新思维与方法			
1.3.1	创新发展情况	00：14：41	
1.3.2	创新的特性	00：07：43	
1.3.3	创新思维	00：10：09	
1.3.4	创新方法	00：13：58	
1.3.5	企业家访谈：陕西金邑投资控股有限公司董事长专访	00：13：18	
1.4　筛选创业项目			
1.4.1	产生企业构思的重要性	00：14：09	
1.4.2	可创办企业的基本类型及其成功要素	00：05：47	
1.4.3	寻找企业机会的方法——问题造就机会	00：09：26	
1.4.4	学会使用 SWOT 分析方法来验证构思项目	00：17：38	

续表

序　号	名　　称	视频时长	二　维　码
1.4.5	企业家访谈：　金讯通软件技术有限公司董事长专访	00：29：14	
	1.5　评估创业市场		
1.5.1	明确目标市场	00：15：53	
1.5.2	顾客开发模式	00：15：47	
1.5.3	设计创业营销策略	00：14：34	
1.5.4	创业营销方法与销售预测	00：15：44	
1.5.5	企业家访谈：北京木宝禾商贸有限公司西安分公司总经理专访	00：23：13	
	1.6　组建创业团队		
1.6.1	创业团队的概念及基本要素	00：12：58	
1.6.2	创业团队的类型	00：08：40	
1.6.3	高绩效团队的共性及特点	00：10：29	
1.6.4	组建创业团队的基本条件	00：17：29	
1.6.5	组建创业团队的模式	00：09：08	
1.6.6	企业家访谈：西安十三朝城坊旅游文化传播有限公司董事长专访	00：35：25	

续表

序　号	名　称	视频时长	二　维　码
1.7　熟悉创业法律法规			
1.7.1	公司治理	00：17：26	
1.7.2	合同法律风险	00：13：01	
1.7.3	知识产权问题	00：10：11	
1.7.4	刑事法律风险	00：09：42	
1.7.5	劳资关系	00：12：50	
1.7.6	税收法律关系	00：06：20	
1.7.7	企业家访谈：科教网创始人专访	01：03：42	
1.8　商业模式与资金筹集			
1.8.1	商业画布九大要素	00：14：22	
1.8.2	商业画布的关系	00：03：54	
1.8.3	怎样设计商业模式	00：08：25	
1.8.4	商业模式的创新	00：06：45	
1.8.5	如何筹集创业资金	00：14：45	

续表

序　号	名　　称	视频时长	二　维　码
1.8.6	企业家访谈：陕西宾悦文化传媒有限公司总经理专访	00：49：51	
1.9　创业基石——弘扬企业家精神			
1.9.1	企业家精神包含哪些内容？	00：06：37	
1.9.2	优秀企业家精神有哪些代表人物？	00：18：17	
1.9.3	为什么要弘扬企业家精神？	00：02：58	
1.9.4	我们如何继承、创新企业家精神？	00：09：01	
1.9.5	企业家访谈：西安志宽食品有限公司总经理专访	00：36：55	
2.1　创业计划书的撰写技巧			
2.1.1	认知——商业计划书（上）	00：06：09	
2.1.2	认知——商业计划书（下）	00：07：53	
2.1.3	了解——商业计划书（上）	00：08：12	
2.1.4	了解——商业计划书（下）	00：07：03	
2.1.5	商业计划书如何撰写	00：08：56	
2.1.6	商业计划书注意事项（上）	00：05：58	

续表

序　号	名　称	视频时长	二　维　码
2.1.7	商业计划书注意事项（下）	00：07：53	
2.2　创业计划书的案例分析			
2.2.1	构梦项目创业计划书点评	00：10：52	
2.2.2	E 美靓妆项目创业计划书点评	00：11：33	
2.2.3	如木自然项目创业计划书点评	00：11：21	
2.2.4	白鹿邦项目创业计划书点评	00：09：19	
3.1　路演 PPT 的制作			
3.1.1	路演 PPT 的特殊性	00：04：49	
3.1.2	路演 PPT 中经常出现的问题	00：05：36	
3.1.3	路演 PPT 制作的思路	00：06：00	
3.1.4	路演 PPT 制作质量提升的技巧	00：09：13	
3.1.5	优秀比赛案例复盘：省赛金奖“构梦三秦”项目展示	00：14：30	
3.2　路演讲稿的撰写			
3.2.1	撰写路演讲稿的四大要求	00：05：54	
3.2.2	撰写路演讲稿的表述形式	00：03：59	

续表

序　号	名　称	视频时长	二　维　码
3.2.3	撰写路演讲稿开头的技巧	00：04：32	
3.2.4	掌握撰写路演讲稿结尾的技巧	00：02：11	
3.2.5	优秀比赛案例复盘：省赛金奖“特车维保”项目展示	00：17：42	
3.2.6	优秀比赛案例复盘：省赛金奖“趣玩飞机”项目展示	00：09：38	
3.2.7	优秀比赛案例复盘：省赛金奖“世界有泥”项目展示	00：09：13	
3.2.8	优秀比赛案例复盘：省赛金奖项目组访谈	00：12：52	
3.3　路演技巧的介绍			
3.3.1	确定自己的路演演讲风格	00：03：22	
3.3.2	提升路演演讲感染力的方法	00：03：59	
3.3.3	常见路演现场的控制技巧	00：11：06	
3.3.4	常见路演问题的解决方案	00：09：05	
3.3.5	优秀比赛案例复盘：国赛铜奖“遂安”项目展示	00：06：46	
4.1　创新创业案例欣赏			
4.1.1	“构•梦”构梦三秦——杂交构树乡村产业发展新引擎商业计划书	PDF	

续表

序 号	名 称	视频时长	二 维 码
4.1.2	“美堂”网络社区式美业 O2O 项目商业计划书	PDF	
4.1.3	“青农帮”——青龙县地区农业资源信息网络综合服务平台商业计划书	PDF	
5.1 在线课程 2.0 升级版新增企业家访谈			
视频编号	视频名称		二维码
1.13	大方集团董事长王方胜		
1.24	新山海源人力资源集团董事长李元彬		
1.44	陕西天目集团董事长汪义坤		
1.54	远元集团董事长郑远元		
1.65	蓝田县茂盛置业有限公司董事长段均彦		

参考文献

[1] 陈栩琳．当 90 后遇上创业[M]．北京：人民邮电出版社，2014．

[2] [美]菲利普 • J．奥德尔曼，阿兰 • M．马克斯．创业财务（第 5 版）[M]．北京：清华大学出版社，2012．

[3] [美]彼得 • 蒂尔，布莱克 • 马斯特斯．从 0 到 1 开启商业与未来的秘密[M]．北京：中信出版社，2015．

[4] 李肖鸣，朱建新．大学生创业基础[M]．北京：清华大学出版社，2016．

[5] 汪中求．细节决定成败（白金版）[M]．北京：新华出版社，2010．

[6] 周丽华，李守福．企业自主与国家调控——德国“双元制”职业教育的社会文化及制度基础解析[J]．比较教育研究，2004（10）：54-58．

[7] 毛家瑞，彭钢，陈敬朴．创业教育的目标、课程及评价[J]．教育评论，1992（1）：26-30．

[8] 谢丽丽．日本高校创业教育课程模式及典型个案分析[J]．教育探索，2010（10）：146-148．

[9] 刘敏．法国创业教育研究及启示[J]．比较教育研究，2010（10）：72-75．

[10] 李家华，张玉利，雷家骕．创业基础（第 2 版）[M]．北京：清华大学出版社，2015．

[11] 杨东华．中国青年创业案例精选[M]．北京：清华大学出版社，2011．

[12] 林军政．互联网+传统经营者与创业者的新盈利模式[M]．北京：清华大学出版社，2016．